그래서 나는
조선을 버렸다

한 그루의 나무가 모여 푸른 숲을 이루듯이
청림의 책들은 삶을 풍요롭게 합니다.

정답이 없는 시대,
홍종우와 김옥균이
꿈꾼 다른 나라

그래서
나는
조선을
버렸다

정명섭 지음

추수밭

그들이 바랐던 다른 조선, 다르게 달려간 역사

홍종우

태평양전쟁 당시 한국인의 징병을 강요하는 일제의 포스터. 1943년 7월 31일.

한국전쟁 당시 서울을 수복한 다음 태극기를 게양하는 해병대원들. 1950년 9월 28일.

Theatrum Orbis Terrarum. 오르텔리우스Ortelius가 제작한 세계지도. 조선은 지도상에 없다.

한 미군 병사가 남북 경계선에 380이란 위도를 표시하고 있다. 1947년 5월 25일.

을사늑약 체결을 기념하는 이토 히로부미와 일본 관원들. 1905년 11월 17일.

박종철의 장례식 당시 모인 시민들. 1987년.

1997년 외환위기 이후 거리에 선 실직 노동자. 1998년.

이승만 대통령의 사임 성명이 발표되자 환호하는 시민들. 1960년 4월 26일.

쿠데타에 성공한 직후 박정희 당시 육군 소장. 1961년 5월 16일.

서울 재개발사업으로 광주대단지(오늘날 성남)로 쫓겨난 시민들. 1971년 8월 10일.

혼일강리역대국도지도混一疆理歷代國都之圖. 조선 지식인들의 꿈이 표현된 세계지도. 조선이 중국 못지않은 크기다.

김옥균

문 안의 남자,
문 밖의 남자

문 안의 남자

문 안의 남자는 《자치통감》을 가슴에 올려놓은 채 침대에 누워서 꿈을 꾸었다. 영민한 그는 자신이 꿈을 꾸고 있다는 사실을 알고 있었지만 그 속에서조차 원하는 모습을 보지 못한다는 사실이 안타까웠다. 남자는 꿈속에서 서양사람들이 쓰는 양력으로는 1884년 12월 4일, 조선사람들이 쓰는 음력으로는 임금께서 재위에 오르신 지 21년째 되는 해 10월 17일 저녁 9시로 돌아갔다.

왕실과 관리들의 약을 만들던 전의감典醫監 자리에 세워진 우정국郵征局은 근대화의 상징인 우편 사무를 취급하기 위한 기관이다. 그리고 한 가지 더, 조선이 진정한 국가로 거듭나기 위해 허물을 벗어던질 장소이기도 했다. 개회식 만찬은 화기애애한 분위기로 진행되었다. 하지만 남자는 목을 죄어드는 두려움에 연신 물을 삼켰다. 약속시간이 한참 지났는데도 거사를 알리는 신호탄인 별궁에서의 불길이 아직 오르지 않았다. 만찬은 거의 다 끝나가고 이제 다과가 나오는 중이었다. 운미芸楣(민영익의 호)는 친군전영사 한규직과 느긋하게 농담을 주고받고 있었다. 통리아문 협판으로 당오전 발행을 놓고 설전을 벌였던 목인덕穆麟德(Möllendorff, 묄렌도르프)은 콧등에 건 안경을 쓸어 올리며 차를 마셨다.

초조하게 창밖을 내다보던 그는 어디선가 들려오는 불이라는 외침에 심장이 녹아내리는 것 같았다. 별궁 쪽은 아니었지만 불길은 자못 맹렬하게 타올랐다. 늘어진 분위기였던 만찬장도 단숨에 얼어붙었다. 미국 영사 푸트Lucius Harwood Foote가 일어서서 뭐라고 얘기하자 윤치호가 통역을 하는 모습이 보였다. 진정시키려는 듯했지만 눈앞의 불길을 본 사람들은 하나둘씩 자리에서 일어났다. 맨 처음 움직인 이는 민영익이었다. 아까부터 의심스러운 눈길로 쳐다보던 그였다. 그는 맞은편에 앉아 있던 영국 영사 애스턴에게 말을 건네며 일어섰다. 아마 다른 사람들도 들으라는 듯 일부러 큰소리로 말했다.

"별궁 쪽인 것 같으니 제가 가봐야겠습니다. 그럼."

민영익은 문쪽으로 달려가면서 남자를 쏘아봤다. 그 역시 지지 않고 노려봤다. 구중궁궐에 틀어박힌 채 개혁을 외면하는 군주나, 그 옆에서 작당하는 불여우 같은 왕후보다, 중요한 순간에 뒤로 물러선 쥐새끼 같은 윤치호나 그 애비 윤웅렬보다, 조선이 제 것인 양 거드름을 피우는 청나라 놈들보다 그가 더 미웠다. 임오군란 직후 금릉위 박영효가 이끄는 수신사에 비공식 사절로 함께 일본 땅으로 건너간 사이였다. 그는 그곳에서 조선이 나아갈 길을 찾아냈다. 하지만 민영익은 오직 일족의 번영에만 목을 매었다. 심지어는 보빙사로 태평양 건너 미국까지 갔다 왔으면서도 개화에는 부정적이었다. 혹시나 자기 일문의 권력에 조금이라도 흠집이 갈 만한 일은 외면해버렸다. 진실을 보고서도 권력을 위해 눈을 감아버린 우매한 인간. 그래, 왕후의 치마폭으로 들어가고 싶겠지. 하지만 넌 거기까지 갈 수 없을 거다.

싸늘하게 웃은 남자는 찬물이 끼얹어진 것처럼 조용해진 만찬장 안을 슬쩍 처다봤다. 춘고春皐(박영효의 호)와 위산緯山(서광범의 호)이 어서 가자는 눈짓을 했다. 이제 시간싸움이었다. 한시라도 빨리 창덕궁으로 가서 왕의 신병을 확보해야만 했다. 하지만 그는 보고 싶었다. 그가 기다리라는 손짓을 보내는 사이 바깥에서 운미의 비명소리가 들려왔다. 잠시 후 반쯤 열렸던 만찬장 문이 열리고 운미가 비틀거리는 걸음으로 들어왔다. 한쪽 뺨이 온통 피에 젖었고, 몸도 온통 피투성이였다. 술에 취한 것처럼 휘청거리며 걸어 들어온 그가 바닥에 푹 쓰러지자 그때까지 간신히 유지되었던 냉정함이 깨져나갔다. 친군전영사親軍前營使 한규직과 친군좌영사親軍左營使 이조연이 큰소리로 밖에 있는 병졸들을 불렀다. 더 이상 참을 수가 없었는지 금석琴石(홍영식의 호)이 다가와 남자의 팔을 움켜잡았다.

"여기서 직접 총으로 쏴 죽일 게 아니라면 얼른 따라오시게."

"동지들을 안으로 불러들여서 해치울까?"

"미국이랑 영국 영사 앞에서 말인가?"

어림도 없다는 듯 그가 팔을 단단히 움켜잡았다. 목인덕과 윤치호, 그리고 미국 영사 푸트가 쓰러진 민영익을 치료하는 중이었다. 뒷문으로 빠져나가는데 윤치호가 고개를 번쩍 들어서 쳐다보는 것이 보였다. 남자는 이제 조선이 새로 태어난다고 외치고 싶은 충동을 간신히 참았다. 겨울밤의 싸늘함이 채찍처럼 남자의 몸을 후려쳤다.

문 밖의 남자

항상 꿈은 거기서 끝났다. 그 다음에 이어질 이야기들이 너무 참혹하기 때문일까? 그는 천천히 눈을 떴다. 어스름한 햇살이 창문을 뚫고 들어왔다. 그는 꼼짝 없이 누운 채 꿈처럼 지나간 십 년이라는 세월을 돌이켜봤다. 그리고 어쩌다 이곳 상하이까지 오게 되었는지도 생각해봤다.

문이 열리고 문 밖의 남자가 들어섰다. 어둠속에 가려졌던 한쪽 손이 침대 쪽으로 다가오면서 차츰 윤곽을 드러냈다. 그리고 그 손에 쥐어진 리볼버를 보는 순간 뜻 모를 편안함이 엄습해왔다. 대나무 침대에서 살짝 몸을 일으킨 그가 말했다.

"난 꿈을 꾸고 있었네."

"그건 꿈이 아니라 욕심이었어. 조선을 좌지우지하겠다는 욕심 말이야."

문 밖의 남자가 냉정하게 대꾸하고는 팔을 들어 그를 겨누었다.

"난 부강한 나라를 만들고 싶었을 뿐이야. 그게 욕심인가?"

"폐하를 겁박하고, 왜인들을 끌어들여서 말인가? 그건 일이 자기 뜻대로 안 돌아간다고 몽니를 부리는 것뿐일세."

"지난 십 년간 이루지 못한 꿈을 위해 살아왔네."

"그 욕심 때문에 여기까지 왔지 않은가? 지금 자네 꼴을 보게. 한때는 청을 몰아내려고 했던 사람이 지금은 상하이로 와서 그들의 힘을 빌릴 생각을 하고 있지 않은가? 청국, 일본과 손잡고 아시아의 평화를 이룩하자고? 그건 꿈이 아니라 악몽일세."

"난 꿈이 있었다니까!"

문 밖의 남자는 침대에 누운 몸을 일으키며 외치는 그를 향해 겨눈 권총의 방아쇠를 당겼다. 검은 총구 밖으로 튀어나온 시뻘건 불꽃과 총성이 방 안에 울려 퍼졌다. 비틀거리며 일어난 그가 문 밖의 남자에게 다가갔다. 한 걸음 물러선 문 밖의 남자가 연거푸 방아쇠를 당겼다. 그는 왼손으로 구멍 난 아랫배를 누르고는 무릎을 꿇고 쓰러졌다. 옆으로 기울어진 그의 입에서 흘러나온 피가 바닥을 적셨다. 입고 있던 한복 저고리 소매에 권총을 집어넣은 문 밖의 남자는 들어왔던 문을 열고 밖으로 뛰쳐나갔다. 계단을 뛰어 내려가던 그는 1층에서 올라오던 와다和田延次郎라는 청년과 마주쳤다. 와다는 일본어로 그에게 물었다.

"무슨 일입니까? 위층의 김 선생님은요?"

문 밖의 남자는 아무 말 없이 계단을 뛰어 내려갔다. 아랫입술을 깨문 와다는 위층으로 허겁지겁 뛰어올라갔다. 반쯤 열린 201호실 문을 박차고 안으로 들어간 와다는 흥건한 핏물 속에 쓰러진 그를 부축했다. 총탄에 맞은 뺨에서 흘러내린 피가 와다의 무릎을 적셨다. 오가사와라 유배 시절부터 그를 따랐던 와다는 믿을 수 없다는 듯 연신 소리쳤다.

"김 선생님! 눈을 떠 보세요! 이렇게 돌아가시면 안 됩니다. 아직 하실 일이 남으셨잖아요! 선생님!"

와다의 통곡에 그들이 묵고 있던 뚱허양행의 주인인 요시지마가 조심스럽게 문 밖에서 고개를 내밀었다. 피와 시신을 본 그가 부들부들 떨리는 목소리로 물었다.

"기타하라 상! 이게 대체 무슨 일입니까? 이와다 상은 돌아가신 겁니까?"

"이와다 상이 아니고 김옥균 선생님입니다."

무섭게 쏘아붙인 와다의 목소리에 주인은 찔끔한 표정으로 문을 닫고 아래층으로 뛰어 내려갔다. 갑신년으로부터 십 년, 꿈을 이루기 위해 호랑이굴이라는 상하이까지 찾아온 풍운아 김옥균은 그렇게 눈을 감았다. 향년 45세였다.

서투르고 치열했던
우리들의 한국사

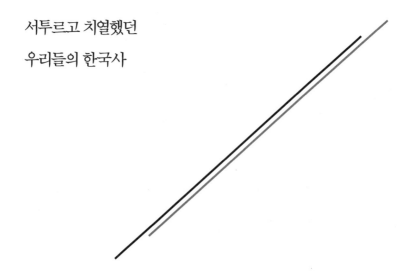

1895년에 살던 조선사람들은 10년 후에 외교권이 박탈당하고, 다시 5년 후에는 국권이 일본의 손아귀에 넘어갈 것이라고 예상하지 못했다. 아니, 그해에 왕비가 일본인들 손에 비참하게 죽을 것이라고는 꿈도 꾸지 못했을 것이다. 미래에 서서 과거를 바라본다는 것은 일종의 특권이나 다름없다. 모든 것을 판단하고, 결정짓고 꾸짖을 수 있기 때문이다. 그런 측면에서 '한말韓末'이라고 부르는 시기는 흠집투성이다. 서양세력과 두 번이나 무력충돌을 겪으면서 그들의 강력함을 알고 있었으면서도 끝끝내 문을 열지 않았다. 그러다가 결국 밀려드는 외세에 야금야금 뜯어 먹혔다. 지금에서 보자면 지도층인 왕과 대신들, 지식인이라고 할 수 있는 유림 모두 자기 목소리만 높이다가 결국 나라를 빼앗기고 말았다. 그들이 어떤 변명을 해도 그 후에 닥친 일들을 생각하면 용서할 수는 없다. 하지만 우리가 흔히 생각하는 것처럼 당시 사람들이 아무것도 하지 않고 손을 놓고 당하기만 했다는 이야기는 사실이 아니다. 당대의 권력층이나 지식인들은 그때가 혼란한 시기고 예전처럼 지낼 수는 없다는 사실을 뼈저리게 느끼고 있었다. 문제는 방법이었다. 어떻게 해야만 저들과 편안하게 지낼 수 있을까? 청국은 어떻게 했지? 왜국은 어떤 방법으로 개화했을까? 과연 저들의 문물은 우리에게 아무런 해도 끼치지 않을까? 삼국시대에는 하늘에 대고 왕을 내려달라고 하면 황금으로 장식된 나무상자에 왕이 될 만한 아이를 담아 보내줬다. 하지만 19세기 말의 조선은 스스로의 힘으로 문제를 해결해야만 했다.

더 고약했던 점은 지도자도 없었지만 무엇이 정답인지 몰랐다는 것이다. 정답을 모를 때 벌어지는 대표적인 사례는 1964년 12월에 치러진 중학교 입학시험 때문에 벌어진 '무즙 파동'에서 찾아볼 수 있다. 당시 시험문제 가운데 엿을 만들 때 엿기름 대신 넣어도 되는 첨가제를 찾는 객관식 문제가 들어 있었다. 정답은 1번 디아스타아제였지만 2번 예시에도 무즙이 들어 있었다. 디아스타아제라는 성분이 무 안에도 있었기 때문에 무즙으로도 엿을 만들 수 있다. 2번을 정답이라고 표시한 아이들의 학부모들이 거세게 항의하자 교육 당국은 2번도 정답으로 인정했다. 그러자 이번에는 1번을 정답으로 적은 아이들의 학부모가 항의하면서 다시 취소하는 소동이 벌어졌다. 당연히 2번을 정답이라고 쓴 아이들의 부모들은 무즙으로 만든 엿을 들고 격렬한 시위를 벌였다. 이때 외친 구호가 바로 "엿 먹어라!"였고, 덕분에 오늘날까지 당시로서는 귀한 먹을거리인 엿을 먹는 일이 욕지거리가 되었다. '고작 중학교 입학 시험문제 하나 때문에'라고 웃는 사람들은 당시의 중학교 입학시험이 얼마나 어마어마한 일이었는지 짐작조차 하지 못할 것이다.

시험문제의 정답을 놓고 이런 일이 벌어진 까닭은 그것을 둘러싼 학부모들의 이해관계가 얽혔기 때문이다. 1번이라고 쓴 아이를 둔 학부모들은 무즙으로도 엿을 만들 수 있다는 사실을 몰랐기 때문에 목소리를 높였던 것은 아니다. 1번만 정답으로 인정되어야만 자기 자식의 점수가 높아지기 때문이었다. 내가 정답이어야만 했고, 내 정답을 인정받으려면 반대하는 목소리들을 눌러야만 했다. 평행선을 긋는 설전이 증오와 원한으로 바뀌는 것은 시간문제였다. 19세기 말 조선이 어디로 가야 할지를 놓고서도 유사한 설전과 논란이 벌어졌다. 그 결과는 애꿎은 음식이 졸지에 욕의 대명사가 된 것과는 차원이 달랐다.

19세기 말은 정답이 절실했던 시기였지만 아무도 정답을 알지 못했다. 이해관계가 제각각이었고, 목표도 달랐기 때문이다. 물 건너에서 온 것이라면 청淸의 돈조차 안 된다고 믿었던 최익현 같은 사람과 조선은 아예 싹수가 없다고 생각한 윤치호 같은 사람이 같은 시대에 존재했다. 정답을 몰랐기 때문에 정답을 찾기 위한 치열한 투쟁이 벌어졌다. 그리고 그 투쟁은 목숨을 담보로 해야만 했다.

죽음과 암살이라는 어두운 고리로 연결된 홍종우와 김옥균 역시 정답을 찾으려고 애썼던 사람들이었다. 두 사람은 시대와 시선에 따라서 악당의 대명사 혹은 숭배의 대상이 되었다. 오늘날에도 마찬가지다. 단순히 암살자로 알려진 홍종우는 사실 우리나라 최초의 프랑스 유학파였고 우리의 고전들을 번역해서 해외에 소개한 문인이었다. 친일파라는 비난을 듣는 김옥균은 부족할 것 없는 집안에 출세가 보장된 것이나 다름없는 상황을 내팽개치고 개화를 위해 목숨을 걸었다. 모두 암살자이고 친일파라는 단어로는 설명할 수 없는 치열함이다.

결론적으로는 둘 다 실패했다. 하지만 실패했다는 한 마디로 두 사람, 특히 홍종우의 삶을 단정짓는 것은 조선의 마지막이라는 시대를 이해하지 못한 몰지각함이나 다름없다. 대부분의 사람들은 위기 앞에서 숙명처럼 고개를 숙인다. 이 두 사람은 그렇게 살지 않았고 그것만으로도 기억하기에는 충분하다.

두 사람이 꾸었던 꿈은 서기 1894년, 흥선대원군의 둘째아들이 왕으로 즉위한 지 31년째 되는 해인 갑오년 3월 28일 오후 4시, 상하이의 미국 조계지 티에마로鐵馬路 안에 있는 일본인 소유의 여관 뚱허양행東和洋行에서 시작되고 끝이 났다.

1장 | 홍종우 또는 김옥균

2장 | 홍종우 그리고 김옥균

3장 | 홍종우 그러나 대한제국

4장 | 그 이후의 이야기

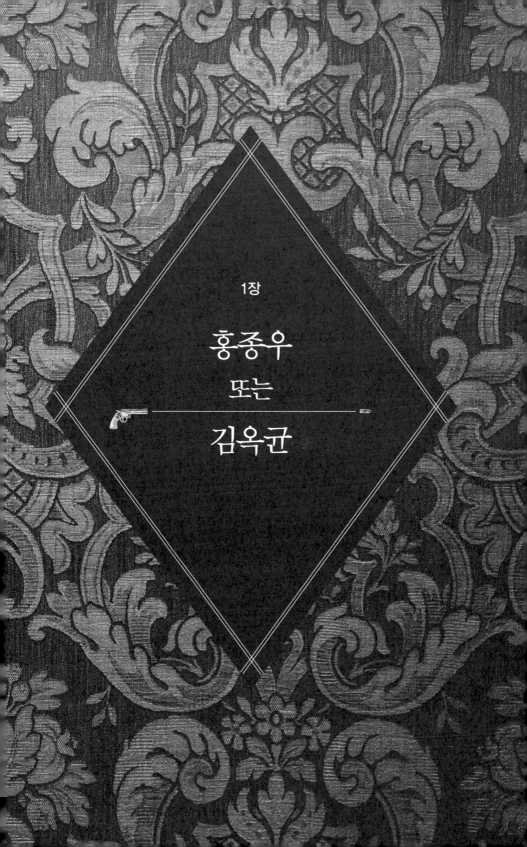

1장

홍종우

또는

김옥균

1851년	김옥균 출생
1854년	홍종우 출생
1856년	김옥균, 재당숙인 김병기의 양자로 입적
1866년	김옥균, 기계 유씨와 혼인. 처남 유진황의 소개로 박규수에게 사사
1872년	김옥균, 알성시 급제. 관료생활 시작
1876년	조선, 일본과 조일수호통상조약 체결
1881년	김옥균, 조사시찰단의 일원으로 일본 시찰
1882년	차별대우에 불만을 품은 구식군인들의 군란 발발(임오군란)
1883년	고종 즉위. 흥선대원군 섭정 시작 김옥균, 세 번째 일본행
1884년	김옥균, 조선의 근대화를 목표로 정변 시도(갑신정변)
1885년	이토 히로부미와 리훙장, 텐진조약 체결
1888년	홍종우, 일본으로 이주
1890년	홍종우, 조선인으로서 최초로 프랑스 유학
1892년	홍종우, 최초의 프랑스어 번역소설 《춘향전》 출간

홍종우,

민낯을 보려면
발자국을 봐야 한다

시대에 따라 사람에 대한 평가는 극과 극을 오가는 경우가 많다. 사실 사람도 하나, 그리고 그가 보인 행적도 하나뿐이지만 비난과 칭찬이 밀물과 썰물처럼 오가는 까닭은 사람들의 부족함이나 편협함 때문만은 아니다. 그렇게 할 수밖에 없었던 시대에 벌어진 일들을 그렇게 하지 않아도 되는 시대에서 바라볼 때 생기는 왜곡현상 때문이다.

변화무쌍한 인간의 행로는 서로 다른 낙인들이 찍혀서 뭐가 뭔지 알아보기 어렵게 되기도 한다. 인간이 복잡한 행보를 보이는 이유는 본인의 욕심과 신념, 미래에 대한 기대, 순간적인 감정들이 복잡한 수식을 만들어내기 때문이다. 수학 공식은 아무리 복잡해도 정답이 존재하지만, 인간이라는 함수에서는 정답이라는 것을 찾을 수 없다. 역사는 그런 인간들의 행보가 모여서 만든 거대한 불협화음이다. 당사자가 자기 신념에 대해서 토로하거나 죽기 직전에 쓴 자서전이 없는 한 그 사람의 온전한 행로를 찾아내는 것은 불가능에 가깝다. 자서전에서조차 거짓말을 하는 것이 인간이다.

유일한 방법은 그가 걸어간 길을 뒤쫓아 가면서 복원해내는 것뿐이다. 불가능에 가깝고, 엄청난 오류를 일으키기도 하지만 그것밖에는 없다. 엄정한 역사의 잣대라는 근엄함을 집어치우고 죽여야만 했던 남자와 죽을 수밖에 없었던 남자의 이야기에 귀를 기울여보면 흥미로운 이야기가 들려온다. 죽은 사람은 불멸의 명성을 얻었고, 죽인 사람 역시 역사라는 뜀틀을 향해 힘껏 발돋움을 했다. 죽은 사람은 김옥균, 죽인 사람은 홍종우다.

홍종우의 일생은 시작과 끝이 없다. 대략 언제 활동했고, 무슨 일을 했는지도 어느 정도는 알려졌지만 언제 어디서 태어났고, 어디서 무엇 때문에 죽었는지 정확히 알려지지 않았다. 오직 김옥균의 죽음을 딛고 일어났다가 어느 순간 흔적도 없이 사라진 것이다. 남아 있는 기록들을 조각조각 뜯어 맞춰보면 간신히 몇 가지 이야기들을 건져낼 수 있다. 우선 그와 교류했던 프랑스 화가 펠릭스 레가메Felix Regamey로부터 시작해보자.

흐릿하고 모호한 성장 과정

"홍종우. 1854년에 서울에서 태어났다. 기혼이며 딸 하나를 뒀다. 문관의 외아들로서 2년 동안 일본에 거주했다가 1890년 12월 24일 프랑스에 도착했다."

이 기록을 근거로 계산하면 홍종우는 1854년에 태어났고, 1888년에 일본으로 건너갔고, 2년 후에는 프랑스에 온 것이다. 그렇다면 그동안 그는 어디서 무엇을 했을까? 일단 서울에서 태어난 것이 확실할까? 그에 대한 다른 기록인 황현의 《매천야록》에 따르면 홍종우는 경기도 안산에서 태어났다. 홍종우가 일본으로 가기 이전의 기록들은 남아 있지 않고, 자신도 이때의 일을 별도로 언급하지는 않았다. 홍종우의 김옥균 암살사건을 다룬 아오야기 미도리靑柳綠의 소설 《이왕의 자객》에 이 시기의 이야기가 나온다. 몰락한 양반 집안 출신이며 아버지의 죽음 이후 돈 많은 상인에게 족보를 팔고 그 돈을 밑천 삼아 물장사를 했다는 것이다. 하지만 소설이 해방 이후 창작되었고, 몰락한 양반이라고는 해도 대뜸 장사를 했다는 점을 생각하면 일본인의 시선이 녹아든 창작에 가까운 이야기다.

현재까지 통설은 그가 연개소문이 활약하던 7세기까지 거슬러 올라가는 남양 홍씨 집안의 남양군파 32대손이라는 점이다. 하지만 그의 집안은 아버지 홍재원을 비롯해 이미 몇 대째 과거급제자를 배출하지 못했다. 조선시대에 과거 합격자를 배출하지 못한 양반 집안은 몰락의 길을 걸어야만 했다.

《매천야록》을 보면 경기도 안산에서 태어났지만, 고금도라는 섬에서 어린 시절을 보냈다는 기록이 나온다. 농본국가인 조선에서 태어난 고향을 떠나는 것은 엄청난 모험이자 신분이 하락했다는 사실을 공개적으로 시인하는 행동이나 다름없다. 가장 쉽게 떠올릴 수 있는 것은 유배지만 그의 아버지 또한 관리가 아니었으니 성립되는 이야기가 아니다. 그렇다면 홍재원도 혹시 처가가 있는 고금도로 이사한 것일까? 하지만 몰락한 양반 집안에게는 그곳까지 가는 여비를 준비하는 일이 더 큰일일 것이다. 게다가 조선시대 한양에 사는 집에서 고금도 출신의 며느리를 들일 가능성은 0퍼센트에 가깝다. 어쩌면 아예 고금도에서 태어났다가 어떤 계기로 서울에 올라온 것은 아닐까? 여러 가지 추측을 하게 되지만 한문에 능숙했으며, 조선 정세에 깊은 관심을 둔 훗날의 그를 보면 몰락한 양반 출신이라는 점에 더 무게가 쏠린다.

그의 비밀은 이것뿐만이 아니다. 몰락한 양반 집안에서 태어났다면 아마 귀에 못이 박이도록 '네가 과거에 합격해야만 집안이 일어설 수 있다'라는 말을 들었을 것이다. 그럼에도 과거에 응시했다는 기록을 찾아볼 수 없다. 아오야기 미도리는 자신의 소설에서 중전인 민씨 집안의 횡포로 과거가 공정하게 치러지지 않았기 때문에 진즉에 포기했다고 언급한다. 하지만 홍종우가 여느 조선시대 선비처럼 과거를 봤을 연령대였던 당시는 1870년대였다. 대원군이 실각하기 전이었고 그 이후에도 한동안은 민씨 세력들이 전권을 휘어잡지는 못했다.

개화파가 될 수밖에 없었던 삶

평온하게 보냈다면 아마 아버지나 동네 훈장님한테 천자문이나 사서삼경을 배우면서 지냈을 것이지만, 힘겨운 시기를 맞아 아버지와 함께 이리저리 이사를 하면서 굶는 일을 다반사로 했을 것이다. 어느 시기엔가 결혼을 해서 딸을 하나 둔 것까지 확인하고 나면 나머지는 정말로 탐정처럼 돋보기를 들고 기록들을 살펴봐야만 한다. 《매천야록》에는 홍종우가 김옥균을 암살할 당시의 모습을 자세히 전한다. 《중동전기中東戰紀》에 기재된 이야기를 재인용했다는 문구 중에는 흥미로운 기록이 보인다.

그 후 계사년(1883년)에 김옥균이 오사카大阪으로 왔을 때에도 홍종우는 그를 따라왔다.

1883년에 김옥균이 오사카로 갔다는 것은 수신사에 고문 자격으로 따라갔을 때를 가리킨다. 조선 정부는 그 전해 발발한 임오군란壬午軍亂으로 불타버린 일본 공사관과 피살된 일본인에 대한 피해보상과 사죄를 위해 일본으로 수신사를 파견했다. 노련한 일본은 수신사 일행에게 강압적인 모습 대신 자신들의 발전상을 보여줬고, 젊은 관리들은 일본의 변화된 모습을 보며 개화만이 조선의 살 길이라는 확신을 가지게 되었다. 그런데 이때 홍종우도 김옥균을 따라 일본으로 갔다는 것은 무엇을 의미할까? 뜬금없는 풍문이라고 하기에는 마음에 걸리는 기록들이 몇 가지 더 있다. 프랑스에서 그의 행적을 보여주는 중요한 자료인 펠릭스 레가메의 글 〈어느 정치적 암살자〉에는 다음과 같은 대목이 있다.

파리 외무성 사무실에서 가진 꼬고르당 씨와의 회담은 전혀 다른 성격을 보인다. 장관에게 접근한 그는 프랑스와 한국 사이에 맺어진 최초의 조약에 서명하기 위해 서울의 왕궁에 도착하는 꼬고르당을 봤다고 기억했다. 서기관으로서 그 서명의식에 참가했던 홍종우는 내 눈앞에서 꼬고르당 씨의 발밑에 엎드려 그의 손에 입을 맞추었다.

여기서 얘기하는 프랑스와 한국 사이에 맺어진 최초의 조약은 1886년 6월 4일 조인되고 다음해인 1887년 5월 3일 비준된 '조불수호통상조약'을 가리킨다. 정부 관리였다면 어떤 형태로든 기록에 남았겠지만 그런 기록은 없으니 정식 관료는 아니었을 것이다. 위의 기록과 연관시켜 본다면 홍종우가 서구 문물과 개화에 관심을 뒀다는 점을 유추해낼 수 있다.

이 땅에 천주교를 가장 먼저 받아들인 양반층이 권력 다툼에서 소외된 남인 계통이었다는 점은 의미하는 바가 크다. 홍종우 역시 집안이 몰락해서 과거를 볼 수 없던 어려운 처지 때문에 자연스럽게 개화당 쪽에 관심을 기울였을 가능성이 크다. 현실에서 거머쥔 권력이 있다면 모든 신경은 이 권력을 유지하고 키워나가는 데 집중된다. 외부에서 닥친 상황도 이 잣대에 비춰 옳고 그름이 결정된다. 위로부터의 개혁이 힘든 까닭은 그들이 보수적이고 완고하기 때문이 아니라 권력의 속성이 변화를 본능적으로 두려워하기 때문이다. 변화를 두려워하지 않는 이들은 잃을 게 없는 도전자들뿐이다.

안동 김씨 집안이기는 했지만, 민씨 일족으로부터 미움과 따돌림을 받았던 김옥균이나 몰락했다는 표현조차 부족해져버린 홍종우는 똑같은 시선으로 조선을 바라봤다. 그가 일본을 거쳐 프랑스로 향한 해답도 여기서 찾아볼 수 있을 것이다. 김옥균이 일본에서

답을 찾고자 했던 것처럼 그 역시 프랑스에서 해답을 볼 수 있다고 믿었던 것 같다. 프랑스행 이전의 홍종우의 삶은 이 정도가 끝이다. 한없이 복잡한 인간 홍종우의 전반기 삶은 유추해낼 수 있는 몇 가지를 제외하고는 온통 어둠뿐이다.

김옥균,

달은 비록 작으나
천하를 비춘다

　　　　김옥균의 삶은 홍종우에 비해 선명한 편이다. 김옥
균이 태어난 곳은 1851년 충남 공주의 정안면 광정리 감나무골이
다. 그의 아버지 김병태는 조선 후기를 주름잡던 안동 김씨고, 어머
니는 은진 송씨 집안이다. 안동 김씨 집안이라면 잘살았을 것이라
고 지레짐작하겠지만 권력의 떡고물은 항상 극소수만 누리게 마련
이다. 그의 아버지는 서당 훈장 노릇을 하면서 입에 겨우 풀칠이나
했다. 하지만 아이들에게 천자문을 가르치던 훈장의 맏아들은 영
특하고 명민했다. 세 살이 될 무렵 그는 고향 근처인 천안 원대리
로 이사했다. 아버지의 서당 영업이 신통찮았기 때문인 것 같다.
　김옥균은 여섯 살이 된 1856년 서울에 사는 재당숙인 김병기의
양자로 들어간다. 당시에는 친척 간에 대가 끊긴 집안에 양자로 들

어가는 것이 흔한 일이었다. 하지만 김옥균이 큰아들이었다는 점을 고려하면 통상적인 양자 들이기와는 다른 면모가 보인다. 아마도 영특한 조카를 탐낸 김병기의 부탁에 친아버지 김병태가 심사숙고 끝에 아들의 장래를 위해 수락한 것 같다. 서울로 올라와 새로운 아버지를 맞이하게 된 김옥균은 바야흐로 세상에 나갈 준비를 한다. 1861년 강릉 부사로 임명받은 양부를 따라 강릉으로 간 그는 율곡의 위패를 모신 송담서원松潭書院에서 학문을 닦았다.

새로운 시대, 새로운 만남

1863년 12월 갑작스럽게 오른 왕위에 적응하지 못하던 철종이 승하했다. 처음에는 어렵던 시절을 생각해 열심히 해보려고 했지만, 그의 즉위 자체가 안동 김씨 세력의 집권을 연장하기 위한 수단이었다는 점에서 한계는 명백했다. 좌절한 그는 술과 여색에 탐닉하다가 서른넷의 젊은 나이에 눈을 감았다. 다음 왕위를 잇기 위한 교묘한 정치적 계산과 거래가 도출해낸 답은 흥선대원군 이하응과 그의 둘째아들이자 훗날 고종이라는 시호가 추증된 이재황이었다.

신정왕후 조대비의 집안인 풍양 조씨와 살아 있는 왕의 아버지라는 전무후무한 상황을 만들어낸 흥선대원군 모두 안동 김씨 집안에 이를 갈았다. 흥선대원군 이하응은 오늘날 우리가 아는 것과는 다르게 비참하게 살거나 안동 김씨 집안의 노골적인 천대를 받지는 않았지만 종친이라는 이유로 견제를 받은 것은 사실이다. 좌의정이자 안동 김씨 세력의 좌장격인 영의정 김좌근을 시작으로 안동 김씨들은 줄줄이 자리를 내놓고 낙향해야만 했다. 더불어 정조의 승하 이후 시작된 안동 김씨의 세도정치도 막을 내렸다.

통상적으로 이러한 상황에서는 정권을 놓치는 쪽이 대량의 사약과 유배형을 받으면서 심대한 타격을 받게 마련이다. 하지만 안동 김씨는 60년 동안 조정을 장악한 굳건한 뿌리였다. 통째로 들어내다가는 나무 자체가 말라죽을 수 있었다. 김병기 역시 김좌근에게 양자로 들어간 처지라 아버지와 함께 쓸려나갔어야 했지만 사람 보는 눈이 있었는지 흥선대원군 이하응과도 가깝게 지냈다. 덕분에 외직이기는 하지만 관직은 계속 유지할 수 있었다.

어린 김옥균은 양아버지의 임지를 따라다니면서 공부에 열중했다. 1866년 강릉부사를 끝으로 김병기를 따라 서울로 돌아온 김옥균은 기계 유씨와 결혼했다. 그녀는 본의아니게 김옥균의 삶에 큰 영향을 미친다. 그녀의 오빠 유진황이 박규수朴珪壽를 김옥균에게 소개해준 것이다. 연암 박지원의 손자인 그는 실학과 개화사상의 징검다리 역할을 한 인물이다.

박규수라는 스승에게 영향을 받은 그는 당시로서는 진보적이라고 할 수 있는 개화사상에 눈을 떴다. 그외에도 그에게 영향을 끼친 인물은 사람들에게 백의정승이라고 불린 대치 유홍기劉鴻基와 역관 오경석, 그리고 일본에 드나들던 이동인이라는 승려였다. 하나같이 점잖은 양반 자제가 어울릴 만한 부류는 아니었지만 변화가 필요한 시대였고, 변화의 바람은 완고한 권력층보다는 역관같이 중국에 드나들면서 서구문물을 접해본 사람들이나 권력에서 소외된 지식인들에게서부터 불어왔다.

반짝이고 선명한 성장 과정

어릴 때부터 천재 소리를 듣던 김옥균은 22세가 되던 1872년 2월 4일 성균관 유생들을 대상으로 하는 특별 시험인 알성시에 다섯 명의 동료와 함께 급제한다. 그러나 과거에 합격했다고 모두 관직에 진출하는 것은 아니었다. 힘없고 배경 없는 시골 출신들은 차례를 기다려야만 했다. 김옥균에게 그런 절차는 생략되었다. 곧바로 정6품 성균관 전적을 시작으로 2년 후에는 홍문관 수찬을 역임했고, 다시 2년 후인 1876년에는 부교리의 자리에 올랐다. 1880년 3월에는 문공사관으로 과거를 담당했다가 문제를 일으켜 창성부로 유배당했다. 유배생활은 그해 6월에 끝났고, 이후 조사시찰단의 일원으로 일본에 다녀왔다.

일본을 돌아보고 온 그는 글을 집필한 것 같다. 1882년 훗날 우두법을 도입해서 유명해진 지석영이 그가 지었다는 《기화근사箕和近事》라는 책을 추천하는 상소를 올렸다. 내용이 전해지지는 않지만, 일본과 관련된 내용의 책으로 짐작된다.

김옥균은 과거 합격 직후부터 홍문관 부교리 등 언론 삼사의 중요한 직책들을 섭렵한다. 그곳을 거쳐야만 권력의 핵심에 들어설 수 있기에 모든 관리가 꿈꾸는 '신의 자리'들이었다. 비록 말썽을 일으켜 유배를 당하기는 했지만, 과거 출제관으로도 활약했다. 과거에 합격하자마자 중요한 자리를 고루 거쳤다는 것은 안동 김씨 집안 덕분이기도 했지만, 본인의 다재다능함이 더 큰몫을 했다.

토막 난 기록들로 밖의 행적을 유추할 수밖에 없는 홍종우와 김옥균이 거쳐간 삶의 전반전은 이렇게 극과 극이었다. 홍종우가 개화당을 자처했다면 김옥균의 이름을 들어서 알고 있거나 혹은 이런저런 자리에서 스쳐 지나갔을지도 모르는 일이다. 훗날의 운명은 짐작조차 하지 못한 채 말이다.

홍종우,

알려지지 않은
행적

펠릭스 레가메의 이야기가 사실이라면 홍종우는 1888년에 일본으로 건너갔다. 훗날 프랑스로 간 것도 대단했지만, 일본으로 떠난 것도 당시로서는 대단한 모험이었다. 1876년 보통 강화도조약이라고 부르는 '조일수호통상조약'으로 일본과 정식 외교관계가 체결된 지 12년이 지났지만, 조선사람들 뇌리에 '왜놈들은 여전히 못 믿을 종자'라는 생각이 가시지 않을 시점이었다.

그런데 어떻게 일본행을 결심하고 실행에 옮겼을까? 우선 그가 이미 일본을 한 번 방문했었다는 기록, 그리고 개화파일지도 모른다는 점까지 더한다면 일본행 자체가 그리 무리수로 보이지는 않는다. 임오군란과 갑신정변 같은 일들이 벌어지면서 지식인들 사이에서는 일본이라는 존재가 어떤 형태로든 마음속으로 파고들었고, 서구 문명의 본질을 이해하려면 직접 들여다봐야 한다는 공감대가 형성되어갔다. 몇 년 전에 벌어졌던 갑신정변 덕분에 개화라는 말을 꺼내기 어려운 분위기가 되어버렸지만, 마음속까지 지워버릴 수는 없는 일이었다. 그리고 여기서 흥미로운 기록을 하나 더 추가한다.

김옥균의 공모자들 가운데에는 우정국 총판이 있었다. 바로 살인 초청장을 보냈던 자다. 왕에게 자신의 무죄를 주장하려고 하는 순간에 중국군에게 체포되어 궁궐 밖으로 끌려나오게 된 그는 곧바로 하층민들에 의해 산산조각이 났다. 그의 아버지와 그의 가장 가까운 친척들은 살해되었다. 홍종우라는 이름을 가진 그의 가족 가운데 한 사람은 김옥균을 암살해 누명을 벗으려는 계획을 구상했다. 그는 자신의 계획을 실행할 수 있기까지 9년을 기다려야만 했다. 그는 1889년 도쿄에 와서, 거기에서 김옥균과 교제를 맺었다. 그렇지만 유리한 기회를 찾지 못하고 유럽으로 배를 타고 갔다.

1894년 8월 15일자 《파리 평론》에 실린 샤반느의 《조선전쟁》 가운데 일부다. 비록 서양인다운 편견과 오차가 담겨 있기는 하지만 우리가 아는 당시의 역사적 사건에 대해서는 비교적 정확한 이야기를 담고 있다. 특히 조선에서의 종주권을 놓고 벌어진 청과 일본의 암투나 임오군란의 발발 원인, 그리고 갑신정변 같은 사안에 대해서는 비교적 정확한 정보를 담고 있다. 위에 인용한 부분에서 "우정국 총판"은 김옥균과 함께 갑신정변을 일으킨 홍영식이다. 같은 남양 홍씨라는 점을 고려하면 그 일이 홍종우에게 어떤 형태로든 피해를 주었거나, 혹은 정변이라는 방식에 반발하게 했다고 해석할 여지가 보인다.

하나로 규정될 수 없는 그때 그 사람들

윤치호는 김옥균과 더불어 개화사상을 지녔고, 실제로 갑신정변 당시 아버지 윤웅렬은 형조판서에, 자신은 외무아문참의에 임명되었다. 하지만 그는 갑신정변이 벌어진 3일 내내 미국 공사관에 틀어박혀서 김옥균을 저주했다. 너무 성급하게 정변을 일으키는 바람에 앞으로 시간을 두고 개화를 할 여지를 없애버렸다는 이유 때문이었다. 복잡하게 고민하기 싫거나 뭐든 확실한 것이 좋다고 믿는 사람들은 정치적 신념을 보수와 진보로 정확하게 이등분한다. 하지만 이 두 가지만으로 다양한 정치적 스펙트럼을 모두 흡수할 수는 없다. 당시 개화파라고 해도 모두가 김옥균과 그의 동료처럼 청의 속박에서 벗어나고자 일본과 손을 잡아야 한다는 생각을 하고 있던 것은 아니다. 예를 들어 김옥균처럼 박규수에게서 가르침을 받은 김윤식 같은 경우는 청의 양무운동과 같은 자강론을 주장했다. 서구의 침략에 맞서 조선과 청, 그리고 일본이 손을 잡아야 한다는 데 동의하는 사람들 사이에서도 방법론은 갈렸다. 김옥균처럼 후쿠자와 유키치福澤諭吉의 삼화론에 동조해 일본 중심의 공존공영을 주장하는 쪽, 좀 더 평등한 세력균형을 꿈꾸는 정족론이 팽팽하게 대치했다.

복잡하고 어지러운 시대는 쟁론을 불러일으키기 마련이다. 김옥균의 목소리는 비교적 명백하지만, 홍종우의 목소리는 흔적을 찾아보기 어렵다. 어렵사리 짐작하자면 개화파의 일원이었지만 김옥균의 과격한 방법에 찬성하지 않았든지, 인용한 내용대로 홍영식의 죽음이 그의 탓이기 때문에 복수하려고 마음먹었을지도 모르겠다. 물론 이 기록 역시 약점을 지닌다. 천신만고 끝에 일본으로 망명한 김옥균은 일본 정부의 추방명령을 받고 1886년 오가사와라 제도로 쫓겨났다가 다시 홋카이도로 옮겼다. 그가 도쿄로 돌아온 것은 1891년의 일이니 1888년에 일본으로 건너왔다가 1890년 프랑스로 건너간 홍종우가 그를 만났을 가능성은 희박하다. 또한 같은 남양 홍씨라고는 하지만 가까운 친척 관계는 아니었을 홍영식 때문에 일본까지 건너가 복수를 할 이유가 있을까? 이 문제들만 제외하고는 《파리 평론》의 기사는 신빙성이 높아 보인다.

홍종우가 조선을 떠난 이유

그렇다면 그는 언제 일본으로 건너갔을까? 1888년 6월 어머니의 사망 직후 일본으로 건너갔다는 기록이 현재로서는 가장 유력하다. 조일수호통상조약 체결 이후 적지 않은 관리들이 일본으로 사절이나 유학을 목적으로 건너갔다. 상인들도 장사를 위해 건너간 경우가 적지 않았지만, 양반이 공적인 업무가 아닌 일로 일본으로 가는 경우는 드물었다. 몰락했다고는 하지만 홍종우는 자신의 조상이 기자와 함께 조선에 온 8인의 학자 가운데 한 명이라고 말했을 정도로 자부심이 강한 인물이다.

아오야기 미도리는 홍종우가 별입시라는 직책을 노리고 일본으로 건너갔다고 썼다. 고종이 외국여행을 갔다 온 사람들을 불러서 이야기를 듣고는 재미있으면 벼슬을 내려주는데 이것을 노리고 일본행을 결심했다는 것이다. 과거를 보고 정상적으로 관직에 오를 자신이 없다면, 혹은 그럴 상황이 되지 않는다면 고려해볼 만한 방법이기는 하다.

별입시는 직책이나 벼슬이 아니라 왕과 신하가 사사롭게 만나는 것을 의미한다. 조선시대 왕은 결코 혼자서 움직이지 못했다. 특히 대신들과 만날 때에는 사관이 항상 붓을 들고 주고받은 이야기들을 기록한다. 고종은 이런 일들을 대단히 싫어해서 일부러 밤늦게까지 잠들지 않았다고 한다. 해가 떨어지면 숙직을 하는 신하들을 제외하고는 모두 궐 밖으로 나가야 하기 때문이다. 이런 특성을 이용해서 고종은 믿을 만한 측근들을 불러들였다. 지금도 그렇지만 최고 통치자와의 독대는 권력의 정점이라는 상징적인 측면에서는 최고의 가치를 지닌다.

오늘날을 기준으로 홍종우가 이 별입시를 노리고 일본행을 결심했다고 하면 대단히 우습고 서글퍼 보인다. 하지만 1888년 기준으로 몰락한 양반이라면 한 번쯤은 도전해볼 만한 일이다. 시기는 불명확하지만, 홍종우는 훗날 갑오개혁 때 군부대신을 지내다가 일본으로 망명한 조희연의 집에서 식객 노릇을 한 적이 있었다. 같은 양반이면서 다른 집의 식객 노릇을 했다는 것은 성공에 대한 야망이 컸거나 혹은 자존심을 접을 정도로 철저하게 몰락했다는 것을 의미했다. 양손에 들린 몰락과 야망이 그로 하여금 일본으로, 그리고 프랑스로 가게 한 것은 아닐까?

프랑스에 가기까지 홍종우의 행적

일본으로 건너간 홍종우는 여러 가지 일을 하면서 돈을 모았다고 전해진다. 그가 훗날 제시한 여권이 발급된 해가 1887년이었다는 점을 고려하면 이미 일본으로 가기 전부터 프랑스행을 결심했던 것으로 보인다. 어쩌면 조불통상수호조약 체결을 지켜보면서 결심을 굳혔는지도 모르겠다. 확실한 기록은 오사카 아사히신문大阪朝日新聞에서 촉탁 식자공으로 일했다는 것 정도다. 그리고 일본 자유당 당수였던 이다카기 다이스케板垣退助가 그를 위해 프랑스 총리인 클레망소에게 소개장을 써줬다는 것이다. 이는 홍종우가 일본에서 어느 정도 명사로서 이름을 날렸다는 것을 의미한다. 당시 이런저런 일로 조선에서 망명한 사람들의 주요 생계수단은 휘호를 써주는 일이었다. 김옥균이나 박영효는 아예 휘호를 써준다는 광고를 신문에 낼 정도였다. 홍종우 역시 그 정도는 아니었지만, 양반 출신이었으니 휘호를 쓰는 일은 어렵지 않았을 것이다.

프랑스에서 지내기 이전에 일본에서 그의 행적을 유추해 낼 수 있는 기록들은 이것들이 전부다. 이오야기 미도리의 소설에서는 일본에 머물 당시의 행적에 대해서 비교적 자세하게 서술하고 있지만, 근거가 없는 탓에 기술하기가 조심스럽다. 그렇게 일본에서 어느 정도 돈을 모은 홍종우는 1890년 프랑스행 여객선에 몸을 싣는다.

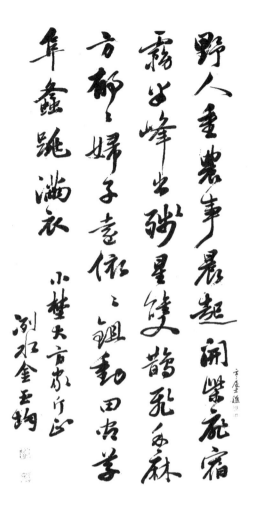

김옥균의 글씨. 당시 일본에서 체류하던 많은 조선 지식인들이 서예를 통해 생계를 유지했다.

"야인이라 농사를 중히 여겨 새벽마다 사립문을 열었다. 밤이슬은 반봉에 내려 있고, 지는 별빛에 참새 한 쌍이 날아간다. 벼와 삼대는 무성해지겠지만 아내와 아들은 멀리서 가물거린다. 풀을 매니 메뚜기가 옷자락에 가득하다."

김옥균,

조선을 아시아의 프랑스로
만들어야 한다

김옥균은 언제부터 조선을 개화시킬 생각을 하고 있었을까? 그의 마음속에 들어가지 않는 한 진실을 알아내는 것은 불가능한 일이다. 대신 누가 그에게 개화사상을 심어줬는지, 그리고 누구와 뜻을 같이했는지는 쉽게 찾을 수 있다.

그의 첫 번째 스승은 박규수다. 《열하일기》의 저자로 유명한 실학자 박지원의 손자인 그는 병자호란의 참패 이후 자연스럽게 생겨난 실학을 젊고 호기심 넘치는 김옥균에게 전파했다. 그리고 더 중요한 스승이라고 할 수 있는 유홍기와 오경석을 소개하는 역할도 맡았다.

유홍기는 당시의 관례대로 이름 대신 대치라는 호로 더 알려진 인물이다. 역관 가문에서 태어났지만, 의학에 소질을 보인 그는 역관 대신 한의사가 되었다. 유홍기는 어릴 때부터 실학에 관심이 많았다. 역관 집안인 탓에 비교적 이른 시기에 청의 서적들을 볼 기회가 많았고, 양반이 아닌 탓에 좀 더 넓게 세상을 볼 시선과 그것을 사상적으로 정리할 두뇌까지 가지고 있었다. 시대도 어수선했다. 덕분에 좀 똑똑한 역관 출신 한의사로 멈췄을 수도 있던 그는 한 걸음 더 나아갔다. 같은 역관 집안 출신으로 절친하게 지냈던 오경석이 통역으로 수행했던 박규수에게 그를 소개한 것이다.

1872년 청에 사절로 방문한 박규수는 청조차 변화하는 세상에 맞추려고 노력하는 모습을 보고는 충격에 빠졌다. 역사의 갈림길 앞에서 변화를 요구받을 때 사람들이 보이는 반응은 두 가지다. 변화를 받아들여서 잃는 것이 있다면 눈을 감거나 외면한다. 잃을 것이 없는 사람은 변화를 똑바로 바라본다. 민씨 집안을 비롯한 조선의 기득권층은 눈을 감았고, 혈기 왕성한 젊은이들과 중인 출신의 엘리트들은 눈을 크게 떴다. 오경석이 유홍기와 박규수를 연결해 줬고, 박규수가 자신들의 집을 드나들던 젊은 선비들에게 유홍기를 소개해줬다.

조선을 바꾸고 싶다

세상을 바꿔야 한다는 믿음을 가진 스승과 호기심에 가득 찬 젊고 똑똑한 선비의 만남은 대번에 신분을 뛰어넘는 우정을 낳았다. 평범한 시대였다면 양반 자제가 중인을 스승으로 모시는 일은 감히 꿈도 꾸지 못했을 것이다. 1877년 박규수가 사망하고 2년 뒤에 오경석까지 눈을 감자 이제 박규수의 집에 드나들던 젊은 선비들은 모두 유홍기에게 의지했다. 높은 학문적 지식 덕분에 그는 백의 정승으로 이름이 알려졌다.

세상은 매우 급하게 돌아갔다. 임금의 살아 있는 아버지라는 전대미문의 직함을 달고 등장했던 흥선대원군은 1873년 최익현의 상소를 계기로 정치 일선에서 물러났다. 쇄국이라는 기치를 내걸고 장기 집권했던 그의 몰락을 계기로 수면 아래 잠들어 있던 개화에 대한 본격적인 논의가 벌어졌다.

1876년 운요호 사건이 터지고 조일수호통상조약, 일명 강화도조약이 체결되면서 조선은 본격적으로 외세와 맞닥뜨린다. 그때까지 외국이라고는 청과 일본밖에는 몰랐고, 그나마 자신을 건드리지 않으면 관심 없다는 태도로 일관했던 조선으로서는 새로운 세력의 등장에 상당한 충격을 받았다.

가장 먼저 반응한 이들은 호기심 왕성한 젊은 선비들이었다. 그들은 권력층 대다수가 눈을 감고 있던 문제를 직시했다. 소중화小中華라고 자부했던 조선이 사실은 한참 낙후되었고, 양이(서양 오랑캐)들이라고 무시했던 국가들은 월등하게 앞서가는 중이었다. 조선이 개화를 해야 하느니 마느니 하는 논의가 오가던 그 시기에 바깥 세상은 수에즈 운하가 뚫리고 유전법칙을 발견했다. 대서양 해저에는 해저 케이블이 깔렸고, 전화기가 발명되었다. 메이지 유신으로 서구화를 시작한 일본은 제철소와 조선소를 세우고, 국토 전역에 철도를 놓기 시작했다. 둔중한 청 역시 양무운동을 시작한 지 15년이 지난 시점이었다. 하지만 조선은 이제 겨우 눈을 뜨고 걸음을 떼는 수준이었다.

위험한 청년들의 등장

청과 조선, 일본은 거의 비슷한 시기에 압도적인 서구세력과 마주쳤다. 그리고 거의 비슷한 해답을 찾아갔다. 우리 것을 지키되 저들의 장점을 흡수하겠다는 방법은 현실에 안주하고 싶어 하는 쪽과 변화가 필요한 쪽의 의견이 적당히 섞인 타협책이었다.

오늘날에도 어떤 결정을 내려야 할 때 중도 내지는 중립이라는 이름으로 타협책이 종종 등장한다. 문제는 당시 동양 삼국에서 변화는 속도 조절을 선택할 수 있는 상황이 아니었다는 것이다. 대다수가 외면하거나 모르거나 혹은 어떻게든 되겠지 하는 낙관론을 펴는 사이 소수의 급진 개혁파들이 표면 위로 떠올랐다.

조선에서는 박규수의 집을 드나들던 양반 자제들이 주목을 받았다. 지식을 받아들일 머리와 그걸 실천할 능력을 갖췄기 때문이었다. 그 가운데 통솔력과 카리스마를 갖춘 김옥균이 자연스럽게 리더가 되었다.

개화를 하네 척화가 정답이네 하는 갑론을박이 오고갔지만 통치세력의 생각에는 변함이 없었다. 병인양요와 신미양요를 거치면서도 요지부동이었고, 1876년 조일수호통상조약을 맺으면서 일본에 문호를 개방했다고는 하지만 아직 서양이나 일본에 대해서 양이나 왜인들이라는 시선에는 변함이 없었다.

반드시 해야 할 일이 된 개화

1881년 수신사로 일본에 다녀왔던 김홍집의 주장에 따라 다시 일본에 보낼 시찰단이 꾸려졌다. 시찰단을 구성하며 유림의 반발을 피하고자 시찰단원들을 동래부 암행어사로 임명하는 소동을 벌여야만 했다. 우여곡절 끝에 다음해 4월 시찰단원들은 일본을 방문했다. 그들은 메이지 유신明治維新 이후 착실하게 서양문물을 받아들이고 있던 일본의 모습을 보고 어마어마한 충격을 받았다. 개화를 해야겠다는 어렴풋한 생각은 반드시 개화를 해야만 한다는 당위로 바뀌었다.

비공식 수행원으로 일본을 방문한 김옥균은 특유의 친화력으로 일본의 주요 인사들과 친분을 쌓았다. 특히 그에게 있어 스승이라고 불릴 만한 일본의 사상가 후쿠자와 유키치와도 이때 교분을 쌓았다. 그들과의 교류를 통해 새로운 세상에 대한 열망을 품고 나가사키에서 귀국길에 오르던 그에게 군인들이 폭동을 일으켰다는 소식이 전해졌다. 임오군란이 터진 것이다.

임오군란의 시작

외국 것이라면 진저리를 치는 이들도 서둘러 도입을 찬성하는 것이 몇 가지 있었다. 바로 서양의 화포와 총기류, 그리고 증기선들이었다. 조선 정부 역시 두 차례의 양요, 그리고 일본과의 충돌을 겪고 서양 무기들의 도입을 추진했다.

1881년 5월에는 기존의 군영에서 병사들을 뽑아서 무위영을 만들었다. 이들의 교관으로는 일본 공사관의 호리모토 레이조堀本禮造 소위가 임명되었다. 바야흐로 조선 최초의 서양식 군대가 창설된 것이다.

문제는 이들에게 관심과 지원이 집중되는 바람에 기존의 군인들이 소외감을 느꼈다는 것이다. 조선 후기의 군인 대접은 상상을 초월할 정도로 빈약했다. 덕분에 군인 대부분이 부업으로 장사하거나 심지어는 떼강도로 돌변하기도 했다. 이런 상황에서 낯선 군복에 좋은 총을 가진 군인들이 일본인 교관에게 지휘를 받는다는 점이 좋아 보일 수가 없었다.

문제는 불만을 품은 사람들이 군인이라는 점이었고, 더 큰 문제는 이들에게 줄 급료가 밀리기 시작한 것이다. 부국강병책을 최우선 과제로 내세운 흥선대원군 시절에는 상상도 하지 못한 일이었기에 이들의 분노는 더 극심해졌다.

1882년 7월 19일 구식 군인들은 일 년 넘게 밀린 급료를 그제야 지급받았지만 불과 1개월치에 불과했고, 그나마 급료로 지급된 쌀에는 모래가 섞여 있었다. 흥분한 군인들은 급료를 나눠주던 관리를 구타했다.

사실 하층민 취급을 받던 군인들이 봉급이나 대우에 불만을 품고 벽보를 붙이거나 폭동을 일으키는 일은 종종 벌어졌다. 이 시기에 문제가 커진 것은 사후처리에 있었다.

군인들의 봉급을 책임진 선혜청 당상 민겸호는 폭동의 주동자들을 닥치는 대로 잡아 가두었다. 군인들은 직속상관인 무위대장 이경하에게 찾아가 대책을 호소했지만, 그는 편지 한 장만을 써 주고는 민겸호를 찾아가라며 발을 뺐다. 낙동강 오리알 신세가 된 군인들은 자포자기하는 심정으로 민겸호의 집을 부수고 선혜청을 불태워버렸다. 임오군란의 시작이었다.

원진 모양으로 사열한 별기군. 조선 최초의 근대식
군인들로 전원이 장교였으며 '하인에게 업힌 채 출
근했다'는 말까지 돌 정도로 신분이 높았다.

국제적인 문제로 번진 군란

급료 지급에 불만을 품은 군인들의 단순한 폭동이 반란이라는 이름까지 얻게 된 데에는 상당 부분 지도층의 잘못이 컸다. 며느리에게 밀려나 절치부심하던 홍선대원군이 개입하고, 청과 일본까지 개입되면서 군란은 국제적인 분쟁으로 번져나갔다. 이 와중에 일본 공사관이 군인들과 민중에 의해 불타버렸고, 별기군 교관이었던 호리모토 레이조 소위도 죽고 말았다. 인천으로 철수한 하나부사 요시토모花房義質 공사와 일본인들은 인천 앞바다에 정박 중이던 영국 측량선에 구조되었다.

소식을 들은 일본 국내는 정한론의 여파 탓인지 강경대처하자는 주장이 대세를 이뤘다. 8월 7일 이노우에 가오루 외무대신은 시모노세키에서 하나부사 공사에게 일본 정부의 대응방침을 담은 훈령을 전달했다. 이번 사태에 대한 조선 정부의 사과와 피해보상을 요구해야 하지만 정확한 사태를 파악할 때까지 개전은 하지 않는다는 방침이었다.

훈령 중에는 조선 정부에 대한 11개조의 요구 조건이 담겨 있었다. 그 가운데에는 이번 사태에 대한 사과와 관련자 처벌 요구, 피해배상 같은 통상적인 요구조건이 들어 있었다. 여기에 거제도나 울릉도의 할양, 그리고 협상이 뜻대로 진척되지 않을 때에는 인천을 점령하는 방안까지 포함되었다.

같은 해 8월 30일 하나부사 공사와 조선 정부는 '제물포조약'을 체결한다. 조선의 50만 엔 피해보상금 배상과 사죄사의 파견이 주요 내용이었다. 조약 체결이 마무리되고 고종은 일본에 보넬 사절단의 구성을 명했다. 박영효가 정사로 서광범과 김옥균도 사절단에 포함되었다. 아울러 흥선대원군이 세운 척화비의 철거도 명했다. 시대는 차츰 변해가는 중이었다. 또다시 일본으로 향하는 김옥균은 부강해지는 이웃과 망가져 가는 조국을 바라보면서 어떤 생각을 했을까?

홍종우,

위조 여권을 사용한
제1호 프랑스 유학생

'제1호 프랑스 유학생'은 홍종우를 설명할 때 가장 흔히, 그리고 가장 많이 사용되는 표현이다. 하지만 그는 유학생이 아니었다. 큰 뜻을 품고 프랑스에 갔지만 교육 기관에서 학문을 전공하거나 학위를 받지는 않았다. 교육을 받다가 중도에 포기한 흔적도 보이지 않는다.

그럼 그는 그곳에서 무엇을 했을까? 홍종우는 1890년 12월 24일 프랑스 파리에 도착했다. 그가 가지고 온 것은 일본의 정치가 이다카기 다이스케가 프랑스 총리 클레망소에게 써 준 소개장과 조선에서 가져온 여권이었다. 펠릭스 레가메가 본 홍종우의 여권은 위조일 가능성이 크다. 펠릭스 레가메가 남겨놓은 여권의 내용은 다음과 같다.

한국의 외교부 장관은 서울 태생의 홍종우가 대 프랑스에서 법학 공부를 하는 것을 허가하며 이 문서를 발급한다. 프랑스 정부에서는 그가 혹시라도 공부에 방해되는 행위를 하지 않도록 지켜봐주기 바란다.

홍종우가 가진 여권의 원본이 없어 장담하기는 어렵지만 여기서 언급되는 외교부 장관은 교섭통상사무아문交涉通商事務衙門의 독판督辦을 가리킨다. 1880년 12월에 설치된 통리기무아문에서 분화된 통리교섭통상사무아문의 장관이며 해당 관청은 대외 관계를 맡았기 때문에 줄여서 외무독판이라고 불렀다. 일부 번역본에는 돼지해 내지는 정해년이라는 기록이 나오지만, 원문에는 발행연도를 알 수 있는 숫자는 보이지 않는다. 다만 하단부 서명란에 김이라는 성姓을 연상시키는 글씨 'Kin'으로 유추해볼 수 있는 사실은 다음과 같다.

일단 조선과 프랑스가 공식적인 수교 조약을 맺은 때는 1886년 6월 4일이며, 이 조약이 비준된 날은 다음해 5월 3일이었다. 즉 조선 정부가 프랑스를 방문하는 조선인에게 여권을 발급할 수 있었던 시기는 1887년 5월 3일 이후부터였다. 홍종우가 일본으로 건너간 1888년 6월 이전에 이 문제의 여권이 발급되었다면 1887년 5월 3일부터 1888년 6월 사이가 된다. 이 시기 조선의 외무독판은 두 사람이었다. 한 명은 갑신정변 당일날 임명된 김윤식이고, 다른 한 명은 1887년 8월 4일 임명된 조병식이다. 조병식은 1888년 6월 30일 함경도 관찰사로 좌천되었지만 같은 날 고종은 후임자가 결정될 때까지 당분간 사무를 계속 보라는 지시를 내렸고, 같은 해

8월 13일 고종에게 작별인사를 하고 임지인 함경도로 떠났다. 이런 정황들을 고려하고 봤을 때 서명에 나오는 김이라는 글씨가 성이 맞다면 김윤식이 써준 여권이 틀림없다.

좀 더 구체적으로 추정해보자면 그 여권은 조약이 정식으로 비준된 1887년 5월 3일부터 홍종우가 일본으로 건너간 1888년 6월 사이에 작성된 것으로 보인다. 김윤식이 발급해준 여권이라면 1887년 5월 3일에서 같은 해 8월 4일 사이다. 그리고 1887년이 정해년이었다. 그렇다면 홍종우는 일본으로 가기 전부터 프랑스행을 꿈꿨다는 의미가 된다.

하지만 당시 조선이 나라에서 선발된 관리나 유학생이 아닌 개인에게 이런 식의 여권을 발급해줬을 것이라고는 믿기 어렵다. 설사 여권을 발급해줬다고 해도 이런 형태였을 리가 만무하다. 조선이 여권이라는 이름과 개념을 처음 받아들인 것은 1883년 영국과 수호조약을 체결한 때였다. 제8관 2항에 다음과 같은 문구가 보인다.

영국 군함이 조선 안의 통상하지 않는 항구에 갈 때에는 그 배에 탄 관리와 문관, 무관, 병사, 인부들이 해안에 상륙하는 것을 허한다. 단, 여권을 소지하지 않은 사람이 내지에 가는 것은 허가하지 않는다.

같은 날 체결된 독일과의 수호조약에서도 비슷한 문구가 보인다.

두 나라에서 파견하는 사신 및 총영사관 등과 일체 수행원들에게는 모두 상호 주재하는 나라의 각지로 다니면서 유람하는 것을 허락해주고 저지시키지 말아야 한다. 조선국에 있는 독일사람에게는 대조선국 관원이 여권을 발급해주는 동시에 사람을 적당히 파견하여 호송함으로써 보호하는 뜻을 보여야 한다.

서구 국가와의 접촉 이전에 조선에서는 여권이라는 개념이 존재하지도 그리고 필요하지도 않았다. 개항 이후 항구를 통한 출입국 사항을 기재하기는 했지만, 소지자의 신원을 국가에서 보증하는 근대적인 여권과는 거리가 멀었다. 조선에서 여권과 가까운 개념은 집조集照(외국인이 길을 다니는 데 편의를 위해 내주는 문빙)와 조선을 여행하는 외국인에게 발급하던 일종의 여행허가증인 호조護照였다. 집조는 임진왜란 직후인 1600년 명 천총 누세진이 고국으로 돌아가려고 요청한 것이 처음이었다. 1884년 청 예부에서는 조선의 상인들이 집조를 소지하지 않고 함부로 국경을 넘어와서 장사하는 일을 단속해달라는 요청을 했다. 전자의 기록은 조선을 여행하는 데 필요한 일종의 여행허가증 개념이고, 후자는 오늘날의 여권과 비슷하다고 봐도 무방하다. 호조에 대한 첫 기록은 임오군란의 여파로 체결된 조일수호조규, 제물포조약에서 처음 보인다.

제2관
일본국 공사와 영사 및 그 수행원과 가족은 마음대로 조선의 내지 각 곳을 유력할 수 있다. 유력할 지방을 지정하면 예조에서는 호조를 발급하고, 지방관청은 호조를 확인하고 호송한다.

다음해인 1883년 체결한 영국과의 수호조약에서도 호조의 발급에 대해 명시되어 있다.

> 양국이 파견하는 사신과 총영사관 등 및 일체의 수원隨員들에게 모두 상호 각 처를 돌아다니는 것을 허용하고 금지하지 않는다. 조선국에 있는 자에게는 대조선국의 관원이 호조를 발급하고 아울러 참작하여 사람을 파견, 호송함으로써 보호한다.

1884년 조선주재 미국 공사관의 무관인 포크 소위에게 통리교섭사무아문이 발행한 것이 최초의 호조였다. 이런 정황으로 놓고 보면 1887년 홍종우가 발급받은 여권은 집조일 가능성이 크다.

문제는 비슷한 시기에 발행된 집조와 비교해 볼 때 차이점이 두드러진다는 것이다. 홍종우가 지니고 있었다는 여권의 원본을 확인할 수는 없지만, 펠릭스 레가메가 기록해놓은 문구를 비슷한 시기에 발행된 다른 집조와 간접적으로 비교해볼 수는 있다.

홍종우가 지니고 있던 집조와 가장 가까운 시기에 발행된 것은 2004년 11월 국립중앙박물관이 공개한 집조다. 음력 1895년 7월 29일자로 종2품의 왕 태자궁 부첨사인 윤헌에게 외부外部에서 발행했다. 이 집조는 앞면 오른쪽에 '집조 제66호'라는 발행번호가 한문으로 '執照 第陸拾陸號'라고 적혀 있다. 집조 앞면에는 한문으로 일본과 구미제국을 여행하는 대조선국 종2품 왕 태자궁 부첨사 윤헌에게 발급하니 연도의 관리들은 그가 지나갈 때 막지 말고 보호해주기를 바란다는 내용이 적혀 있다. 집조 뒷면 상단은 영어, 그리고 하단은 프랑스어로 적혀 있다. 또 '대조선국 개국 504년 7월 29일大朝鮮國 開國 五百四年 七月 二十九日'이라는 날짜와 '대조선국 대군주 폐하 외부대신 김윤식大朝鮮國 大君主 陛下 外部大臣 金允植'이라는 발행자 이름도 남아 있다. 이 집조의 내용 중에서 발급번호 '육십육陸拾陸'과 소지자인 윤헌의 관직과 직책인 '대조선국 종이품 왕태자궁 부첨사 윤헌大朝鮮國 從二品 王太子宮 副詹事 尹憲' 그리고 여행목적지와 발급일, 김윤식이라는 이름은 발급하면서 기재한 것이고 나머지는 모두 본래 적혀 있는 양식이다. 후면 상단의 영문과 불문 역시 같은 부분은 미리 기재되어 있다.

7년이라는 공백이 있긴 하지만 기재방식이 확연하게 차이가 난다. 홍종우의 여권과 비교해보면 발행번호와 발행일자가 구체적으로 기재되어 있고, 무엇보다도 발급자의 서명 방식이 확연하게 다르다. 홍종우가 소지했다는 여권의 원본이 남아 있지 않아서 확신하기는 곤란하지만, 펠릭스 레가메가 본 여권을 그대로 옮겨 적었다고 가정한다면 홍종우의 여권은 정식으로 발급된 여권이 아닐 가능성이 커진다. 다른 집조를 살펴보면 더 확연해진다.

1901년 4월 6일 대한제국특명전권대사참서관 이한응에게 발급된 집조에는 역시 제4호라는 발행번호와 '대한제국 대황제 폐하 외부대신 박제순'이라는 서명이 들어 있다. 이 역시 윤헌의 집조와 같은 부분이 사전에 작성되어 있다. 시기가 다르기는 하지만 20세기 초반에 발행된 집조와도 확연한 차이점이 보인다. 홍종우는 일본에서 프랑스로 건너갈 때 자유당 당수인 이다가키 다이스케가 프랑스의 클레망소 대통령에게 써 준 소개장을 지참했었다. 그런 점

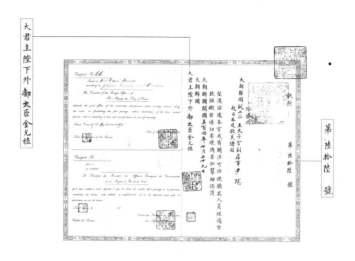

大君主陛下外部大臣金允植

第陸拾陸號

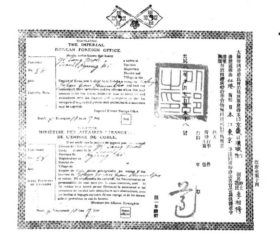

차례대로 1895년 부첨사 윤헌이 일본과 미국, 유럽 등을 방문하기
위해 조선의 외부로부터 발급받은 집조·. 1904년 이상목에게 발급
된 여권··.

을 고려하면 외무독판 김윤식의 개인적인 추천장이나 소개장일 가능성도 고려해볼 수 있다.

하지만 홍종우가 지닌 여권에는 그를 누구에게 소개해 준다는 내용은 보이지 않는다. 따라서 홍종우가 지니고 있었다는 여권은 일본으로 건너가기 전이나 혹은 일본에서 만들어낸 위조 증명서일 가능성이 크다. 그때까지는 프랑스에 조선 외교관이 부임하지 못한 상태였다. 또한 여권을 지녀야만 프랑스에 입국할 수 있었던 것도 아니었다. 그렇다면 그는 왜 가짜 여권을 만들었을까? 아마 프랑스의 정계 인사나 유력인사를 만날 때 자신의 신분을 증명하기 위한 일종의 소개장이 필요했기 때문은 아니었을까 조심스럽게 추측해본다.

아오야기 미도리의 소설 《이왕의 자객》에서는 그가 일본에 건너온 이후 견사무역을 하면서 '조선국 의정부 공조참의 홍종우'라는 가짜 명함을 사용하는 장면을 이야기했다. 전적으로 믿지는 않는다고 해도 어느 정도 신빙성을 생각한다면 외무독판이 발급했다는 여권 역시 가짜로 제작했을 가능성이 존재한다. 그렇다면 그가 위조 여권까지 만들면서 머나먼 프랑스에 간 이유는 무엇일까?

일반적인 해석은 일본에서 메이지 유신의 근간이 되는 프랑스의 정치사상을 직접 눈으로 보기 위해서라는 것이다. 하지만 단순히 공부를 하려고 머나먼 유럽까지 갔다는 점은 너무 결과론적인 설명이다. 훗날의 행보로 유추해보자면 정치적인 의도를 가진 프랑스행이 아니었을까.

나 또한 조선을 아시아의 프랑스로 만들고 싶다

그렇다면 그는 프랑스에서 무엇을 했을까? 그가 맨 처음 방문한 곳은 파리의 뒤 박 거리에 있는 파리외방전교회 본부였다. 홍종우는 구스타프 뮈텔Gustave Charles Marie Mutel 신부에게 보내는 보레 신부의 추천장을 가지고 왔다. 뮈텔 신부는 천주교의 아시아 선교를 목적으로 하는 파리외방전교회 소속의 선교사로 조선에 천주교를 전파하는 데 많은 기여를 했다. 1890년에는 제8대 조선교구장으로 임명되면서 다시 조선으로 돌아왔다. 그의 일기는 한말과 일제 강점기를 살펴볼 수 있는 중요한 연구 자료이기도 하다. 하지만 당시 뮈텔 신부는 조선교구장으로 임명되어서 출발한 직후였다. 그는 신부들의 주선으로 듀렌느가에 있는 성 니콜라스 학교 기숙사의 다락방에 거처를 정했다. 그리고 며칠 뒤 대문호 빅토르 위고나 루이 파스퇴르 박사 같은 유명인들의 초상화를 그린 저명한 화가 펠릭스 레가메와 만났다. 훗날 그가 쓴 글 〈어느 정치적 자객〉에는 홍종우와의 인상적인 첫 만남이 자세하게 묘사되어 있다.

홍종우가 내 사무실로 처음 왔을 때, 그는 파리에 도착한 지 얼마 지나지 않은 상황이었다. 물론 프랑스어는 한 마디도 하지 못했다. 한 일본인이 통역을 해주었다. … 그의 자존심을 건드렸는지 그는 최대한 몸을 쫙 펴고는 오만한 눈길로 나를 쳐다봤다. 가냘프고 호리호리한 일본인 곁에 서 있는 그의 머리가 천정에 닿을 것처럼 보였다. 예전 싱가포르에서 커다란 호랑이와 마주쳤을 때 느꼈던 공포를 그의 모습에서 발견했다.

펠릭스 레가메는 화가면서 기메 미술관의 설립자로 유명한 에밀 기메와 함께 1876년 일본을 여행하며 예술품들을 수집하기도 한 동양학자이기도 했다. 그런 그가 조선이라는 낯선 나라에서 온 홍종우라는 인물에게 흥미와 호기심을 보인 것은 어쩌면 당연할지도 모르겠다.

펠릭스 레가메는 홍종우를 데리고 다니면서 파리의 사교계에 소개했다. 홍종우가 기메 미술관에서 일하게 된 것도 그가 힘을 써준 일이 분명하다. 당시 프랑스는 막 인도차이나를 식민지로 만든 시기였기 때문에 동양학에 대한 열풍이 불고 있었다. 특히 극동지방은 아직 미개척 분야였다. 홍종우는 한문에 능통했고, 일본어도 어느 정도 구사할 줄 알았다. 더군다나 파리에서도 늘 한복차림을 고수했다. 이 낯설고 매혹적인 방문자는 대번에 파리 사교계의 눈길을 끌었다.

뮈텔 신부의 일기에는 홍종우가 파리 외방전교회에서 주선해준 다락방에서 일 년 간 거주했다가 거처를 옮겼다는 이야기가 나온다. 《이왕의 자객》에서는 천주교로의 개종을 요구받은 것 때문에 갈등이 빚어지면서 숙소를 나온 것이라고 설명한다.

홍종우가 자기 입으로 프랑스에서의 일을 이야기하지는 않았지만, 펠릭스 레가메의 증언을 토대로 대략 유추해볼 수는 있다. 우선 그는 공부하기 위해 프랑스로 간 것이 아니었다. 2년 6개월의 체류 기간 동안 법률 관련 교육기관에 들어가거나 학문에 몰두했다는 기록은 없다. 초기 행보 중에 가장 눈에 띄는 것은 조불수호통상조약 당시 조선에 왔던 외무장관 꼬고르당과의 만남이었다. 홍종우는 무릎을 꿇고 엎드린 채 그를 만나서 다행이라는 안도감을 표시했다. 왜 그랬을까? 학자 대부분은 이 부분을 대수롭지 않게 지나가지만, 홍종우의 프랑스행을 설명하는 중요한 대목이라고 본다.

매우 야심적인 그는 조선을 위해 유럽문명을 배우기를 갈망했다. 무엇보다 프랑스의 정치에 관심이 많았던 그는 조선이 일본처럼 유럽문명을 받아들여서 부강해지기를 원했으며 몇 년 후 귀국해서 그 일에 참여하기를 꿈꿨다. 그는 최근에 러시아와 미국에 흩어져 있는 소수의 젊은 동료에게 기대를 걸고 있으며 이들과 함께 다음과 같은 일을 하려고 했다.
첫 번째, 조선을 압박하는 중국, 일본과 러시아로부터의 완전한 독립이고,
두 번째, 조선을 외국으로부터 고립시키고 있는 정책의 폐지이며…

홍종우는 법학을 공부하기 위해 파리에 온 것도, 신기한 외국문물을 가지고 임금의 총애를 받으려고 혈안이 된 인물도 아니었다. 그는 조선을 개화시켜서 열강과 어깨를 나란히 하게 만들고야 말겠다는 야심을 가졌다. 외무장관 꼬고르당을 보고 안심한 것도 그의 야심을 펼칠 만한 유력자를 만났기 때문이었다.

하지만 꼬고르당은 조선 정부를 무시하라는 정부 방침에 따라 그를 외면했다. 펠릭스 레가메는 꼬고르당에게 이런 상황을 들었지만, 홍종우에게는 말하지 않았다. 아무것도 모르는 그는 더 이상의 면담이 거절되는 것을 보고는 깊이 좌절했다. 이후 정치적인 행보가 더는 이어지지 못했다.

한편 그의 등장을 흥미롭게 지켜본 몇몇 사람들이 후원자로 나섰다. 직접 생활비를 원조해주는 때도 있었고, 그를 외부에 소개해줘서 도움을 주려는 시도도 있었다. 《르 피가로Le Figaro》지에서는 '그날그날'이라는 인물동정란에 홍종우를 소개하기도 했다.

그는 자유파인 개화도에 속한다. 따라서 유럽의 문명을 조선에 소개하는 것을 거부하는 보수파의 옛 제도를 반대한다. 하지만 그는 살아갈 방도가 없다. 누가 이 조선인을 원하는가?

《르 몽드 일뤼스트레Le Monde Illustre》의 편집장 위베르는 그의 초상화를 실었다. 홍종우는 감사의 편지를 보냈다. 펠릭스 레가메는 그를 사교계에 소개해줬고, 유력인사를 만날 수 있게 도움을 주었다. 하지만 다들 호기심 어린 시선으로 바라보기만 할 뿐 실질적인 도움을 주지는 않았다.

1891년 5월 9일 그의 짧은 연설이 행해진 '여행가들의 모임'은 그의 꿈과 조국애, 그리고 야심을 만날 수 있는 공간이다. 펠릭스 레가메가 통역한 연설에서 그는 조선을 기원전 2,000년에 건국한 전통적인 국가로 소개했다. 고구려와 백제, 신라로 나뉘었다가, 고려와 조선으로 이어졌다고 설명했다. 그리고 당시 유럽에서 조선을 가리키는 '코리아'는 잘못된 표현이라고 말했다. 그리고는 조선에 도움이 될 만한 일을 배우려고 이곳에 왔으며 강력한 주변 국가들 때문에 위기에 처한 조국을 구하기 위한 유일한 방법은 유럽의 문명을 받아들이는 것이라고 얘기했다.

프랑스를 치켜세워주면서 조선의 자존심을 세우는 얘기는 대단한 호응을 받았다. 인도차이나 반도를 탐험해서 명성을 떨친 오를레앙 공이 그를 위해 즉석에서 모금에 나섰고, 적지 않은 돈이 모였다. 그가 기메 미술관에서 일하게 된 것도 이 즈음의 일인 것 같다.

정치적인 행보를 포기한 그는 에밀 기메가 세운 기메 미술관 Musée Guimet des Arts Asiatiques에서 일하게 된다. 기메 미술관은 에밀 기메가 세계 각국을 여행하면서 모은 수집품들을 전시한 박물관이다. 처음에는 리옹에 세워졌지만 수집품이 늘어나면서 1888년에 파리로 자리를 옮겼다.

Lorsque *Hong* .... remière fois dans mon
atelier, il n'était .... à Paris et ne savait
pas un mot de fra......... vit d'interprète; après
avoir échangé quel......... tion tourna et je crois
que les deux jaunes......... olitique. Je vis alors le
Coréen, dont sans .... ble avait été touchée, se
dresser de toute sa......... tractés, les yeux étince-
lants, superbe .... es, à côté du Japonais
délicat .... me .... nchait au plafond.
Je f......... où se mê-
lait .... l'admiration qui m'ava......... rre royal
renco......... à Singapour. Le monstre......... piré et,
malgré .... ur de la cage étroit......... pante-
lan......... ssé sur lui-m......... le entrouverte,
il rép......... tre l'effroi autour

A......... commensal et pen-
dant d......... c o......

Le sc......... mes amis coréaux a, plus d'une fois, re-
proché à ma hai......... d'avoir pu croire un instant qu'un tel homme,
dont j'avais deviné le caractère et les hautes aspirations, pourrait
être un jour utile à mon pays.

홍종우의 모습을 묘사한 〈어느 정치적 자객Un assassin politique〉의 한
대목과 《르 몽드 일뤼스트레》에 실린 홍종우의 초상화.
"그의 머리가 천정에 닿을 것처럼 보였다. 예전 싱가포르에서 커다란 호
랑이와 마주쳤을 때 느꼈던 공포를 그의 모습에서 발견했다."

62

김옥균,

다른 나라를
꿈꾸다

임오군란의 잿더미 위에 승리의 깃발을 꽂은 것은 청이었다. 그렇다면 청은 왜 수백 년간 이어오던 전통적인 사대관계에서 벗어나 직접적인 개입을 한 것일까? 한때 세상의 중심이라고 외쳤던 청은 두 차례에 걸쳐 벌어진 중영전쟁(아편전쟁)으로 서양세력에게 무릎을 꿇었다. 청의 아편 단속을 빌미로 발발한 중영전쟁에서 승리한 영국은 홍콩을 할양받았다.

이를 계기로 청은 양무운동을 통해 서구의 기술을 받아들이는 한편 자신들의 전통적인 대외정책도 수정해나갔다. 남하하는 러시아와 신장성의 이리伊犁(중국 신장성 서북부의 톈산산맥에 위치한 분시) 지역을 둘러싸고 분쟁을 겪으면서 책봉과 조공을 통한 간접통치의 한계를 느낀 것이다. 조선과 만주는 중국 본토의 안전과 직결되는 중요한 지역이었다. 한반도가 안정되지 않으면 청 역시 흔들릴 수밖에 없다는 사실을 잘 알고 있던 그들은 자신들이 당한 수법 그대로 조선에 적용했다. 일본을 통해 조선에서 군란이 발생했다는 소식을 접한 청은 즉각 군대를 파병하고, 이 일의 원흉으로 지목된 흥선대원군 이하응을 납치하기로 했다.

조선을 뒤집고 싶다

1882년 7월 마젠종馬建忠이 이끄는 청군 4,500명이 한양에 진입했고, 광동수사제독 우장칭吳長慶이 뒤따랐다. 병자호란 이후 257년 만의 무력 개입이었다. 8월 26일 임금을 대신해서 정권을 장악한 흥선대원군은 그들이 주둔하고 있던 동별영을 방문했다가 체포당하고 말았다. 궁녀로 위장해서 궁을 탈출해 충주에 은신하고 있던 중전 민씨의 계략인지 아니면 흥선대원군이 걸림돌이 될 것이라는 청의 예측 때문인지는 알 수 없다. 하지만 흥선대원군을 제거함으로써 청은 조선에 대해서 완벽한 통제권을 장악했다.

곧이어 위안스카이가 이끄는 청군이 구식 군인들이 주로 모여 살던 왕십리와 이태원 일대를 공격했다. 170명이 체포되고 그 가운데 임오군란의 주동자로 지목된 11명이 처형되었다. 일본 역시 군대를 파병해 공사관이 불타고 인명피해가 발생한 점에 대해서 피해보상과 사과를 요구했다. 화려하게 복귀한 흥선대원군의 꿈은 청으로 끌려가는 것으로 막을 내렸다. 이제 번개처럼 개입한 일본과 청에 뜯어 먹히는 일만 남았다. 일이 터지자마자 파병한 청과는 '조청상민수륙무역장정'을 체결했고, 일본과는 '제물포조약'을 체결해서 손해배상을 해줘야만 했다.

김옥균은 청군이 개입해 흥선대원군을 체포하고 조선인들을 학살하는 모습을 보면서 어떤 생각을 했을까? 그가 망명 후 쓴 《갑신일록》에는 '그때의 허다한 일들은 다 기록하지 못할 것이다'라고 쓰여 있다. 그가 혁명을 구체적으로 꿈꾸었다면 바로 이 시점이 아니었을까 싶다.

그해 8월 제물포조약에 따라 임오군란에 대해 사과를 할 수신사가 파견되었다. 정사인 박영효와 함께 수신사로 일본에 건너간 김옥균은 일본 정부의 계산된 환대를 받았다. 청의 발 빠른 개입에 한 발 밀린 일본이 선택할 수 있는 카드는 조선 정부 내부에서 협력자를 찾는 것뿐이었다. 일본 정부는 조선이 5년간 나눠내야 할 피해보상금 50만 엔의 지급 기일을 10년으로 늘려줬다. 한 술 더 떠서 김옥균에게 17만 엔의 차관을 제공하는 호의도 베풀었다. 일본의 극진한 환대 속에서 김옥균은 조선을 일본처럼 변화시켜야만 한다는 사실을, 그리고 그것이 바로 자신에게 주어진 사명임을 명백하게 깨달았다.

김옥균은 수신사 일행이 귀국하고 나서도 일본에 머물면서 정재계 인사들과 인맥을 쌓아나갔다. 그리고 이듬해인 1883년 3월 그는 국채 위임장만 있으면 거액의 차관을 제공해주겠다는 제안을 받고 부푼 가슴을 안고 조선으로 돌아온다. 임금도 김옥균의 손을 들어주는 것처럼 보였다. 그와 함께 개화파를 이끌고 있던 금릉위 박영효도 1882년 12월 서울시장격인 한성부 판윤에 임명되었다. 하지만 길을 넓히고 근대적인 경찰제도를 도입하려던 박영효는 백성의 반발에 부딪혀서 자리에서 물러나게 되었다. 그 사이 민씨 세력과 김옥균 사이에 갈등의 골이 점점 깊어졌다.

가장 결정적인 충돌은 재정 확보를 두고 벌어졌다. 원래부터 재정이 탄탄하지 못했던 조선 정부는 급격한 개화 이후 소요되는 막대한 예산을 두고 골머리를 앓았다. 김옥균은 일본에서 차관을 도입해 해결하자고 주장했고, 리훙장李鴻章의 추천으로 청에서 일하던 독일인 묄렌도르프와 민씨 세력은 당오전과 당십전의 발행으로 문제를 해결하려 했다.

당시 통용되던 돈의 다섯 배 가치를 지닌 돈을 발행하자는 의견에 김옥균은 강력하게 반발했다. 흥선대원군이 경복궁을 중건할 때 당백전을 발행해서 혼란이 벌어졌던 일을 고려하면 김옥균의 주장이 좀 더 타당했다. 《갑신일록》에 따르면 이 문제를 두고 벌어진 논쟁에서 김옥균이 승리했다. 하지만 고종은 당오전과 당십전을 발행하는 쪽의 손을 들어주었다. 결과는 예상대로였다. 관리들의 농간과 일본이 위조한 동전까지 유통되면서 화폐경제는 혼란에 빠졌다.

1883년 6월 김옥균은 임금을 설득해서 받아낸 국채위임장을 가지고 세 번째 일본행을 감행했다. 하지만 묄렌도르프와 민씨 세력은 조선주재 일본공사인 다케조에 신이치로에게 국채 위임장이 위조라고 모함했다. 물론 차관 도입에 실패한 원인이 조선 측의 발목잡기에만 있는 것은 아니었다. 당시 일본도 급격한 군비 증강으로 예산이 부족한 상황이었고, 만에 하나 대규모 차관의 도입으로 조선이 자립할 수 있을지 모른다는 두려움도 존재했다. 일본으로서는 양쪽이 지칠 때까지 싸우게 놔두는 것이 유리했다. 당오전과 당십전의 발행 역시 결과적으로는 일본의 경제적 침투를 쉽게 만들었다. 김옥균이 아무리 천재이고 열정적이라고 한들 이런 암묵적인 모략의 거미줄을 끊어낼 수는 없는 노릇이었다.

일본 정부와의 교섭에서 실패한 그는 민간은행으로 방향을 바꿨지만 일본 정부가 지불보증을 요구하는 바람에 실패했다. 마지막으로 일본주재 미국공사인 존 A. 빙엄에게 부탁해서 그가 소개한 미국상인 모스를 통해 미국이나 유럽 쪽의 차관을 도입하려던 시도 역시 무위로 돌아가고 말았다.

11개월 동안의 노력이 수포로 돌아가고 1884년 5월 쓸쓸히 귀국한 그는 관직을 내놓고 칩거에 들어갔다. 상황은 더욱 안 좋게 돌아갔다. 한성부 판윤에서 물러나 광주유수로 전임한 박영효는 그 자리에서도 해임당했다. 보빙사로 미국에 다녀와서 나름 힘을 실어줄 것 같았던 민영익 역시 민씨 일족의 품으로 돌아갔다. 결정적인 키는 임금이 가지고 있었지만, 그는 어느 한 쪽에 힘을 실어줄 생각이 전혀 없었다. 서로 파벌이 나뉘어서 싸워야만 상대적으로 군주의 권한이 안전해진다. 하지만 김옥균에게 그것은 분통 터지는 일이었다.

그러나 1884년 하반기에 개화파가 처한 상황은 흔히 생각하는 것처럼 괴멸 직전은 아니었다. 고종은 중전 민씨를 믿었지만, 그 일족들까지 완전히 신뢰한 것은 아니었다. 그리고 청이 비록 걸림돌인 흥선대원군을 끌고 갔다고는 하지만 이런저런 간섭들까지 좋게 본 것은 아니었다. 결국 그런 간섭들이 자신의 권력을 옭아매고 있다는 것을 잘 알고 있었다. 이런 상황에서 고종에게는 정국의 한 축을 맡은 개화파를 완전히 몰아낼 이유가 없었다. 서로 적당히 견제하고 물어뜯어야만 군주의 권한은 안전해진다. 수백, 수천 년간 이어져 온 군주제 국가의 변함없는 통치방식이었다. 거기다 한양에 주둔 중인 청 병사들이 말썽을 일으키면서 조선과 청의 관계 역시 삐걱대기 시작했다.

시대와 불화한 근대 청년들

지금이야 미군이 한반도에 주둔한 지 반세기가 지났으니 길거리에 지나다니는 미군을 낯설게 생각하지는 않는다. 하지만 130여 년 전의 한양사람들은 변발한 청군을 보고 극심한 혼란에 빠졌다. 임오군란을 계기로 조선에 주둔한 청군은 조선의 정계는 물론 일반 백성의 생활에도 막대한 영향을 미쳤다. 김옥균을 비롯한 개화파는 이들의 영향력을 배제해야만 한다고 믿었다. 청 병사들의 행패에 한양사람들의 반감 역시 커졌다.

1884년 1월 청 병사가 권총을 쏴서 광통교에서 약국을 하던 최택영이 크게 다치고 아들이 죽었다. 사건의 발단은 청 병사가 약값을 제대로 치르지 않아서 벌어진 사소한 말다툼이었다. 사건이 벌어지고 나서 조선 정부가 항의하자 청은 오히려 청 군복을 입은 조선인의 소행이라고 발뺌했다. 이외에도 청군에 의한 폭행이나 절도 사건이 빈번하게 발생했다. '조청상민수륙무역장정'의 체결 이후 조선에 진출한 청 상인들과 조선 상인들 간의 다툼도 빈번해졌다. 이에 대한 반발로 청 상인들에 대한 조선인들의 절도 사건이 벌어지자 상무총판 천수탕陳樹棠은 조선 정부에 배상을 요구했다. 이런저런 사건들의 가장 결정판은 1884년 5월에 발생한 '이범진 사건' 혹은 '청상회관 사건'이었다.

청상회관이 들어선 자리는 형조판서와 어영대장 등을 지낸 이경하의 아들들이 소유한 땅이었다. 다른 아들들은 모두 땅을 팔았지만, 이범진이 땅을 파는 것을 거절하는 바람에 두 토막이 나버리자 말썽이 벌어졌다. 청 상인들이 이범진 집 담장을 허물고 문을 만들자 이범진이 이에 항의했다. 청 상인들은 반발하는 이범진을 구타하고 상무공서에 끌고 가서 각서까지 쓰게 했다. 조선 정부의 관리가 청 상인들에게 두들겨 맞고 각서까지 쓴 사건은 개화파와 민씨 세력 간의 대리전 양상이 되고 말았다. 민씨 측이 이 문제를 조용히 처리하려고 했던 반면 김옥균은 아예 청 신하 노릇을 하라고 반박했다. 조정에서는 체면을 손상했다는 이유로 이범진을 비롯해 함께 끌려간 형조정랑 신학휴와 좌우포도청 종사관들을 파직시켰다.

하지만 피해 당사자를 처벌한다고 사라진 체면이 돌아오지는 않았다. 결국 상무총판 천수탕이 사과하고 책임자가 해임되는 선에서 사건이 정리되었다. 얼마 후에는 개화파가 눈엣가시처럼 여겼던 묄렌도르프가 해임되어 청으로 떠났다. 하지만 개화파가 마음껏 뜻을 펼칠 수 있는 상황도 아니었다. 임금의 우유부단함과 세력 균형 정책이 걸림돌이라고 믿은 김옥균은 다른 해결책을 꿈꿨다.

조선인들 사이로 거칠게 신문물인 자동차를 몰며 미소 짓는 외래인들. 김옥균과 홍종우는 갑자기 닥쳐온 새로운 시대 앞에서 조급해졌다. 《르 프티 주르날Le Petit Journal》, 서울시립대학교박물관 소장.

홍종우,

유럽에 한국문학을
소개하다

　　　홍종우가 기메 미술관에서 일할 수 있었던 까닭은 한문에 능통했고, 일본어도 어느 정도 할 줄 알았기 때문이다. 당시 프랑스에서는 동양학이 대유행이었고, 중국과 일본의 서적들이 잇달아 번역되는 중이었다. 그 가운데 대표적인 학자가 레옹 드 로니 Leon de Rosny 교수였다. 일본어를 전공한 로니 교수는 아시아, 특히 극동지방의 풍습과 언어에 깊은 관심을 보였다. 기메 미술관에서 그를 채용한 이유도 아마 여기에 있지 않을까 싶다.

　　정확하게 얘기하자면 홍종우가 한국어를 프랑스어로 번역하지는 않았다. 여행자들의 모임에서도 레가메의 통역으로 연설했던 것으로 봐서는 홍종우는 귀국할 때까지 프랑스어를 구사하지 못했을 가능성이 크다. 로니 교수나 레가메와는 일본어로 대화를 주고

받지 않았을까 추정한다. 따라서 홍종우가 일하는 방식은 한문이나 언문으로 쓰인 글들을 일본어로 구술하고 그걸 다시 프랑스어로 옮겨 적는 순서로 진행되었을 것이다.

최초의 프랑스어 번역 한국소설, 춘향전

그는 그렇게 기메 미술관이 조선에서 수집해온 서적들을 번역했다. 홍종우가 첫 번째로 번역한 책은 《춘향전》이다. 1892년 파리 브륀늬 거리 105번지에 있는 당퇴 출판사에서 '한국소설-향기로운 봄Printemps Parfumé'이라는 제목의 기욤 소총서 시리즈 가운데 하나로 출간했다. 소책자 형태로 출간되기는 했지만 가죽으로 장정된 고급스러운 표지에 메롤드와 미티스라는 화가가 그린 삽화가 들어가 있다. 가격도 당시 기준으로는 비싼 편이었고 엘제비르라는 별도의 활자를 사용했다. 번역자인 J. H 로니는 흔히 레옹 드 로니 교수와 동일인물로 오해받곤 한다. 하지만 이 이름은 보엑스 형제가 공동으로 쓴 필명이다. '로니'가 쓴 서문에는 대다수의 프랑스인이 모르는 조선이라는 나라와 표지에는 번역자로 나와 있지 않은 공동 번역자인 홍종우에 대한 이야기들이 언급되어 있다.

코리아반도는 중국과 시베리아에 붙어 있고 일본과 가깝다. 중국인과 일본인들은 몇 번씩 거듭해서 코리아의 정복을 시도했었다. 하지만 코리아는 독립국으로 존재할 수 있게 되었다. 코리아는 왕국이며 왕과 귀족들이 함께 통치한다.

서문에는 이외에도 과거제도와 한글의 존재, 과거에는 불교를 믿었지만 현재는 공자의 가르침을 믿는다는 사실과 전통적인 가부장제도에 대한 설명들, 예를 들면 자식들은 부모에게 무조건 복종해야 하고 그 앞에서는 함부로 담배도 피우지 못한다는 이야기 등을 비롯해 여성의 정조가 강조되며 중국의 오랜 전통과 풍습을 잘 보존하고 있다는 점을 '아주 순수한 중국인들'이라는 표현으로 설명하고 있다. '순수한 중국인'은 명이 멸망한 이후 중화의 전통이 조선으로 이어졌다는 소중화 개념을 에둘러 말한 것으로 보인다.

잘못된 설명도 몇 가지 보인다. 《춘향전》의 이도령과 춘향이 실존인물들이고, 그들의 후손이 서울에 살고 있다고 소개한 것이다.

공동저자인 홍종우에 대한 설명도 보인다. 로니는 홍종우의 집안이 3,500년 전 코리아 왕에게 파견된 중국 문관 '학자 홍씨'가 코리아에 왔을 때부터 시작되었다고 설명한다. 자존심 강한 홍종우가 핏대를 올리며 보엑스 형제에게 설명하는 모습이 상상이 된다. 서문의 끝에는 유럽인이 동양인을 보는 시선들이 그대로 담겨 있다.

그리고 어쩌면 이 전원시는 우리와 홍인종 간의 만남이 그러했던 것처럼 그들과 우리의 만남이 무너지지 않도록 도와줄지도 모른다. 어쩌면 그들의 지나치게 신중한 분석을 우리가 충분히 도와줄 수 있을, 또 우리의 지나치게 성급한 판단을 그들이 다독이게 해줄 수 있을 어떤 훌륭한 평화의 협약에 도움이 될 수 있을지도 모른다.

로니가 번역한 춘향전의 내용을 간략하게 소개하면 다음과 같다.

옛날 전라도 남형이란 도시에 이등이라는 이름의 관리가 살고 있었다. 그에게는 이도령이라는 16살 난 아들이 있었다. 그는 공부를 열심히 하는 젊은 선비였다. 어느 날 아침 하인과 산책하러 나간 이도령은 광화루에서 그네를 타는 아가씨를 보았다. 첫눈에 반한 이도령이 하인에게 그녀를 데려오라고 시킨다. 하인은 그녀가 비록 상민이지만 정숙한 숙녀이기 때문에 오지 않을 것이라고 답한다. 결국 이도령이 직접 가서 그녀를 본다.

집으로 돌아와서도 그녀를 잊지 못한 이도령은 하인에게 그녀를 만나는 방법을 찾아내라고 한다. 하인은 그녀와 가까이 지내는 노파에게 부탁해서 광화루로 산책을 나오게 하면 된다고 말한다. 하인의 부탁을 받은 노파는 공부하고 있던 춘향을 데리고 광화루로 산책하러 나간다. 여장을 한 이도령은 그녀에게 접근한다. 이도령의 정체를 모른 춘향은 가깝게 지내기로 하고, 시간이 흐를수록 의심을 품지만 자기 집으로 초대한다.

마침내 자기 정체를 밝힌 이도령은 그녀와 결혼을 하기로 약속을 하고 사랑을 나눈다. 하지만 아버지가 왕의 측근으로 임명되면서 그녀와 헤어질 운명에 처한다. 곧 돌아오겠다고 약속한 이도령은 그녀와 반지를 교환한다. 이도령이 서울로 떠나고 새로 부임한 사또는 춘향에게 자신과의 결혼을 강요한다. 그녀가 거절하자 화가 난 사또는 춘향을 감옥에 가둔다.

한편 서울로 간 이도령은 열심히 공부해서 장원급제한다. 왕이 어떤 직책을 원하는지 묻자 그는 왕의 밀사가 되고 싶다고 답한다. 마침내 밀사로 임명된 이도령은 허름한 옷차림을 하고 길을 떠난다. 남원에 도달한 이도령은 춘향이 곧 신임 사또에게 처형당한다는 소식을 듣는다. 감옥에서 악몽을 꾼 춘향은 지나가는 맹인 점쟁이한테 자신의 꿈을 풀어달라고 부탁한다. 점쟁이는 그녀에게 행운이 따를 것이라는 점괘를 내놓고 돈을 챙긴다.

신임 사또는 사흘 후에 잔치를 열고 그때 춘향이를 사형시키겠다고 말한다. 이도령은 춘향의 집으로 가서 그녀의 어머니와 만난다. 춘향은 어머니와 함께 감옥에 온 이도령과 감격의 상봉을 한다. 입맞춤을 하는 춘향과 이도령을 본 춘향의 어머니는 두 사람을 비난한다. 춘향은 자신의 보석을 팔아서 이도령에게 보태주라고 어머니에게 부탁한다. 다음날 아침 이도령은 말도 없이 사라지고 춘향의 어머니는 "오! 빌어먹을!"이라는 욕설을 퍼붓는다.

말도 없이 사라졌던 이도령이 허름한 차림으로 신임 사또에게 가서 먹을 것을 구걸하다가 쫓겨난다. 이도령은 하인과 함께 담을 넘어 다시 관아로 들어가 운봉 관아의 영장에게 먹을 것을 부탁한다. 배를 채운 그는 종이에 시를 써준다. 사리사욕을 채우는 신임 사또를 비난하는 시를 읽은 영장은 이상한 눈치를 채고 도망쳐버린다. 이도령의 부하들이 들이닥쳐서 신임 사또를 체포해 감옥에 가둔다.

그리고 정체를 밝히지 않으려고 장막 뒤에 선 이도령이 춘향에게 자신과의 결혼을 강요한다. 춘향이 이를 거절하며 이도령을 비난한다. 춘향의 마음이 변하지 않았다는 사실을 안 이도령은 그녀를 풀어준다. 춘향과 감격의 해후를 한 이도령은 신임 사또를 섬으로 유배를 보낸다. 일이 모두 끝나자 이도령은 춘향과 그녀의 어머니를 데리고 서울로 떠난다. 그리고 왕에게 자신의 모험담을 써서 바친다. 글을 읽은 왕은 춘향에게 정열부인이라는 직책을 내려준다. 두 사람은 결혼식을 치르고 세 아들과 두 딸을 낳아서 행복하게 산다.

자세히 살펴보면 우리가 알고 있는 춘향전과 다른 점이 몇 가지 더 눈에 띈다. 우선 삽화에 나오는 주인공들은 모두 19세기 서양인들로 그려져 있다. 내용에서도 몇 가지 차이점이 보인다. 춘향은 기생이 아니라 평민의 딸이다. 몸종 향단이가 사라지고 춘향의 어머니 월매도 등장하지 않는다. 원작에는 등장하지 않는 노파가 두 사람 사이를 연결해주는 역할을 맡고, 장님 점쟁이가 나와서 춘향의 운명을 점쳐준다. 주종관계도 우리가 아는 것과 약간 다르다. 이도령은 춘향을 만나게 해주는 대가로 하인에게 돈을 줬다. 또한 이도령에게 길을 떠날 것을 종용하다가 폭언을 들은 하인은 어머니에게 춘향과의 관계를 폭로하겠다고 협박한다. 원작에서 맛볼 수 있는 유려한 대화들도 굉장히 많이 삭제되었다. 이는 프랑스어로 번역하기에는 불필요한 부분이라고 판단하고 빼버렸거나 홍종우의 기억력이 따라주지 못했던 것으로 판단된다. 많은 부분이 생략되면서 이야기들이 원작보다 단순해졌다. 이도령이 춘향을 만나려고 여장을 하는 부분은 홍종우나 로니의 창작으로 보인다.

덕분에 《향기로운 봄》은 춘향전의 번역소설이 아니라 번안소설 飜案小說(내용이나 줄거리는 그대로 유지하고 등장인물의 이름이나 풍습, 지명 등을 번역되는 곳에 맞게 고쳐 쓴 소설)처럼 보인다. 왜 번역이 아닌 번안을 했을까? 우선 꼽을 수 있는 가능성은 번역자로 소개된 로니가 생소한 조선의 풍습을 프랑스 독자들에게 이해시키기 위해 조정했거나 출판사 측에서 판매를 위해 이야기를 고쳐달라고 했을 상황

" Petite Collection Guillaume "

Printemps Parfumé

ROMAN CORÉEN

Traduction de J.-H. Rosny

Illustrations de Marold et Mittis

PARIS
E. DENTU, ÉDITEUR
3, Place de Valois, 3

M DCCC XCII

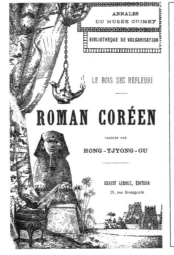

ANNALES
DU MUSÉE GUIMET

BIBLIOTHÈQUE DE VULGARISATION

LE BOIS SEC REFLEURI

ROMAN CORÉEN

TRADUIT PAR

HONG-TJYONG-OU

ERNEST LEROUX, ÉDITEUR
28, rue Bonaparte

MINISTÈRE DE L'INSTRUCTION PUBLIQUE ET DES BEAUX-ARTS

ANNALES
DU
MUSÉE GUIMET

TOME VINGT-SIXIÈME

DEUXIÈME PARTIE

GUIDE
POUR RENDRE PROPICE L'ÉTOILE
QUI GARDE CHAQUE HOMME
ET
POUR CONNAITRE LES DESTINÉES DE L'ANNÉE

TRADUIT DU CORÉEN
PAR
HONG-TYONG-OU ET Henri CHEVALIER

PARIS
ERNEST LEROUX, ÉDITEUR
28, RUE BONAPARTE, 28
1897

《향기로운 봄》삽화. 그네 타는 춘향의 모습이 근대 프랑스 여성에 가깝게 그려졌다. ···
《다시 꽃이 핀 마른 나무》의 표지. 삽화 속 조선은 이집트와 중동, 중국이 혼재된 모습으로
묘사되었다. ∵
《직성행년편람》의 표지. ∷

이다. 하지만 홍종우가 고의로 이 부분들을 삭제하거나 고쳤을지도 모른다. 파리에서도 한복을 고집할 정도로 자부심이 강했던 그의 성격상 유럽인들이 낯설어하거나 손가락질할 만한 기생이라는 존재를 지워버렸을 가능성도 배제할 수 없다.

이 모든 것들을 감안한다고 해도 춘향전이 최초로 프랑스어로 번역된 한국문학이라는 사실은 높이 평가되어야 한다. 더불어 보엑스 형제가 서문에서 언급했듯이 이 책을 번역하는 데 있어서 홍종우의 역할에 대해서도 긍정적으로 바라봐야 한다.

다음해인 1893년 7월 8일 보엑스는 번역자의 이름으로 '한국의 문인이 본 풍습'이라는 글을 한 언론에 기고한다. 《향기로운 봄》의 번역 과정과 배경이 되는 조선을 소개하는 내용이었다. 이 글에서도 홍종우는 커다란 덩치에 날카로운 눈매를 한 인상적인 모습으로 묘사된다. 또한 원래는 중국소설을 찾았지만, 홍종우의 권유로 한국소설을 출간하기로 했고, 그의 도움으로 최초의 프랑스어로 번역된 한국소설을 낼 수 있게 되었다고 말했다.

프랑스에 간 심청이

홍종우는 춘향전 번역을 끝내고 나서는 《심청전》 번역에 들어갔다. 《춘향전》에는 로니의 이름이 번역자로 올라갔지만, 《심청전》은 홍종우가 번역자로 표시되어 있다. 홍종우가 프랑스를 떠난 후인 1895년 발간된 이 책의 제목은 '다시 꽃이 핀 마른 나무(고목재화枯木再化)Le Bois sec refleurit'였다. 우리가 흔히 아는 것처럼 《심청전》을 번역한 것과는 약간 거리가 있다. 홍종우는 서문에서 최대한 원본에 가깝게 번역을 했다고 주장했지만《조선서지朝鮮書誌》의 저자인 모리스 쿠랑Maurice Courant은《심청전》의 번안소설에 가깝다고 평가했다. 원문의 내용으로 평가하자면 그의 의견이 맞다. 또 다른 특징은 소설 전체 분량인 191페이지 가운데 서문이 무려 32페이지에 달한다는 점이다. 왜 이렇게 터무니없이 긴 서문이 나오게 되었는지에 대해 홍종우는 다음과 같이 밝혔다.

《향기로운 봄》의 서문에서 로니 씨는 코리아의 현대 풍습에 관해 몇 가지 이야기했지만, 한반도의 역사에 관해서는 거의 아무것도 말하지 않았다. 나는 서문에 우리나라 역사를 간추려서 설명함으로써 학자들의 호기심을 충족시켜 주고자 한다.

실제로 향기로운 봄에는 조선의 풍습에 관해서만 집중적으로 설명되어 있다. 번역 작업에 참여했던 홍종우는 그 점이 불만스러웠던 것 같다. 여행가들의 모임에서 조선의 기나긴 역사에 대해 길게 이야기를 했던 점을 미뤄보면 그가 어떤 얘기를 하고 싶은지 알 수 있다. 어쩌면 소설을 번역한 것도 조선을 소개할 적당한 방법을 찾기 위해서였을지도 모르겠다.

이 책은 기메 미술관의 후원으로 제작되었다. 1895년 간행된 기메 미술관 연보에 오른 통속소설 제8권으로 한국소설이라는 타이틀을 달고 에르네스트 르루 출판사에서 발간되었다. 그가 고전소설들을 프랑스어로 번역한 까닭은 먹고살기 위해서인 것도 있겠지만 조선을 알리고 싶다는 욕심도 포함된 것 같다. 홍종우가 직접 쓴 서문이 조선의 역사와 전통에 대해서 길게 서술한 이유는 내용 중에 드러나 있다.

"코리아는 배가 많이 드나드는 두 대양 사이에 있으며 해마다 많은 항해자의 눈에 띄기는 하지만 눈에 덜 띄는 나라 중 하나다." 엘리제 르클뤼의 이 말보다 우리나라를 더 잘 가리키는 말은 없을 것이다. 심지어는 코리아라는 명칭조차 정확하지 않다. 코리아라는 명칭은 아마 마르코 폴로가 유럽에 소개했을 때 쓰인 것 같다. … 너무 많은 사건들의 결과로 코리아는 그곳에 사는 사람들이 유일하게 쓰는 '조용한 아침'이라는 뜻의 조선이라는 이름으로 불리게 되었다.

1886년 '조불수호통상조약' 체결 이후 프랑스 측은 빅토로 콜랑 드 플랑시를 조선주재 프랑스공사로 파견했다. 조선 역시 1887년 이조참의와 협판내무부사를 지낸 조신희를 유럽주재 공사로 임명하고 파견하지만, 청의 방해로 부임하지 못했다. 후임으로 임명된 박제순 역시 유럽에 가지 못했다. 이런 상황에서 조선의 문학을 소개했다는 것은 대단한 의미가 있다고 할 수 있다. 그 역시 이러한 상황을 잘 인식하고 있었고, 어떻게든 유럽인들에게 조선이라는 존재를 알리려고 애를 썼다. 30페이지가 넘는 서문에서는 그러한 그의 감정이 절절이 녹아 있다. 책의 내용 역시 흥미롭다. 《심청전》을 번역했다고는 하지만 내용은 판이하다.

평양이 조선의 수도였던 시절 순양이라는 존경받는 관리가 있었다. 어느 날 길에서 굶어죽는 백성을 보고 왕에게 백성의 고난을 살펴달라고 간청한다. 부끄러움을 느낀 왕은 정승인 자조미에게 백성을 위한 정치를 펴라고 명령한다. 자조미는 이 일의 배후로 순양을 지목하고 그와 그의 친구 상우니를 강티엔도와 고금도로 귀양을 보낸다.

순양은 아내와 함께 귀양을 떠난다. 만삭의 아내는 달이 몸속으로 들어오는 꿈을 꾸고는 딸 청이를 낳는다. 쇠약해진 아내는 청이가 태어난 지 3일 만에 세상을 떠난다. 순양은 이를 슬퍼하다가 그만 눈이 멀고 만다. 무럭무럭 자라난 청이는 장님이 된 순양을 보살펴준다. 어느 날 청이가 돌아오지 않자 찾으러 나선 순양은 길에서 만난 중에게 공양미 삼백 석을 시주하면 눈을 뜬다는 얘기를 듣는다. 아버지에게 그 얘기를 들은 청이는 고민에 빠진다.

한편 배를 타고 고금도로 가던 상우니는 뱃사공인 수룡에 의해 죽음을 맞는다. 상우니의 아내 장씨는 수룡에게 갇혀 있다가 노파의 도움으로 탈출에 성공한다. 근처 절에서 아이를 낳은 장씨는 여승의 충고대로 아이의 팔에 상생이라는 이름을 새겨 넣고 평양으로 떠난다.

도망치던 장씨가 물에 빠져 죽은 줄 알았던 뱃사공 수룡은 우연하게 장씨의 아이를 거둬서 기른다. 팔에 새겨진 대로 상생이라고 불린 사내아이는 자신의 친부모를 찾으려고 길을 떠난다. 평양으로 가던 도중 우연히 아름다운 장소저를 만난다. 오래전에 죽은 장소저의 부친이 그녀의 꿈에 나타나 상생이 자신의 친구 상우니의 아들이라는 사실을 알려준다. 둘은 결혼을 하고 상생은 아내에게 반지를 주고 평양으로 길을 떠난다. 평양에 도착한 상생은 왕이 죽고 왕자는 자조미에 의해 초도에 갇혀 있다는 사실을 알게 된다.

왕은 죽으면서 자조미에게 왕자를 보살펴 달라고 부탁한다. 하지만 그는 왕의 유언을 제멋대로 고쳐서 반대파들을 가두거나 죽인다. 왕자가 그런 그의 행동을 비난하자 초도에 유폐시킨 것이다. 상생은 꿈에 나타난 아버지 상우니에게 왕자를 구하라는 얘기를 듣고 초도로 향한다.

청이는 아버지의 눈을 뜨게 하려고 상인들에게 공양미 삼백 석을 받고 황해에 제물로 바쳐진다. 물에 뛰어들면서 정신을 잃은 그녀는 거북의 등에 얹혀 바다속 땅 밑으로 들어간다. 땅속에 편지와 두 개의 병이 있는 것을 본 그녀는 편지에 쓰인 대로 병에 든 물을 마시고 기운을 차린다. 빛을 따라가다가 나온 통로를 통해 육지로 나온 청이는 초도에 갇혀 있는 어린 왕자와 만난다. 자신의 처지를 비관해 자살하려던 왕자는 아름다운 청이를 보고는 청혼한다. 결혼식을 올린 두 사람은 자조미의 음모를 피해 집에 불을 지르고 청이가 나왔던 통로로 도망친다. 꿈에서 나타난 상우니에게 왕자가 도착할 곳을 들은 상생은 기다리고 있다가 왕자와 청이를 만난다.

한편 평양에서는 자조미가 왕자가 불에 타 죽은 줄 알고 왕위에 오를 준비를 한다. 이에 불만을 품은 백성 앞에 나타난 왕자는 자신의 정체를 밝힌다. 상생은 분노한 백성을 이끌고 평양을 공격해서 자조미를 사로잡는다. 다시 왕위에 오른 왕자는 상생에게 백성을 괴롭히는 지방관을 막는 직책(《향기로운 봄》에 나오는 왕의 밀사와 유사하다)에 임명한다.

남편 상생이 길을 떠나고 어머니를 잃은 장소저는 설상가상으로 백성의 난동에 집까지 불에 타버리고 만다. 남장을 한 장소저는 남편을 찾으러 평양으로 가다가 어느 절에 머문다. 그 절에는 오래전 상생을 버리고 떠난 장씨가 승려가 된 채 머무는 중이었다. 상생이 떠나면서 장소저에게 준 반지를 통해 서로 알아본 두 사람은 함께 상생을 찾아 떠난다. 여행 중 한 여관에 머물던 두 사람은 도둑의 누명을 쓰고 감옥에 갇힌다.

아내가 머물던 처가가 불타버린 것을 본 상생은 백성을 괴롭힌 관리를 체포한다. 다시 꿈에 나타난 아버지의 말을 듣고 어머니와 아내가 누명을 쓰고 갇혀 있다는 사실을 알아차린다. 죄수로 위장해서 감옥에 들어간 상생은 어머니와 아내를 구해내고 진범을 찾아낸다. 그리고 고금도로 가서 어머니를 구해준 노파와 여승에게 고마움을 표시하고 악당 수룡을 처벌한다.

왕비가 된 청이는 아버지를 찾으려고 온 나라 안의 장님들을 모아 놓고 잔치를 연다. 잔치가 끝날 무렵 남루한 차림새를 한 순양이 나타난다. 그 모습을 본 궁녀가 내쫓으려고 하던 중에 순양은 청이와 감격의 상봉을 한다. 이야기를 들은 왕은 순양을 정승으로 임명한다. 순양은 왕이 이웃나라를 정벌하려는 것을 만류한다. 왕과 순양의 어진 정치에 나라는 평화를 되찾는다. 감격에 찬 백성은 오래된 나무에 꽃이 다시 핀 것과 같다며 이들을 칭송한다.

이상의 줄거리 가운데《심청전》과 유사한 부분은 주인공 심청이 아버지의 눈을 뜨게 하려고 공양미 삼백 석을 받고 물에 뛰어든 것과 왕비가 되어 아버지를 찾아 나선 부분뿐이다. 그 외에는《별주부전》,《구운몽》,《유충렬전》같은 소설들이 짜깁기되어 있다. 홍종우가 기억에 혼란을 일으킨 탓일까? 아니면《심청전》만으로는 이야기가 너무 재미없다고 생각해서 다른 이야기들을 섞어 넣은 것일까? 아마도 홍종우는 기억에 떠오른 이야기들과 프랑스인의 입맛에 맞도록 각색한 결과를 혼합한 것 같다.

프랑스에 소개된 한국의 점성술

그가 프랑스에 있을 때 마지막으로 번역한 작품은 《직성행년편람直星行年便覽》이라는 점성술 서적이다. 19세기 말 프랑스에 전해진 조선의 문화재는 대부분 대부호이면서 탐험가를 자처하는 샤를르 바라가 1887년 조불수호통상조약 체결에 따라 조선에 주재한 프랑스 대사 콜랑 드 플랑시의 도움을 받아 수집한 것이다. 기메 미술관과 프랑스 정부의 후원을 받은 그는 조선을 여행하면서 많은 자료를 수집했다. 그가 가지고 온 물품들은 기메 미술관에 기증되었고, 홍종우는 그것들을 분류 정리하는 작업을 했다.

수집품 가운데 《직성행년편람》을 번역하기로 한 까닭은 유럽에서 점성술의 전통이 강한 것과 연관이 있다. 홍종우는 점잖은 양반임을 내세워 점성술 책을 번역하는 일을 탐탁지 않게 여겼지만 어쩔 수 없이 번역 작업에 참여한 것 같다. 앙리 슈발리에Henri Chevalier라는 학자와 공동으로 번역한 이 점성술 책은 '개인을 보호하는 별을 순조롭게 이끌고 한 해의 운세를 알기 위한 지침서 Guide pour rendre propice l'étoile qui garde chaque homme'라는 제목으로 소개되었다.

책이 정식으로 출간된 시기는 홍종우가 파리를 떠난 지 몇 년이 지난 1897년이었고, 번역 도중 귀국한 것으로 알려졌다. 파트너가 사라진 앙리 슈발리에는 조선주재 영국 공사이자 언어학자인 윌리엄 조지 아스톤과 서지학자인 모리스 꾸랑의 도움을 받아 번역을 끝마쳤다. 기메 미술관의 연보에 실린 이 글은 조선의 점성술을 유럽에 소개했다는 데 큰 의의가 있다.

김옥균,

갑신정변

1884년 10월 조선주재 일본 공사 다케조에가 10개월 만에 조선으로 돌아왔다. 김옥균의 차관 도입에 발목을 잡았던 그는 돌아오자마자 마치 다른 사람처럼 강경한 발언들을 쏟아냈다. 영접을 위해 나온 외무독판 김홍집과 외무협판 김윤식에게 청에 빌붙어 살고 있으니 아예 신하가 되라고 독설도 퍼부었다. 11월 3일에 열린 일본 덴노의 생일축하연에서는 일본 공사관의 서기관이 청의 상무총판 천수탕에게 청은 뼈 없는 해삼이나 다름없다는 독설을 퍼부었다.

임오군란 때 청에 밀리는 모습을 보였던 일본이 강경하게 나온 이유는 베트남에서 벌어진 전쟁 때문이었다. 1884년 4월 프랑스군이 베트남의 하노이를 점령하면서 청과 프랑스 간에 전쟁이 발발했다. 전황이 매우 급하게 돌아가자 청은 한양에 주둔 중인 3,000명의 청군 가운데 우장칭吳長慶 휘하의 1,500명을 차출시켜야만 했다. 한양에 주둔하고 있던 청군 병력의 절반이 빠져나가면서 나름대로 유지되었던 청과 일본 간의 세력균형은 미묘하지만 확실한 변화를 일으켰다. 일본은 이 기회를 이용해서 조선에서의 영향력을 확대할 궁리를 했다. 김옥균을 비롯한 개화파에게 다케조에 공사가 접근한 것 역시 그들을 부추겨 청의 세력을 걷어낼 속셈이 있었다. 김옥균은 차관 도입이 무산된 일로 일본의 저의를 의심했지만, 한양에 주둔 중인 청군과 대적하려면 일본의 도움이 절대적이었다. 결국 김옥균은 일본과 손을 잡기로 했다.

11월에 접어들면서 구체적인 계획이 잡혀갔다. 1884년 11월 4일 김옥균은 다케조에 공사에게 어떤 방식으로 반대파를 제거하고 정권을 장악할지 세 가지 방안을 털어놓았다. 세 가지 방안이란 청 사람으로 변장한 자객이 민영익과 한규직, 이조연 등을 살해한 다음 민태호와 민영익 부자에게 죄를 뒤집어씌우는 방법과 경기감사 심상훈을 매수해서 백록동에 있는 홍영식의 별장에서 잔치를 열고 반대파를 구금하는 방안, 그리고 새로 세워진 우정국의 개관 기념 잔치 때 별궁에 불을 지르고 그 틈을 타서 반대파를 제거하는 방법이었다. 선택된 것은 마지막 방법이었다.

거사는 그렇게 무르익고

11월 7일 바둑 대국을 핑계로 일본 공사관을 찾은 김옥균은 다케조에 공사와 최종적으로 거사 계획을 조율했다. 상황은 매우 급하게 돌아갔다. 한양으로 돌아온 다케조에 공사가 공공연히 일본과 청이 전쟁을 벌일 것이라고 떠들고 다닌 덕분에 청군과 민씨 일족이 장악한 친군은 밤에도 군복을 벗지 않고 신발을 신고 자는 등 비상사태에 대비했다.

11월 19일에는 민영익이 대포 두 문을 은밀히 청군 통령 우차오유吳兆有의 진영으로 보냈다가 다시 청군의 주력이 주둔하고 있던 하도감下都監에 보냈다. 그 사이 김옥균은 영국 공사와 미국 공사를 방문해서 계획을 넌지시 알리고 지지를 구했다.《갑신일록》에 따르면 미국 공사 푸트나 영국 공사 아스톤 모두 심정적으로는 지지하지만 적당한 시기를 기다리라는 충고를 남겼다고 한다.

어차피 대세에는 지장이 없다는 판단을 한 김옥균은 다케조에 공사와 구체적으로 정변 계획을 확정짓기 시작했다. 우선 거사 후 소요될 자금은 다케조에 공사가 조선에 있는 일본 상인들에게서 융통하겠다고 답했다. 김옥균은 고종을 강화도나 인천으로 옮기는 방안도 함께 논의하고자 했다. 청군과 중전 민씨 측의 반격을 염려한 대책이었겠지만 정변에 너무 깊게 개입하고 싶어 하지 않았던 다케조에 공사의 거절로 무산되었다. 그는 김옥균에게 일본군 중대가 북악산을 점령하면 2주를, 남산을 차지하면 두 달은 너끈히 버틸 수 있으니 염려하지 말라고 큰소리쳤다.

갑신정변 전야

11월 26일 일본 공사와의 협의를 끝낸 김옥균은 동지들에게 구체적인 지시를 내리기 시작했다. 11월 29일 창덕궁에 들어간 김옥균은 고종과 독대를 하고 조선의 내부 사정과 주변 사정에 대해서 허심탄회하게 얘기했다. 당오전의 폐단으로 백성이 곤궁에 빠졌고, 묄렌도르프의 전횡과 민씨 일족이 대부분인 척신들이 청을 등에 업고 권세를 부리는 상황이라고 설명할 찰나 중전 민씨가 갑자기 나타났다. 열심히 민씨 일족들을 처단해야 한다고 말하던 그에게는 몹시 맥 빠지는 상황이었다.

훗날 쓴 《갑신일록》에는 중전 역시 그의 뜻을 동조해서 계책을 물어보고 주안상까지 내려주었다고 했지만, 이 부분은 허구일 가능성이 크다. 고종과 독대해서 열심히 설득 중인데 중전 민씨가 옆방에서 이야기를 엿듣고 있었다면 김옥균으로서는 대단히 절망했을 것이다. 원래 중전은 직접 정치에 나설 수 없었다. 따라서 외척들을 등용해서 대신 뜻을 펼쳤고, 대리청정을 할 때도 어린 임금을 대신한다는 명분을 내세웠다. 하지만 중전 민씨는 고종을 등에 업고 아무렇지도 않게 정사에 끼어들었다.

마지막 희망을 접고 물러난 김옥균은 다음날 동지들과의 모임에서 별궁에 불을 질러서 정변을 시작하기로 했다. 궁궐에 불이 나면 친군의 사영사四營使인 민영익, 윤태준, 이조연, 한규직이 화재를 진압하기 위해 나설 것이기 때문이다. 별궁은 동지 가운데 한 명인 서광범의 집과 지척이었다. 별궁에 방화하는 일은 일본에 유학했던 사관생도 이인종이 책임지기로 했다. 이규완, 윤경순, 임은명, 최은동이 불을 낼 때 필요한 나무를 넣은 포댓자루와 석유를 넣은 병을 만들었다. 밤이 어두워지면 포대와 병을 가지고 별궁의 북문을 넘어서 정전 앞에 나무가 든 포댓자루를 쌓고 석유를 뿌려서 불을 지른다는 계획이었다. 동쪽과 서쪽 행랑에 화약을 묻어두고 때에 맞춰서 터트린다는 계획도 함께 세웠다.

거사는 홍영식이 총판으로 취임한 우정국 연회에 맞추기로 했다. 1880년 순종의 결혼식을 위해 만든 별궁은 견평방堅平坊(오늘날 종로구 견지동)에 있던 전의감典醫監(왕실과 대신들의 진료를 담당하는 부서)을 고쳐서 만들었는데 우정국에서 북쪽으로 240미터 가량 떨어져 있었다.

총과 칼로 무장한 행동대원들이 두 명씩 짝을 이뤄 목표들을 한 사람씩 맡았다. 윤경순과 이은종이 민영익을, 박삼룡과 황용택이 윤태준을, 최은동과 신중모가 이조연을, 이규완과 임은명이 한규직을 맡았다. 무기로는 단검과 단총 한 자루씩을 휴대했다. 전체적인 현장 지휘는 나이가 많은 이인종과 이희정이 맡기로 했다. 사관생도 출신인 신복모는 창덕궁 밖 금호문에 대기하고 있다가 주로 친군 전영에서 합세한 행동대원 43명을 데리고 문을 장악하기로 했다. 이후 민태호, 민영목, 조영하가 대궐로 들어가려고 나타나면 즉시 살해하는 것이 목표였다. 전영 소대장인 윤경완은 병을 핑계로 며칠 동안 숙직을 하지 않다가 이날 나가서 궁궐의 침전을 지키다가 혹시라도 들어오는 자가 있으면 처치하기로 했다.

마무리로 오래전부터 뜻을 같이한 궁녀 한 명이 통명전에 화약을 넣은 대나무통을 터트리기로 했다. 일본인 자객 네 명을 별도로 고용해서 별궁 화재 현장에서 혹시 죽이지 못한 영사들을 처치하는 것이 마지막 계획이었다. 암호는 하늘 '천天'으로 정했다.

계획을 전달받은 다케조에 공사는 일본군의 공식적인 개입이 있으려면 고종의 친서가 있어야 한다는 뜻을 전했다. 그 사이 우정국 총판 홍영식은 각 영사의 일정을 확인하고 만찬 날짜를 12월 4일 저녁 7시로 정했다.

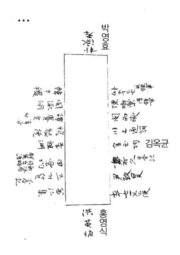

갑신정변 당시의 우정국 • 과 오늘날 우정국 • • . 한국 사 최초의 근대식 우편업무를 담당하던 관청으로 갑신 정변으로 개국 20일 만에 폐쇄되었다.
우정국 낙성식 축하연의 좌석배치도 • • • . 홍영식과 김 옥균, 박영효의 이름이 보인다.

정변, 어긋난 시작

거사 당일 윤태준을 제외한 나머지 영사들이 참석한 것을 확인한 김옥균은 요리사에게 부탁해서 음식을 되도록 천천히 내오게 했다. 거사의 첫 단계인 별궁 방화는 뜻밖의 암초에 걸렸다. 별궁의 문이 굵은 쇠사슬이 채워져 있어서 쉽게 열리지 않은 것이다. 이규완이 커다란 끌로 겨우 문을 부수고 들어가서 별궁의 처마 아래 준비해온 석유를 붓고 불을 붙였다. 이때 임은명이 화약을 잘못 다뤄서 폭발이 일어나고 말았다. 임은명은 얼굴을 심하게 다치고 이규완도 상처를 입었다. 폭음이 울린 덕분에 순라군들이 몰려올 기세가 보이자 다들 어찌할 바를 몰랐지만, 겨우 정신을 차리고 근처 민가에 불을 질렀다. 계획이 지체되는 동안 김옥균이 계속 밖을 드나들자 민영익을 비롯한 참석자들이 의심의 눈초리를 던졌다.

만찬이 끝나고 다과가 나올 무렵 드디어 기다리던 소리가 들려왔다. 북쪽에서 불길이 치솟는 것을 본 한규직이 먼저 자리를 일어서려는 찰나 먼저 바깥으로 나갔던 민영익이 피투성이가 된 채 안으로 들어왔다. 김옥균을 의심하던 그는 바깥이 소란스러워지자 대뜸 자리를 박차고 나갔다가 밖에서 대기하던 일본인이 휘두른 칼에 맞고 중상을 입었다. 민영익이 쓰러진 모습을 본 사람들이 뿔뿔이 흩어졌다.

흔히 알려진 대로 갑신정변은 우정국 연회장에 자객들이 난입해서 반대파를 제거하려는 계획은 아니었다. 우정국에서 일을 벌이지 않은 이유는 연회에 참석한 외국 공사나 대사관 직원들이 다칠 수 있기 때문이었다. 실제로 김옥균은 별궁 방화가 실패로 돌아갔다는 보고를 하러 온 행동대원 유혁로의 이 같은 제안을 거절했다. 거기다 김옥균의 움직임을 예의주시하고 있던 민씨 일족이나 친군 영사들은 호위병들을 데려왔다. 그 자리에 참석했던 윤치호의 일기를 보면 민영익이 쓰러지고 친군 전영사 한규직이 부하들을 규합해서 소동을 진정시키려고 시도했던 것 같다. 일본인 자객과 함께 민영익을 해치우기로 했던 윤경순 역시 우정국에서 몰려나오는 병정들을 목격했다. 물론 그를 잡거나 민영익을 구하려고 온 것은 아니고 연속된 폭발음이 들려오자 다들 달아나는 중이었다.

첫 번째 계획은 절반의 성공과 절반의 실패로 채워졌다. 당시 한양의 주요 군사력은 하도감에 주둔 중인 청군 1,500명과 4개 영으로 편성된 친군이었다. 개화파는 자체적인 군사력을 보유하려고 노력했지만 번번이 실패했다. 개화파인 윤치호의 아버지이자 함경남도 병마절도사인 윤웅렬은 가담을 거절했다. 박영효가 남한산성에서 양성하던 병력도 민씨 세력이 장악하고 있던 친군에 흡수되었다. 따라서 친군의 지휘관들을 제거하는 일은 정변의 성공과 실패를 가늠하는 중대한 문제였다. 가능하면 한 번에 끝장내야 하는 상황에서 별궁 방화는 그들을 유인해낼 수단이었다. 우정국을 선택한 이유도 별궁과 가까웠기 때문이었다.

궁궐에 화재가 나면 친군의 지휘관들은 모두 화재를 진압하기 위해 현장에 와야만 했지만 다른 일 때문에 오지 못할 수도 있었다. 물론 친군 영사들이 모두 우정국 연회에 참석했다면 눈앞에 보이는 별궁의 화재를 그냥 넘어가지는 못했을 것이다. 개화파의 자객들은 화재 현장의 혼란한 틈을 타서 친군의 지휘관들을 제거할 계획이었다. 하지만 김옥균을 의심스럽게 생각하던 민영익이 먼저 나가면서 전체적인 계획이 어긋나버린 것이다.

조급한 시작, 서두른 마무리

김옥균은 동료와 함께 북쪽 담장을 넘어서 아수라장이 된 우정국 밖으로 나갔다. 그의 목적지는 창덕궁이 아니라 일본 공사관이었다. 《갑신일록》에는 일본 공사관에 들른 일이 예정되어 있지 않았던 것처럼 얘기했지만 우정국에서 창덕궁으로 가는 중간에 일본 공사관이 있었다. 따라서 갑신정변은 애초부터 계획되어 있다고 보는 것이 맞을 것 같다.

그는 금호문 앞에서 행동대원들이 대기 중인 것을 확인하고는 미리 내통하고 있던 수문장을 통해 문을 열고 궁궐 안으로 들어갔다. 김옥균은 앞을 가로막는 이들에게 호통을 치면서 고종 임금이 머물고 있던 전각까지 밀고 들어갔다. 그리고는 환관 유재현을 재촉해서 취침 중인 고종을 깨웠다. 김옥균은 잠에서 깬 고종에게 청 병사들이 난동을 부리고 있으니 일단 가까운 경우궁으로 피신하라고 말했다. 물론 자신들이 일을 저질렀다는 말은 쏙 빼놨겠지만, 임오군란을 겪었던 고종은 곧이곧대로 믿었다. 하지만 중전 민씨만큼은 쉽사리 속아 넘어가지 않았다. 어서 피신하라고 재촉하는 김옥균에게 날카로운 질문을 던졌다.

"이 일이 청국 쪽에서 벌인 일인가? 아니면 일본 쪽에서 일어난 일인가?"

제대로 대답하지 못하고 우물쭈물하고 있던 김옥균을 구한 것은 통명전에서 터진 폭음소리였다. 고대수라는 별명을 가진 궁녀가 터트린 폭약소리에 놀란 고종은 황급히 뒷문으로 빠져나갔다. 뒤따라 나간 김옥균은 일본군의 보호를 요청하자고 말한다. 고종은 정신없이 고개를 끄덕거렸지만, 중전 민씨는 일본군을 부르면 청군도 불러야 하지 않겠느냐고 제동을 걸었다.

이번 일은 예측하고 있던 김옥균이 환관 유재현을 일본 공사관으로 보내고 또 다른 측근을 청군 진영으로 보냈다. 물론 측근은 청군 진영에 가지 않았다. 허겁지겁 움직이는 고종을 김옥균이 또 붙잡았다. 일본군을 불러오려면 임금의 공식적인 요청이 있어야 한다는 얘기에 수긍하는 빛을 보이자 함께 있던 박영효가 백지를 내밀었다. 고종은 요금문 앞에 서서 "일본공사는 와서 짐을 지켜라(일본공사래호짐日本公使來護朕)"라는 친서를 썼다.

정변이 끝난 다음 조선과 일본은 친서의 진위를 놓고 치열한 논쟁을 벌였다. 친서를 받아서 박영효에게 급히 일본 공사관을 보낸 김옥균은 앞장서서 경우궁으로 고종과 중전을 인도했다. 고종과 중전이 경우궁에 도착하자 대신들이 하나둘씩 몰려왔다. 그들이 바깥에 별다른 일이 없다고 하자 중전이 다시 김옥균에게 따져 물었다. 그때 그가 은밀히 인정전으로 보낸 행동대원들이 폭약을 터트렸다. 다시 기세를 올린 김옥균이 호통을 쳐서 주변을 장악했다.

여기까지 보면 돌아가는 일이 대단히 한심해 보인다. 일국의 왕이 폭음소리에 놀라 허겁지겁 궁성을 빠져나갔고, 외국 군대에 보호를 요청하기까지 했다. 하지만 불과 반세기 전인 1961년 벌어진 5·16쿠데타 때에도 제2공화국의 장면 국무총리는 미국 대사관으로 도주했다가 들어가지 못하고 수녀원으로 몸을 피했다. 권력은 무력 앞에서는 한없이 비겁해지는 속성이 있다. 1884년 12월 4일 밤에도 몇 발의 폭약과 방화로 국왕은 몸을 사렸다. 비겁하고 옹졸했기 때문이 아니라 권력을 지키고 싶은 욕망 때문이었다.

상황은 일본 군대가 도착하면서 일단락되었다. 왕정 국가에서 국왕의 신병을 확보했다는 것은 정권을 장악했다는 것과 다름없었다. 이제 피가 흐르기 시작했다. 첫 번째 희생자는 김옥균이 "있으나 없으나 근심할 것이 못 된다"라고 말한 후영사 윤태준이었다. 중문 밖으로 나가던 그는 기다리고 있던 개화당 행동대원인 이규완, 윤경순 등에게 죽임을 당했다. 뒷문으로 나가려던 전영사 한규직과 좌영사 이조연도 참살당했다. 한편 고종이 창덕궁을 떠난 것을 알고 찾아온 민영목과 조영하, 민태호 역시 경우궁으로 들어오다가 살해당했다.

반대파를 제거하는 데 성공한 김옥균은 내각을 새로 조직했다. 가장 눈에 띄는 인사는 영의정에 흥선대원군의 조카인 이재원을 앉히고, 좌찬성 겸 좌우참찬에 고종의 형인 이재면을 임명했다는 점이다. 이는 다음날 발표한 정령 1조에 나오는 '흥선대원군의 귀환을 속히 추진한다'는 점과 맞물린다. 흥선대원군은 집권하던 시기에 프랑스와 미국의 개항 요구를 거절하고 전쟁을 벌였고, 전국에 척화비를 세울 만큼 강경한 쇄국주의자였다.

급진 개화파라는 이름이 부족하지 않은 이들이 흥선대원군의 측근들을 등용하고 그의 귀국을 추진한다고 한 점에 대해 우리는 어떻게 이해해야 할까? 흥선대원군 측과 김옥균 측이 미리 손을 잡았을까? 그보다는 세력 기반이 취약했던 김옥균 측이 민심을 얻고 민씨 세력을 견제하기 위해 끌어들였던 측면이 강하다. 이런 의도는 내각 명단 아래 적혀 있는 글귀로 확인된다.

무릇 민씨 일파에게 쭈그리고 지냈던 자들을 대개 천거해 벼슬을 시켰다.

비록 고종의 신병을 확보했다고는 하지만 개화당의 세력은 미약한 편이었다. 이런 약점을 보완하고 민심을 다스리려면 흥선대원군과 손을 잡아야 한다는 것이 김옥균의 판단이었다. 그가 중국에 있어 실제적인 영향력을 발휘할 수 없다는 사실도 이런 판단을 하는 데 한몫했던 것 같다. 하지만 이런 결정을 들은 고종의 심정은 어떠했을까? 시간이 지나면서 상황을 파악한 중전 민씨의 속삭임에 흔들리기 시작했을 것이다. 이때쯤이면 측근이라고 할 수 있던 한규직과 이조연의 죽음도 눈치 챘을 것이다.

갑신정변에 고종은 없었다

정변 하루 만에 경우궁이 불편하다며 창덕궁으로 돌아가겠다고 말한 것은 사실상 개화파에 대한 불신임이나 다름없었다. 경우궁이 창덕궁 같은 궁궐이 아니라 순조의 어머니 수빈 박씨의 위패를 모신 사당이었으니 머물기에 불편한 것은 사실이었다. 하지만 위급 상황이었거나 혹은 김옥균의 뜻에 동조했다면 결코 돌아간다고 하지는 않았을 것이다.

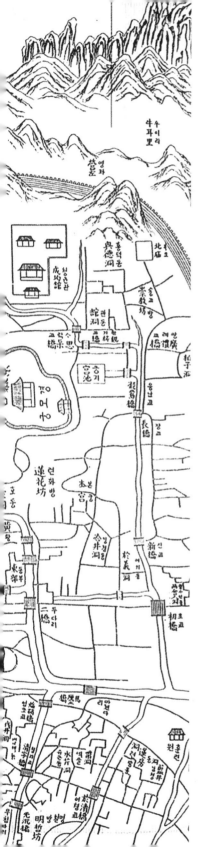

김옥균이 고종을 데리고 나온 요금문. •

창덕궁 환궁 이후 개화파들이 거점으로 삼은 관물헌. ••

김옥균이 고종에게 제물포로 가자고 설득했던 연경당의 장락문. :•

훗날 명성황후가 피살된 건청궁의 옥호루. ::

고종이 경복궁을 탈출할 때 통과한 영추문. ::

김옥균이 유재현을 통해 연락을 취했던 당시 일본 공사관. ::

갑신정변이 고종과 김옥균이 합작한 친위 쿠데타라는 의견이 있다. 이런 이야기가 나오는 이유는 너무 빈약한 병력 동원계획과 그날 밤의 상황이 머물고 있던 궁궐을 벗어날 정도로 위험한 상황이었는지에 대한 의문 때문이다. 그리고 아무리 다급한 상황이라고 해도 고종은 일본 공사관 측에는 친필로 도와달라는 친서를 보내고 청 측에 대해서는 단지 사람을 보내겠다는 김옥균의 말을 믿었다. 고종은 눈엣가시 같은 흥선대원군을 끌고 갔다고는 하지만 청의 간섭을 못마땅해 했다.

그러나 고종이 김옥균과 일본을 이용해 청의 간섭을 배제하려고 했다고 해도 갑신정변과 같은 상황은 너무나 무리수였다. 더군다나 피살된 친군의 지휘관들과 경우궁으로 입궐했다가 피살된 이들은 고종의 최측근들이었다. 갑신정변이 고종의 권력을 강화하기 위한 친위 쿠데타와 거리가 먼 결정적인 이유다.

실제로 갑신정변 후 청군의 무력개입을 요청한 심순택이 영의정에 오르고, 친청파인 김윤식은 병조판서 겸 강화유수에 임명되었다. 고종 역시 당분간은 정치 일선에서 한 발 물러나야만 했다. 고종이 설마 이런 정도의 후폭풍도 예상하지 않았을 리는 없다고 본다. 설사 김옥균과 어느 정도 교감이 있었다고 해도 측근들을 제거하는 순간부터 계약은 파기된 것이나 다름없다.

혼란스러웠던 두 번째 날

이와 같은 상황에서 김옥균은 개화파를 견제하려는 움직임을 주도하고 있다고 여긴 환관 유재현을 고종의 눈앞에서 죽이는 것으로 환궁 요청에 대한 대답을 대신했다. 하지만 협박은 먹혀들어가지 않았다. 고종은 유재현을 죽이지 말라는 명령을 어긴 김옥균을 더욱 멀리했다.

고종의 거듭된 요청에 결국 정변 다음날인 12월 5일 오전 김옥균 등은 경우궁 남쪽에 있는 이재원의 집으로 고종의 거처를 옮기도록 했다. 오전 동안 외국 공사들을 접견하는 동안 길거리에는 간밤의 소식을 듣고 나온 백성으로 가득했다. 고종이 인천에서 배를 타고 일본으로 끌려간다는 소문에서부터 서양의 대통령제를 흉내 내 개화파들이 번갈아가며 자리를 차지한다는 이야기까지 돌면서 민심은 급격하게 요동쳤다.

오후에 접어들면서 중전 민씨와 세자가 김옥균에게 창덕궁으로 돌아가자고 거듭 요청했다. 김옥균은 끝끝내 거절했지만, 우회공격을 막아내는 데 실패했다. 고종은 김옥균이 잠시 자리를 비운 틈을 타서 다케조에 공사에게 창덕궁으로 돌아가고 싶다고 설득했다. 김옥균의 신신당부에도 선뜻 승낙한 다케조에 공사는 그에게 일방적으로 고종의 환궁을 통보했다.

할 수 없이 창덕궁으로 고종과 중전을 호위해 간 김옥균은 친군 전영을 동원해 외곽을 경계했다. 하지만 날이 어두워지고 창덕궁의 선인문을 닫으려는 차 우차오유의 진영에서 온 청군이 훼방을 놓았다. 전영사로 임명된 박영효가 크게 우려했지만, 김옥균은 청군과의 충돌을 우려해 문을 그냥 열어뒀다. 물론 김옥균도 나름대로 대책을 세웠다. 친군 전영과 후영의 병사 400명을 네 개 부대로 나눠서 요지에 주둔시키고, 내전을 지키던 일본군도 경계를 엄중하게 했다.

하지만 균열은 안에서부터 찾아왔다. 경기감사 심상훈은 겉으로 개화파에 동조하는 척하면서 자신을 구해달라는 고종의 밀지를 받아내는 데 성공했다. 청군 역시 발 빠르게 움직였다. 청군의 권고를 받은 우의정 심순택은 김윤식 등과 상의하고 역도들을 토벌해달라고 공식적으로 요청했다. 위안스카이袁世凱는 곧장 병력을 집결시키고 출동 준비를 끝냈다. 고종과 중전이 굳이 창덕궁으로 돌아가자고 한 이유도 청군의 진입을 쉽게 하려는 방편이었다. 음모와 모략으로 얼룩진 12월 5일 밤은 그렇게 지나갔다.

삼 일 만에 끝난 서투르고 진지한 시도

12월 6일 오전, 김옥균과 개화파는 자신들의 뜻을 담은 정령을 발표했다. 정령은 다분히 현실적인 정책이 담긴 탓에 오늘날까지 갑신정변의 진의를 헷갈리게 하는 데 일등공신이 되었다. 하지만 정령을 발표한 그날이 갑신정변의 마지막 날이었다. 김옥균은 정령을 발표하고 전날 선인문을 못 닫게 한 일에 대해 위안스카이에게 항의 서한을 보냈다. 물론 청군이 행동에 나서면 항의 서한쯤으로 저지할 수 없으리라는 것쯤은 잘 알고 있었다.

박영효와 서재필에게 각 군영의 총을 점검하라고 지시한 그는 상태가 엉망이라는 보고를 받고 급히 소제하라는 지시를 내렸다. 그러는 사이 다케조에 공사가 영의정으로 임명된 이재원과 홍영식에게 일본군을 거느리고 오늘 철수하겠다고 통보했다. 놀란 김옥균이 개화파가 정권을 장악하려면 반드시 일본군이 필요하다고 항

日兵撤送以卯日所改今悉錄如左,

一 大院君不日陪還事 朝貢虛礼議行
一 閉止門閥以制人民平等之權以人擇官勿以官擇人事
一 革政道國允祖之陳牡吏吏討市教民困景略開用事
一 內侍府革罷其中如有續才通同登用事
一 前後貪庸國允著人定罪事
一 各道還上永々臥債事
一 冬禁的革罷事
一 急設巡查以防窃盗事
一 惠商公局革罷事
一 前後流配禁錮人々的放事
一 四宮合各一營々々中抄丁急改進衛事
一 凡屬國內則政態由戸曹管轄其餘一切財簿衙門革罷事
一 大臣与参賛 每日会議于閣門內議政所 稟旨而後行政令事
一 政府六曹外凡屬冗官尽行革罷令大臣参賛的議以啓事

갑신정변 정령 14개조,

1. 대원군을 가까운 시일 내에 돌려받는다.

2. 문벌을 폐지해 평등의 권리를 제정한다.

3. 지조법을 개혁해 인민의 곤궁을 해결한다.

4. 내시부를 해체하되 인재는 등용한다.

5. 탐관오리를 정죄한다.

6. 각 도의 환자미는 영구히 받지 않는다.

7. 규장각을 해체한다.

8. 순사를 설치해 치안을 안정시킨다.

9. 혜상공국을 해체한다.

10. 유배 및 금고형을 받은 이들을 다시 조사한다.

11. 4영을 1영으로 통합하되 각 영에서 인재를 등용해 근위대를 창설한다.

12. 국가 재정은 호조에서 총괄하고 기타 재정 관아는 해체한다.

13. 대신과 참찬은 매일 의정소에서 회의하고 품정해 정령으로 반포 실행한다.

14. 육조 외 불필요한 관직은 해체하고 대신과 참찬으로 토의시켜 계한다.

의하고는 결국 일본군의 철수를 철회시켰다. 다케조에를 간신히 설득시킬 찰나 통령 우차오유가 보낸 사관이 고종 알현을 청했다. 김옥균은 위안스카이나 우차오유가 아닌 일개 사관이 국왕을 알현할 수는 없다고 딱 잘라 거절했다. 도승지로 임명된 박영교가 답서를 써주고 돌려보낸 오후 2시쯤 청군 측에서 온 통역이 위안스카이가 군대를 이끌고 고종을 알현하기 위해 온다고 통보했다. 김옥균이 알현은 허락하지만, 군대를 이끌고 올 수는 없다고 답변했다.

차츰 수위가 올라가는 청군 측의 움직임에 김옥균은 급히 회의를 열어서 대책을 논의했다. 오후 2시 반 포성이 울리고 청군이 선인문과 돈화문으로 공격해 들어왔다. 창덕궁 밖에 있던 친군 좌우영이 청군에 합세했고, 고종이 승하했다는 유언비어를 들은 백성역시 가세했다. 반면 개화파가 장악했던 친군 전후영 병사들은 포성이 울리자마자 모두 도망쳐버렸다. 창덕궁에 남은 개화파 병력은 일본군 중대 병력과 서재필이 지휘하는 사관생도들, 그리고 개화파 행동대원들뿐이었다. 이들은 청군을 맞아 관물헌을 지키며 싸웠다.

전투의 승패는 총이 아니라 고종의 신병을 확보하는 것으로 결정되었다. 첫 포성이 울리는 순간 중전 민씨는 세자를 데리고 잽싸게 창덕궁을 벗어났고, 대비들도 사라져 버렸다. 기록에는 나와 있지 않지만 사전에 청군과 약속을 해놓은 것이 틀림없어 보인다. 사실 청군의 공격 자체도 개화파를 전멸시키는 것보다는 고종의 신병을 확보하는 것이 주목적이었다. 《매천야록》에 따르면 청군이 일본군과 격렬하게 싸웠다고 나와 있지만 《갑신일록》에는 청군이 일본군과 싸우는 대신 창덕궁의 전각들을 점거하고 불만 놓았을 뿐이었다고 기록되어 있다. 고종은 오후 7시경 중전과 헤어져서 후원에 있는 연경당으로 대피했다. 여기에서 북문을 통해 빠져나갈 생각이었다. 그런 고종을 따라잡은 김옥균은 인천으로 가자고 제안했지만 거절당했다.

옥신각신하던 와중에 그들이 있는 곳까지 총알이 날아들기 시작했다. 다케조에 공사가 일본군 병사들을 후퇴시키겠다고 하면서 김옥균의 꿈은 삼 일 만에 종말을 고했다. 부국강병을 이루겠다는 꿈이 한 발자국도 움직이지 않겠다는 고종과 병사들을 철수시키겠다는 다케조에 공사의 고집 사이로 사라져 버린 것이다.

이후는 기록될 것이 못 된다

깨끗하게 포기한 김옥균은 다케조에 공사를 따라 도망치기로 했다. 홍영식과 박영교를 비롯한 사관생도 몇 명은 북묘로 향하겠다는 고종의 뒤를 따랐다. 곧 무예청의 위사와 별초군이 고종을 호위했다. 김옥균은 다케조에 공사를 따라서 창덕궁의 북문으로 빠져나와 교동에 있는 일본 공사관으로 향했다. 다케조에 공사와 김옥균 일행이 머물고 있던 공사관은 점점 늘어나는 조선인들에게 포위되었다.

결국 이들은 12월 7일 오후에 공사관에 불을 지르고 인천으로 도주했다. 수백 명의 조선인이 뒤를 쫓았다. 군인들을 선두로 한 피난 행렬 속에는 김옥균과 박영효, 서광범이 탄 가마가 있었다. 앞을 가로막던 조선 군인들을 죽이고 서대문을 연 그들은 곧장 제물포로 향했다. 정신없이 도망치던 그들은 길가의 조선인들에게 무차별로 발포해서 95명의 사망자를 냈다. 잡아 죽이라는 함성을 들으며 도망치는 그의 심정은 어떠했을까? 김옥균은 일본 망명 초기에 집필한 《갑신일록》의 끝에 그들이 꾸었던 꿈의 종말을 간략하게 적었다.

"이 뒤의 일은 기록할 것이 못 된다."

갑신정변이

남긴
이야기

갑신정변의 마지막은 고종이 김옥균의 채근에 못 이겨 길거리에서 써 준 친필 칙서勅書의 진위를 둘러싼 논쟁으로 장식되었다. 우리가 예상했던 것과는 달리 조선 정부는 정변에 가담한 일본 공사 다케조에를 처벌하거나 일본 정부에 강력하게 항의하지 못했다. 다케조에 공사 역시 인천에서 배를 타고 김옥균과 함께 일본으로 돌아간 것이 아니었다. 정변이 끝나고 교동에 있는 공사관을 불태운 다음 인천의 영사관으로 물러난 다케조에 공사에게 외무독판 조병호가 한양으로 돌아오라는 고종의 명을 전했다. 이에 다케조에 공사는 자신이 임금의 요청을 받고 궁궐을 호위했다가 청군의 공격까지 받았는데 백성들은 일본인을 공격하고 공사관을 불태워 버렸다고 항의했다.

이런 적반하장 같은 사태가 벌어진 까닭이 단순히 국력 차이 때문만은 아니었다. 다케조에는 스스로를 가리켜 고종의 요청을 받고 개입한 피해자라고 주장한 것이다. 이를 두고 양측은 치열한 공방을 펼쳤다. 12월 9일 인천에 묄렌도르프가 나타난 데에는 김옥균 일행을 잡으려는 이유도 있지만, 다케조에 공사와 협상을 진행하기 위해서이기도 했다. 조선은 예조참판 서상우와 외무협판 묄렌도르프를 전권대사로 일본에 파견해 철저한 진상조사를 요구했지만 일본 정부의 거부로 무산되었다. 특사의 파견이 무산되자 조선 정부는 다케조에 공사를 상대로 일본군이 사건들에 부당하게 개입했다는 사실을 따지고 들었다.

고종의 친필 칙서를 둘러싼 논쟁

애초에 고종이 쓴 칙서의 내용이 문제가 되었다. 현재 알려진 칙서의 내용에는 두 가지 버전이 있다. 하나는 김옥균이 《갑신일록》에 남겨놓은 '일본공사는 와서 짐을 지켜라(일본공사래호짐日本公使來護朕)'라는 내용이다. 김옥균은 박영효가 일본 공사관으로 이 칙서를 전달했다고 《갑신일록》에 적었다. 김옥균과 다케조에가 사전에 미리 이야기를 맞춰놓고, 정변 첫날 고종을 다그치기는 했지만 이 내용대로라면 일본 측의 개입이 조선 군주의 요청이었다는 모양새는 나온다.

하지만 조선 측 책임자인 외무독판 조병호는 고종이 '일본공사는 와서 지켜라(일사내위日使來衛)'라는 네 글자의 친서만을 써주었다고 반박했다. 조병호는 설사 고종의 요청이 사실이라고 해도 일본 공사만 와서 곁을 지켜달라는 이야기로 군대까지 동원한 것은 명백한 불법이라고 따졌다. 이에 다케조에 공사는 고종이 내린 두 종류의 칙서를 보여주면서 자신은 조선 정부 측의 요청에 따랐을 뿐이라고 거듭 반박했다.

원본은 전해지지 않지만 1940년에 이에 대한 논문을 쓴 일본인이 칙서들을 찍은 사진을 관찰했다는 기록은 남아 있다. '일사내위日使來衛'라는 글자는 연필로 종이에 급하게 휘갈겨 쓴 것이었고, 두 번째 칙서는 고종의 친필로 '일사내위'라고 쓰고 옥새까지 찍혀 있었다. 문제는 두 번째 칙서에 이희라는 고종의 이름이 적혀 있다는 점이다. 신하들에게 내리는 칙서나 외교문서에 왕의 이름을 적은 전례를 찾아볼 수 없다는 이유로 조병호는 김옥균이 훔쳐낸 옥새로 가짜 칙서를 만들었다고 주장했다.

갑신정변이 끝난 다음 다케조에 공사가 일본 정부에 제출한 보고서에도 조선 국왕의 친서를 받았다는 내용만 있다. 그것도《갑신일록》에서 김옥균이 적은 것처럼 박영효가 가져온 것이 아니라 환관 유재현이 들고 온 것으로 기록되어 있다. 국왕이 일본 공사에게 직접 보호를 요청하는 절차는 갑신정변의 명분을 정당화하는 중요한 일이다. 따라서 다케조에 공사는 정변 전 날 박영효에게 칙서를 반드시 받아내라고 요청했다.

혼란스러운 상황이라고는 하지만 제일 중요한 문제인 고종의 칙서 내용이나 전달자가 분명하지 않았다는 점은 이 문제가 양측의 뜻대로 진행되지 않았다는 것을 의미한다. 박영효가 고종의 칙서를 가지고 일본 공사관으로 간 것은 그를 수행했던 친군 전영 교장

이응호의 진술로 확인된다. 하지만 그가 들고 간 고종의 칙서가 어떤 것인지 혹은 진짜 칙서를 들고 갔는지는 알 수 없다.

조선 측 역시 이 사실을 잘 알고 있었고, 집중적으로 추궁했다. 하지만, 그해 12월 20일 일본 외무대신 이노우에 가오루井上馨가 사태 수습을 위한 전권대사 자격으로 한양에 도착하면서 논쟁은 종결되었다. 그가 거느리고 온 일곱 척의 군함과 2개 대대의 병력은 일본의 입장을 유리하게 만들었다. 1885년 1월 양측 전권대사인 이노우에 가오루 외무대신과 좌의정 김홍집은 '한성조약'을 체결했다. 공사관의 재건축 비용에서 조선 측 부담을 줄이고, 일본군의 주둔병력 규모를 축소한 것을 제외하고는 대체로 일본 측의 주장이 수용되었다. 반면 조선 측은 갑신정변의 실패로 일본으로 망명한 김옥균의 송환을 성사시키지 못했다. 힘이 진실을 억누른 것이다. 조선이 얻은 유일한 성과라고는 다케조에 공사를 일본으로 소환한다는 것뿐이었다.

갑신정변은 왜 실패했는가?

갑신정변의 실패 요인 가운데 하나는 적극적인 개입을 약속했던 일본의 배신이었다. 더 정확하게는 조선주재 일본 공사인 다케조에 신이치로의 갈팡질팡한 행보였다. 김옥균은 1883년 7월 300만 엔 차관 교섭을 위해 일본을 방문했다. 하지만 고종이 써준 위임장이 가짜라는 다케조에의 보고로 인해 실패하고 말았다. 낙담한 김옥균은 1884년 4월 빈손으로 귀국했다.

하지만 그해 10월 30일 조선으로 돌아온 다케조에 공사는 마중을 나온 외무독판 김홍집과 외무협판 김윤식에게 외교상으로는 결례에 가까운 강경한 발언들을 쏟아냈다. 다분히 그해 베트남에서 벌어진 청과 프랑스와의 전쟁으로 조선에서의 청의 영향력이 약해지는 것을 최대한 이용할 속셈에서 나온 행동들이었다. 조선의 개화파를 지원해서 정변을 부추키는 일은 일본으로서는 가장 손쉬운 선택이었다. 김옥균에게도 조선에서 청 세력을 견제하려면 일본의 협력은 필수였다.

하지만 김옥균은 끝까지 일본을 믿지 않았다. 일본 공사관의 시마무라 서기관이 12월 7일 이전에 거사를 벌이는 이유를 묻자 김옥균은 일본에서 오는 정기연락선 치도세마루千歲丸가 인천으로 들어오는 12월 8일 이전이어야 한다고 대답했다. 혹시나 본국의 정책이 변경되었다는 소식이 전해짐으로써 다케조에 공사가 또다시 등을 돌릴 가능성을 배제하기 위함이었다.

그러나 다케조에는 정변 기간 내내 김옥균을 비롯한 개화파의 발목을 잡았다. 고종의 부탁이라고는 하지만 김옥균의 뜻을 저버린 채 고종이 창덕궁으로 돌아가는 일을 독단적으로 결정했다. 정변 마지막 날에는 갑자기 군대를 철수시킨다고 해서 김옥균을 애타게 만들었다. 정변 전에 청군이 공격해도 북악에 은거한다면 2주를, 남산에서 막는다면 두 달은 버틸 수 있다고 호언장담했던 것과는 거리가 멀었다.

그는 왜 갑자기 발을 빼는 모습을 보인 것일까? 일부에서는 7일 입항 예정인 치도세마루가 예정보다 빨리 와서 정변에 적극적으로 개입하지 말라는 훈령을 전달했기 때문이라고 주장한다. 하지만 치도세마루가 7일 이전에 인천에 입항했다는 명백한 증거는 없다. 더군다나 치도세마루의 입항과는 상관없이 본국의 훈령을 받을 수 있는 통로가 있었다. 1883년 1월 조선과 일본은 부산과 나가사키 간의 해저 전선을 연결하는 내용의 '부산구설해저전선조관釜山口設海底電線條款'을 체결했다. 그해 9월 착공된 공사는 다음해인 1884년 9월 완료되었다. 따라서 치도세마루를 기다리지 않고도 일본 정부는 다케조에 공사에게 얼마든지 훈령을 전달할 방법이 있었다.

다케조에 공사 측의 태도가 갈팡질팡했던 것에 대한 보다 근본적인 원인은 일본 내부에서 찾아봐야 한다. 1873년에 벌어진 정한론 논쟁에서 보듯 일본 정계의 대조선 정책은 일관성을 지니지 못했다. 방향 설정을 놓고 벌어지는 갈등 때문이기도 했지만, 아직 조선을 놓고 청과 전쟁을 벌이기에는 군사력이 부족하다는 판단 때문이었다.

일본이 조선을 놓고 청과 충돌한다면 청의 대조선 정책에 깊이 관여하고 있던 북양대신 리훙즈李洪志가 지휘하는 북양군과 전쟁을 벌여야만 했다. 1880년 창설된 북양해군은 보유한 전함 정원定遠과 진원鎭遠 두 척만으로도 일본 해군의 총 배수량을 능가했다. 육군도 제각각이기는 했지만 북양군은 당시로서는 최신형인 독일제 마우저 소총으로 무장했다. 반면 일본군은 자체 생산한 무라다村田 소총이 주력소총 화기였다. 훈련이나 보급 측면에서는 일본군이 우위에 있기는 했지만, 당시 청과 단독으로 전쟁을 벌여서 승리할 것이라고 믿기에는 무리였다.

따라서 일본은 청이 베트남의 종주권을 두고 프랑스와 전쟁을 벌이는 바람에 발생한 힘의 공백기를 맞아 조선에서 확실한 우위를 점하려고 김옥균을 비롯한 개화파의 정변을 적극적으로 후원한 것이다. 다만 이러한 움직임은 일본 정부의 일치된 의견이 아니었다. 조선만큼은 아니었지만 당시 일본 정계도 혼란스러운 상태였다.

도쿠가와 막부를 몰아내고 왕정복고를 이뤄낸 메이지 유신 이후 일본 정부는 조슈長州와 사쓰마薩摩번의 연합정권 형태였다. 이들은 내내 이권을 둘러싼 잡음을 일으키거나 파벌 다툼을 벌였다. 1881년의 홋카이도 개척사 불하 사건이 대표적이었다. 조슈번 출신의 홋카이도 개척장관 구로다 기요다카黑田淸隆가 같은 번 출신의 상인들에게 특권을 부여하면서 잡음이 발생한 것이다.

정치권이 혼란에 빠진 탓에 일본은 일관되게 대외정책을 펼쳐나가지 못했다. 국민의 불만을 외부로 돌리려고 강경하게 나갔다가, 결정적인 순간에는 주춤주춤 물러났다. 임오군란 때에도 최초에는 거제도나 울릉도의 할양에서 인천 점령이라는 초강경 대응방침을 고수했다가 청이 신속하게 개입하자 한발 뒤로 물러났다.

다케조에 신이치로 공사가 개화파에 접근해서 정변을 부추겼다가 결정적인 순간 발을 뺀 것은 11월 28일 날아든 본국의 훈령 때문이었다.

일본이 묘사한 청일전쟁 당시 평양전투. 일본군의 무장인 무라다 소총과 청군의 무장인 마우저 소총이 묘사되어 있다. 1894년. 미즈노 토시타카水野年方.

정변에서 빠진 일본

한양으로 돌아와 개화파와 접촉 중이던 다케조에 공사는 11월 12일 일본으로 보고서를 제출한다. 갑과 을 두 가지 안으로 나뉜 보고서에는 개화파를 이용해 정변을 일으키는 것, 그리고 현 상태를 유지하는 을안으로 나뉘었다. 다케조에 공사는 당연히 갑안에 무게를 실은 형태의 보고서를 보냈다. 보고서는 우편을 이용했기 때문에 도쿄의 외무성에 2주 후에 도착했다.

일본 정부의 선택은 을안이었다. 그들이 '일본당'이라고 부르는 개화파를 후원하는 일이 일본의 이익에 도움이 된다는 첨언이 달리기는 했지만 도리어 혼란만 일으키고 말았다. 11월 28일 이런 뜻을 담은 전보가 발송되었다. 부산에서 한양으로 전달되는 문제를 고려하더라도 최소한 12월 4일 이전이나 혹은 정변이 진행되는 와중에 전달되었을 가능성이 상당히 크다. 이렇게 되면 김옥균을 비롯한 개화파가 일본 정부의 태도가 바뀔 것을 우려해 정기 연락선인 치도세마루의 입항일 전인 12월 7일 이전으로 거사일을 잡은 것이 소용없게 된다.

다케조에가 중요한 훈령은 우편이나 인편을 통해서 전달되며, 전신을 사용하지 않는다고 이야기했을 가능성이 크다. 설사 다케조에 공사가 11월 28일 이후 훈령을 전달받았다고 해도 계획을 돌이키기에는 너무 늦어버렸다. 아마 훈령의 뒷부분에 담긴 '일본당을 도와주는 일이 일본의 정책에 맞는다'는 대목을 위안으로 삼았겠지만, 본국의 훈령을 어겼다는 불안감은 정변 기간 내내 그를 소극적인 태도로 일관하게 했다.

훗날 박영효의 회고를 따르면 정변의 마지막 날인 12월 7일 창덕궁에 머무르고 있던 다케조에 공사에게 한 통의 서한이 도착했다. 예정대로 인천에 입항한 치도세마루에서 전달된 본국의 훈령인지 아니면 28일 날 전보로 발송된 내용이 부산에서부터 올라온 것인지 확실하지는 않다. 다만 7일 오전 다케조에 공사가 개화파에게 일본 군대를 철수시키겠다고 말한 것을 보면 이 서한의 내용을 유추해볼 수 있다.

다케조에 공사는 개화파가 고종의 신병을 확보하는 데는 성공했지만, 소극적으로 나올 것이라고 예상했던 청군이 개입할 움직임을 보이자 양국 간의 전쟁으로 확대될 경우를 우려했다. 그리고 정말로 청군이 창덕궁을 공격하자 미련 없이 개화파를 제물로 바치고 발을 뺀 것이다.

세상을 바꾸고 싶었지만

일반적으로 고종을 호위해서 북묘로 간 홍영식과 박영교, 그리고 사관생도들은 청군에게 살해당했다고 알려졌다. 하지만 《조선왕조실록》에는 청군 진영으로 가려는 고종을 막다가 호위하던 무예청 위사에게 참살당했다고 전해진다. 홍영식이 김옥균을 따라 일본 공사관으로 피하지 않은 까닭은 청군과 나름 교류가 있었던 것을 믿었기 때문이라는 말이 전해진다. 하지만 그것보다는 나름의 승부수를 띄운 게 아닌가 싶다. 《매천야록》에 홍영식과 그를 따른 일행들의 행동을 설명할 만한 기록이 보인다.

그들은 북관묘까지 따라가서 어탑을 둘러싸고 앉아서 속히 어찰을 내려 청병을 물러가게 해달라고 간청했다. 임금이 놀란 마음이 진정되지 않아서 잠시 일어서려고 하면 다시 끌어 앉히고 ⋯ 수많은 병사가 우레와 같이 호응해 두 적을 끌어내어 땅에 내동댕이쳤다.

홍영식은 고종의 친서를 빌미로 청병을 물러나게 할 계획이었다. 하지만 고종은 끝끝내 버텼고, 지켜보던 무예청 위사들이 그들을 끌어내서 죽인 것이다. 홍영식과 박영교, 그리고 그들을 따라온 일곱 명의 사관생도들 모두 몰살당했다. 백성은 교동의 일본 공사관을 포위하고 김옥균의 집을 불태웠다. 밤 11시 무렵 고종은 위안스카이가 보낸 병사들의 호위를 받으며 선인문 밖에 있는 청군 통령 우차오유의 진영에 머물렀다가 다음날 하도감에 있는 위안스카이의 진영으로 옮겼다. 그곳에서 나흘 동안 머무르다가 창덕궁으로 돌아왔다. 아관파천俄館播遷만큼은 아니지만, 일국의 왕이 외국군이 주둔한 병영에 머물렀다는 사실은 고종과 조선의 쓸쓸한 말로를 암시한다.

　김옥균의 거사에 '실패'라는 낙인이 찍히자 그 책임은 가족들한테까지 옮겨갔다. 김옥균의 양부 김병기는 삭탈관직을 당하는 것으로 끝났지만, 생부 김병태는 천안의 감옥에 갇혔다가 몇 년 후 숨을 거뒀다. 하지만 이것은 《매천야록》의 기록이고, 다른 기록에는 김옥균의 시신이 상하이에서 도착한 이후 처형되었다고 나와 있다. 천안에 살고 있던 아우 각균은 도망치다가 잡혀서 대구 감옥에서 죽었다. 생모인 은진 송씨는 큰딸과 함께 음독자살했고, 다른 딸은 자살을 시도했다가 살아난 다음 전국을 떠돌며 힘겹게 살아갔다. 김옥균의 부인 유씨는 어린 딸과 함께 남편의 고향인 천안으로 내려갔다가 다시 쫓겨나 친척들이 있는 옥천으로 갔다. 그곳에서 관헌들에게 붙잡혀서 노비 신세가 되었다가 시아버지의 도움을 받았다고 하는 관리의 도움으로 그의 집에서 지냈다. 4년 후 그가 공금을 횡령했다는 이유로 붙잡혀 들어가자 다시 도망친 유씨는 허드렛일을 하면서 숨어 지냈다.

영의정을 지냈던 홍영식의 아버지 홍순목은 열 살짜리 손자와 함께 음독자살했다. 홍영식의 처 한씨도 자살했다. 공조판서 박원양은 아들 박영효와 박영교가 모두 가담한 정변이 실패로 돌아가자 영교의 아들과 함께 음독자살했다. 또 다른 형제 박영호는 이름을 바꾸고 진안에 숨어 살다가 갑오년에서야 세상에 모습을 드러냈다. 사관생도들을 이끌고 정변에 참여했던 서재필의 아버지 서광언은 아내 이씨와 자살했고, 형 서재형 역시 은진 감옥에서 죽었다. 아우인 서재우는 나이가 어려서 죽음을 모면했다. 동생 서재창 역시 참형에 처해졌고, 두 살짜리 어린 아들은 굶어 죽고 말았다. 서광범의 아버지 서상익 역시 감옥에 갇혔다가 7~8년 후 숨을 거뒀다. 다만 그의 아내 김씨는 모진 감옥 생활을 견뎌내고 다시 서광범과 재회했다. 통명전에서 폭약을 터트렸던 고대수라는 별명으로 불렸던 궁녀 역시 백성이 던진 돌에 맞아 죽음을 당했다.

정변 마지막날 불에 타버린 김옥균의 집을 비롯한 주동자들의 집은 모두 파헤쳐져서 연못으로 만들어졌다. 이들에 대한 기억은 잔해조차 남겨놓지 않겠다는 고종의 강력한 의지였다.

기억 지우기의 마지막은 이름 바꾸기였다. 갑신정변에 참여했던 이들의 가문에서 반역자와 같은 항렬을 쓰지 않겠다는 상소들이 올라왔다. 김옥균의 '균均'자는 '규圭'자로 바꿨다. 행 부호군 김성균은 성규로, 행 부호군 김정균은 정규로, 전 학관 김제균은 인규로, 검서관 김능균은 면규로, 현륭원 참봉 김지균은 경규로 각각 이름을 고쳤다. 서광범의 '광光'자는 '병丙'자로 변해서 전 별제 서광익은 병익으로 이름을 바꿨다. 서재필의 '재載'자는 '정廷'자로, 박영효의 '영泳'자는 '승勝'자로 변했다. 주동자들만큼은 아니지만, 이들과 뜻을 같이했던 행동대원들과 그들의 가족들 역시 처참한 대가를 치러야 했다.

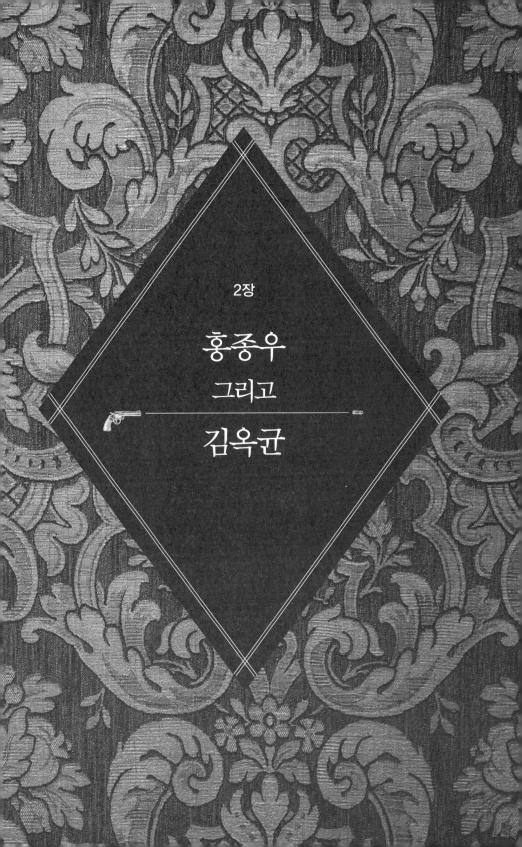

2장

홍종우

그리고

김옥균

홍종우,

프랑스에서
조선으로

홍종우가 천신만고 끝에 프랑스에 왔으면서 3년을
채우지도 않고 돌아가기로 한 이유는 불분명하다. 그와 함께 번역
작업을 했던 로니 교수나 앙리 슈발리에 교수 모두 그의 명석함과
총명함을 높이 샀다. 아마 홍종우 자신이 원했다면 기메 미술관에
서 계속 근무할 수 있었을 것이다. 하지만 그는 프랑스에 온 지 불
과 2년 7개월 만인 1893년 7월 22일 조선으로 돌아가려고 마르세
유 항구로 갔다. 펠릭스 레가메는 이 부분에 대해서도 인상적인 기
록을 남겨놓았다.

우리는 출국 직전에 가서야 다시 연락이 닿았는데, 그의 귀국에 필요한
비용을 모으기 위해서였다. 이름을 밝히기를 거절한 잡지 발행인이 후

원해주었다. … 내가 홍종우에게 물었다.

"프랑스에서 뭐가 좋았습니까?"

"말들이오. 마르세유에 도착해서 봤는데 크고 튼튼해 보였소."

"나빴던 것은 뭐였습니까?"

"이기주의였소."

2년 넘게 먹여 살려준 사람들을 생각했다면 조금 주저할 만한데 그는 거리낌 없이 이 말을 해 버렸다. 그는 내 마지막 선물인 황금깃털펜을 가져갔다. 마차는 길모퉁이를 돌아갔다. 홍종우는 입에 담배를 물고, 긴 회색옷 속에 몸을 똑바로 하고는 뒤돌아보지 않고 사라져버렸다. 언젠가 그의 소식을 들을 수 있다고 기대하면서도 정말로 그의 소식을 듣게 되리라고는 전혀 기대하지 않았다. 6개월 후 새해를 맞던 날 그의 메모가 든 명함을 받았다.

펠릭스 레가메는 머나먼 타국에서 신세를 지고 살았으면서도 전혀 고마워하지 않았던 이방인에 대해서 섭섭한 마음을 감추지 않았다. 하지만 홍종우 처지에서 보자면 프랑스에서의 시간은 실패나 다름없었다. 자신을 서커스 광대나 중국인으로 취급하는 백인들 사이에서 정치적 야심을 펼칠 기회조차 얻지 못했다. 조선의 문학을 유럽에 알리는 데 큰 공헌을 하긴 했지만, 당시로서는 호구지책일 따름이었다. 더군다나 《직성행년편람》 같이 양반들이 꺼리는 점성술 책의 번역을 반강제로 떠맡아야만 했다. 이제 나이가 30대 후반이기도 했다. 당시의 평균 나이를 생각하면 성공하든 실패하든 한 발 더 내디뎌야 할 시점이었다.

귀국하기로 결심을 굳힌 홍종우는 7월 22일 파리를 떠나 마르세유 항구에서 기선 멜브르스를 타고 일본으로 향했다. 그렇다면 홍종우에게 프랑스에서 보낸 시간은 낭비였던 것일까?

홍종우와 김옥균을 비교할 때 흔히 쓰는 표현은 "방향은 같지만 길이 다르다"다. 김옥균을 암살했다고 홍종우가 수구파일 수 없듯이 개화파라고 해서 모두 같은 방향으로의 변화를 추구했던 것도 아니다. 홍종우는 유럽을 직접 두 눈으로 목격하면서 조선이 어떤 방향으로 가야 하는지 확신했다. 그는 펠릭스 레가메에게 유럽인들의 '이기주의'가 가장 나빴다고 거리낌 없이 말했다. 직설적인 성격 탓이라기보다 그들의 본질을 직접 눈으로 보고 느낀 감정을 짧게 표현했다고 보는 것이 더 그럴 듯하다.

홍종우가 프랑스행을 감행한 이유는 일본 메이지 유신의 모델이 된 프랑스의 정치와 법률체계를 배우기 위해서였다는 것이 거의 정설이다. 물론 홍종우는 관련 교육을 받거나 유력자를 통해서 정치적인 야심을 펼치는 데는 실패했다. 대신 몇 년 동안 지내면서 서구 제국주의가 감춰놓은 야심을 간파했던 것 같다.

조선으로 돌아간 그는 한결같이 국왕 중심의 강력한 전제정치 체제를 옹호한다. 개화파 대부분이 국왕의 권력을 제한하거나 아예 상징적인 존재로 놓고자 했던 것과는 극명한 차이를 보인다. 유럽으로 거슬러 올라가는 일본의 개화사상에 영향을 받은 개화파들이 왕권을 제한하려고 했던 데 반해 정작 유럽을 보고 온 그는 왕권을 강화하는 데 노력을 기울였다. 이 모순된 움직임이 홍종우가 김옥균을 죽인 것에 대한 희미한 단서가 될 수 있다.

펠릭스 레가메의 이야기에 따르면 일본 고베에 도착한 그는 아내가 사망했다는 소식에 상심한 나머지 반년 가까이 병을 앓았다. 명석한 번역가에서 희대의 암살자로 변한 홍종우의 이야기를 전해 들은 그는 동양학 학술지 《통바오通報》 1895년 8월호에 '어느 정치적 암살자'라는 제목의 글을 썼다. 이를 통해 오늘날 우리는 조선 최초로 프랑스에 발을 디딘 홍종우의 행적을 들여다볼 수 있게 되었다.

김옥균,

또는

이와다 슈사쿠

　　김옥균 일행이 인천으로 도망친 이유는 한 달에 한 번 들어오는 정기 연락선 치도세마루에 타기 위해서였다. 천신만고 끝에 인천항에 정박 중인 치도세마루에 도착했지만, 함께 도망쳐온 일본인들에 의해 승선을 거부당했다. 하지만 치도세마루의 선장인 쓰지 쇼사부로茂勝三郎가 밤중에 몰래 승선시켜 선창에 숨겨줬다.

　다음날인 12월 9일 영의정 심순택의 명령을 받은 묄렌도르프가 이끄는 조선군이 인천항에 모습을 드러냈다. 다케조에 공사는 김옥균을 비롯한 반역자들을 넘겨달라는 그의 요구에 응해, 하선을 요구했다. 절체절명의 위기 속에서 김옥균을 구한 것은 쓰지 쇼사부로 선장이었다. 그는 김옥균을 넘기려는 다케조에 공사에게 강력하게 반발했다. 김옥균과 박영효를 비롯한 일행은 오직 쓰지 선장의 고집에 목숨을 의지해야만 했다. 어두컴컴한 선창에 몸을 숨긴 이들은 사흘 동안 공포에 떨었다. 12월 11일 출항을 알리는 뱃고동 소리를 들었을 때 이들은 숨죽여 울었다. 이틀 후 나가사키에 도착한 김옥균은 자신을 도운 쓰지 선장이 지어준 '이와다 슈사쿠岩田周作'라는 이름을 가지고 배에서 내렸다.

오직 이름만을 가지고 일본 땅에 도착한 김옥균의 앞에는 험난한 여정이 기다리고 있었다. 어두컴컴한 선창에서 며칠 밤을 불안감에 떨며 보냈던 김옥균은 출항을 알리는 뱃고동 소리를 듣고 어떤 기분이 들었을까? 불과 며칠 만에 반역자로 낙인찍혀 참담한 신세가 된 그는 멀어져가는 조국을 복잡한 시선으로 바라봤다. 다시 돌아오리라고 굳게 다짐했겠지만, 그 시간이 얼마나 걸릴 지는 아무도 알 수 없는 노릇이었다. 기록에 따라 다르지만 치도세마루에 탑승이 확인된 개화파는 김옥균과 박영효, 서재필과 서광범, 유혁로와 변수, 정난교, 신응희 등 8인이었다.

도착지인 나가사키에 머물던 이들은 도쿄로 가서 후쿠자와 유키치와 만난다. 하지만 안심하기는 일렀다. 당시 정변의 뒤처리를 위해 전권대사로 조선에 파견된 이노우에 가오루 외무대신과 조선 측 전권대신인 김홍집 간의 협상에서 그와 다른 망명자들의 송환이 주요 의제로 떠올랐다. 이노우에는 일본과 조선 간에 범인 인도 협정이 체결되어 있지 않다는 점과 정치범을 송환하는 일은 국제 공법에 어긋난다는 점을 들어 김홍집의 요구를 거절했다.

하지만 일본 측이 내세운 구실들보다는 송환된 김옥균이 일본의 정변 개입 여부에 대해 폭로할 상황을 일본 측이 두려워했기 때문이라는 추정이 더 진실에 가깝다. 이노우에 외무대신은 책임문제를 거론하는 김홍집에게 일본 측은 국왕의 개입 요청을 친서로 전달받았다는 뜻을 고수했다. 하지만《갑신일록》에 나왔듯 김옥균과 다케조에 공사는 사전에 병력 동원 규모나 시점 등에 대해서 상세하게 논의했다. 일본 측의 사전 개입이 폭로되면 협상에 큰 문제가 발생할 수 있다는 점이 김옥균을 비롯한 망명자들의 송환을 막은 것이다.

조선 측은 포기하지 않고 1885년 3월 참의교섭통상사무參議交涉通商事務 서상우와 묄렌도르프를 일본으로 파견했다. 이들은 김옥균의 송환을 요구하는 문서를 제출했지만 역시 거절당했다. 요코하마의 야마테초山手町로 거처를 옮긴 김옥균과 망명자들은 조선으로 끌려갈지 모른다는 악몽 속에서 하루하루를 보냈다. 일본 정부로서도 김옥균은 골칫거리였다. 그가 일본에 있는 한 조선과 청이 일본의 의도를 의심할 것은 불 보듯 뻔한 일이었다.

김옥균을 비롯한 망명자들 역시 일본의 냉대에 배신감을 느꼈다. 김옥균은 정변 당시의 기록인《갑신일록》을 쓰면서 울분을 삭였고, 다른 동료는 일본을 떠나 미국행을 결심했다. 서상우의 송환 요구도 이런 결심을 굳어지게 만들었을 것이다: 1885년 4월 26일 박영효와 서재필, 서광범은 미국으로 떠났다. 이들은 6월 11일 샌프란시스코에 도착했는데, 이로써 1884년 보빙사로 미국에 온 사절단 이후 민간인으로는 최초로 미국 땅을 밟은 한국인들이 되었다. 이들 가운데 박영효는 다음해 5월 미국생활을 견디지 못하고 돌아갔지만, 나머지 두 사람은 미국에 머물면서 시민권을 취득했다.

변수 역시 다음해인 1886년 미국으로 건너갔다.

김옥균을 제거하라!

조선에서 여전히 김옥균은 태풍이었다. 특히 민태호가 참살당하고, 민영익이 중상을 입은 민씨 일족에게 김옥균은 반드시 제거해야만 하는 존재가 되었다. 하지만 김옥균을 순순히 송환한다면 조선과 청과의 기싸움에서 밀린다고 판단한 일본 정부는 국제공법을 내세워 계속 거절했다. 공식적인 송환요청이 계속 거부당하자 조선은 그를 암살하기로 했다.

1885년 6월 장갑복이라는 가명을 쓰는 장은규와 송병준이라는 인물이 암살에 자원했다. 장은규는 의화군 강을 낳은 장상궁의 오라비였다. 중전 민씨의 미움을 받은 여동생이 궁 밖으로 쫓겨나면서 어려움에 부딪힌 집안을 일으킬 목적으로 김옥균의 암살에 자원한 것이다. 송병준은 함경남도 장진 출신으로 민씨 집안의 식객 노릇을 하던 중 개화파와 인연을 맺었다. 1882년 9월 수신사가 파견될 때 안내 역할을 맡으면서 김옥균과 박영효와도 안면이 있다는 점을 내세우기도 했다. 두 사람은 민응식으로부터 암살에 성공하면 큰 보상을 받을 것이라는 약속과 함께 고종의 위임장과 자금을 받았다.

1885년 9월 일본으로 건너간 송병준은 김옥균에게 접근해 넌지시 귀국을 권유했다. 갑신정변 당시 영의정을 지냈던 강화유수 이재원을 설득해 병사를 모집한 다음 도성을 공격하자고 제안한 것 같다. 하지만 그를 의심스럽게 생각했던 김옥균은 정중하게 거절

서광범(1859~1897). 미국 귀화명은 케네스 서Kenneth Suh. 갑신정변 이후 미국으로 망명했다가 귀국했다. 이후 주미특명전권공사에 임명되었지만 1895년 아관파천으로 파면된다.

서재필(1864~1951). 미국 귀화명은 필립 제이슨Philip Jaisohn. 갑신정변이 실패한 다음 미국으로 망명했다. 1896년 귀국한 다음 《독립신문》을 창간하고 독립협회 활동을 주도했다.

박영효(1861~1939). 일본 체류 당시 가명은 야마자키 에이하루山岐永春. 갑신정변 실패 후 일본으로 망명했다. 1910년 경술국치 이후 조선총독부로부터 후작 작위를 받았다.

김옥균(1851~1894). 일본 체류 당시 가명은 이와다 슈사쿠岩田周作. 갑신정변 실패 후 일본으로 망명했다. 훗날 리훙장과 면담하고자 상하이에 방문했다가 홍종우에게 암살당한다.

갑신정변의 주역들. 왼쪽부터 박영효, 서광범, 서재필, 김옥균. 단발령이 김옥균 사망 이후인 1895년 12월에 공포되었음을 생각하면 머리를 깎고 양장을 한 이들의 모습은 당시 굉장히 파격적이었다.

하고 대신 이재원에게 편지를 보냈다. 그는 편지에서 일본 민주당과 손을 잡고 소총 천여 정을 조달할 계획이라고 밝혔다. 그리고 임진왜란 때 끌려온 조선인의 후손 가운데 천여 명을 모아서 강화에 상륙해 도성을 치겠다고 이야기했다. 김옥균이 동남제도 개척사 겸 관포경사東南諸島開拓使兼管捕鯨事로 일하던 시절 종사관이었던 백춘배를 통해 전달된 이 편지에는 정변이 실패한 데 대한 울분과 분노, 그리고 다시 돌아가겠다는 엄포가 들어 있었다. 그해 4월 한양에서는 청과 일본이 전쟁을 벌인다는 소문이 퍼지면서 낙향하는 사람들이 줄을 이었다. 가을에는 김옥균이 일본 무사들을 이끌고 조선에 잠입해 민씨 일파를 암살하려 한다거나 일본 군대를 이끌고 쳐들어온다는 이야기가 퍼졌다. 이런 소문들이 퍼진 이유는 김옥균이 강화유수 이재원에게 보낸 편지 때문이었다.

김옥균이 돌아온다

그해 연말 이러한 두려움에 부채질하는 사건이 터졌다. 오사카大阪 사건이나 주동자의 이름을 따서 오오이 겐타로大井太郎 사건 혹은 구 자유당舊 自由黨 사건으로 불린 이 사건은 혼란스러운 이름만큼이나 진행 과정도 모호하다. 구 자유당원인 오오이 겐타로나 아라이 쇼고新井章吾 등이 주동이 된 무리가 무장하고 조선으로 건너가서 민씨 정권을 타도하고 조선을 독립시키겠다는 내용이었다. 나아가 조선의 종주국을 자처하는 청과 일본 간의 대립을 유발하고, 이를 통해 일본의 내정을 개혁한다는 담대한 포부도 담겨 있었다.

터무니없는 계획이 일본 정부에 적발되면서 조선 정부는 두려움에 떨었다. 김옥균은 이들의 허무맹랑한 계획을 전해 듣고는 참여하지 않았다. 하지만 몇 달 전 이재원에게 보낸 편지에 일본군 천 명을 동원해 강화도에 상륙하겠다는 언급이 들어 있던 것이 문제가 되었다.

조선과 청은 이 사건을 김옥균이 자유당 세력과 손을 잡고 일으킨 것으로 판단했다. 1885년 9월 김옥균의 명령을 받고 조선의 내정을 살펴보던 백춘배가 체포되었다. 그가 지니고 있던 김옥균의 친필서찰이 이재원이 받은 서찰과 같다고 확신한 조선 정부는 1885년 12월 외무독판 김윤식 명의로 조선주재 일본 공사관에 항의 서한을 보냈다. 청의 북양대신 리훙즈 역시 톈진주재 일본 영사인 하타노에게 김옥균을 체포해달라는 뜻을 전달했다.

오사카 사건은 그동안 조선 정부를 당혹스럽게 했던 일련의 소문들에 현실감을 안겨주었다. 조선 정부는 갑신정변의 가담자들을 추가로 체포하는 한편 오사카 사건이 일단락되고 나서도 김옥균의 송환을 지속적으로 주장했다.

김옥균 암살 실패

일본으로 건너온 장은규는 김옥균을 암살하는 것보다 거사 자금으로 여관을 운영하는 데 더 힘을 쏟았다. 일본 경찰의 보고서에는 그가 고베에서 여관을 운영하며 게이샤를 첩으로 삼았다는 내용이 나와 있다. 장은규가 애초부터 김옥균 암살보다 돈을 뜯어내는 데 더 큰 목적을 둔 것이 아닌가 하는 의심까지 들 지경이다. 한술 더 떠서 송병준은 김옥균의 부하가 되어버렸다.

이제 조선 정부는 두 번째 자객을 파견한다. 오사카 사건의 여파가 가라앉은 1886년 3월 지운영이 암살 지령을 받고 일본에 도착했다. 종두법을 보급한 지석영의 형이자 화가인 그가 선발된 이유 역시 김옥균과의 인연 때문이었다. 동생의 영향으로 개화파와 가까웠고, 김옥균이 통리군국사무아문 참의로 일할 때 그 밑에서 주사主事로 함께 근무했었다.

고종의 위임장을 소지하고 일본에 건너온 그는 장은규와 만나 김옥균을 암살할 기회를 노렸다. 이윽고 1886년 5월 고베의 야마테초를 떠나 도쿄로 돌아온 김옥균을 따라와서는 편지로 면담 신청을 했다. 하지만 장은규처럼 안면이 있는 자가 자객으로 올 가능성을 염두에 두고 있던 김옥균은 정중한 거절편지를 보낸다. 대신 함께 망명해온 유혁노, 정난교, 신응희 등을 보내 동정을 엿보게 했다. 세 사람은 짐짓 김옥균에게 불만이 있는 것처럼 이야기하면서 지운영의 속마음을 떠봤다. 기회를 엿보던 지운영은 세 사람을 설득해서 김옥균을 암살할 계획을 꾸몄다. 이들에게 믿음을 얻고자 그는 고종의 신임장과 무기들을 보여줬다.

명백한 증거를 확인한 세 사람은 지운영에게서 위임장을 탈취했다. 1886년 6월 김옥균은 위임장을 이노우에 가오루 외무대신과 사법부 고문 커크우드에게 제시하며 자신의 보호를 요청했다. 일본 정부는 곧 조선주재 임시공사 다카히라 고고로高平小五郎에게 위임장의 진위를 확인하게 하는 한편 말썽의 원인이 되는 김옥균에게도 국외퇴거명령을 내렸다.

이에 불복한 김옥균은 프랑스인이 운영하는 요코하마의 그랜

드 호텔에 머물면서 영국인 변호사 헨리 찰스 맨스필드를 통해 지운영을 고소했다. 하지만 조선 정부와 조용히 사태를 마무리하기로 한 일본 정부는 그가 지운영을 고소한 당일인 6월 23일 지운영을 조선으로 송환했다. 고종은 지운영이 제멋대로 어떤 일을 주장해 나라에 폐를 끼친 죄가 크다며 의금부에서 엄하게 심문하라고 일렀다. 지운영은 맞장구를 치듯 개인적인 울분에 김옥균의 암살을 시도했다고 자백했지만, 현직 관리가 개인 감정만으로 한 사람을 죽이기 위해 일본까지 갔으리라고는 생각하기 힘들다. 지운영은 암살에 실패하고 나라의 위신을 실추시켰다는 죄목으로 영변으로 유배되었다가 1889년 풀려났다.

조선에서도, 일본에서도 이방인

김옥균은 조선이 시도한 두 차례의 암살이 실패로 돌아가고 나서 고종에게 장문의 상소를 썼다. 다만 직접 올린 것은 아니고 일본 신문에 게재하는 방식으로 세상에 알렸다. 그는 상소문에서 지운영에게 준 위임장의 사실 여부를 캐묻고, 이런 치졸한 방식으로 폐하의 성덕을 훼손하지 말라는 말로 마무리를 지었다.

한편 그가 일본에 있는 한 조선 및 청과 계속 외교적인 마찰이 일어날 것을 우려한 일본 정부는 김옥균을 국외로 추방하기로 했다. 일본 정부는 7월 13일 내무대신 야마카타 아리토모山縣有朋 명의로 김옥균에게 15일 이내에 일본 영토에서 나가라는 추방 명령을 내렸다. 김옥균이 이에 불응할 움직임을 보이자 일본 정부는 요코하마주재 프랑스 영사와 협의해 그랜드 호텔에 투숙 중인 김옥

지운영(1852~1935). 김옥균에게 보내진 두 번째 자객. 당시로서는
드물었던 사진작가였다. 유배에서 풀린 후 은둔했다.

균을 일본인이 운영하는 미쓰이三井 여관으로 강제로 옮겼다.

　일본 정부의 냉대에 미국행을 결심한 김옥균은 지인들에게 부탁해 여비를 모았다. 막상 그가 외국으로 떠날 움직임을 보이자 일본 정부는 다시 결정을 번복했다. 야마카타 내무대신이 가나가와神奈川현 지사에게 오가사와라小笠原제도의 지치지마父島에 김옥균을 별도의 명령이 있기까지 유배시키라는 명령서를 보낸 것이다. 미국행을 준비 중이던 김옥균은 8월 5일 가나가와현 지사에게 유배 소식을 듣고는 강력하게 반발하는 한편 외국 공사에게 일본 정부의 부당성을 알리는 편지를 보냈다.

　원래 저는 15일 이내에 일본 영토를 떠나라는 추방명령을 받고 미국행을 준비 중이었지만 여비를 마련하지 못했습니다. … 그런데 일본 정부는 갑자기 저를 오가사와라로 추방하겠다는 뜻을 공공연히 통보했습니다. 저의 놀라움은 말할 나위도 없으며, 오가사와라로 유배시킨다는 것은 일본 영토 안에 저를 그대로 두는 것입니다. 이에 저는 다음 번 미국행 여객선에 탑승해서 떠나겠다고 부탁했지만 거절당했습니다. 저는 현재 일본 정부의 수중에 있기 때문에 반드시 퇴거조치가 이뤄질 것입니다. 제가 일본의 법률을 위반한 사실이 없음에도 마치 죄인처럼 오가사와라로 보낸다면 이는 일본 정부가 강제로 저를 보낸 것이라는 점을 알아주시기 바랍니다. … 이른바 문명국이라고 하는 일본 정부가 이러한 조처를 한다는 것은 비단 저에게만 놀라운 일이 아니라 그 누구에게도 의외의 일이라고 믿습니다.

일본 정부는 그가 외국 공사들에게 편지를 보낸 다음날인 8월 7일 강제 퇴거조치에 나섰다. 가나가와현 경찰부장 나가타長田建治郎가 서른 명의 부하를 이끌고 김옥균을 찾아갔다. 함께 있던 망명자들이 막아섰지만, 김옥균은 결국 경찰들에게 끌려 나와서 유치소에 구금되었다.

8월 9일 아침 시나가와品川항에서 히데사토마루秀郷丸에 몸을 실은 김옥균은 이윤고라는 청년과 함께 오가사와라제도로 떠났다. 오가사와라제도는 도쿄에서 천 킬로미터나 떨어져 있었고, 일본 영토로 편입된 지 불과 10년밖에 되지 않은 곳이었다. 도쿄와 오가는 정기 연락선이 일 년에 네 번밖에 없었고 돛단배로 21일간이나 항해를 해야 도착할 수 있는 오지 중의 오지였다. 떠안고 갈 수도 없고, 그렇다고 마음껏 돌아다니게 내버려둘 수도 없는 눈엣가시 같은 존재가 되어버린 김옥균에 대한 일본 정부 나름의 처리방안이었다. 물론 인간 김옥균에 대한 배려는 눈곱만큼도 찾아볼 수 없었다. 조선에서 일본으로, 그리고 다시 머나먼 변방 오가사와라제도의 지치시마로 떠돌던 김옥균은 자신의 처지를 시로 남겼다.

병아리 십여 마리를 얻어 길렀더니
틈만 나면 까닭 없이 다투는구나
몇 번인가 홰를 치다가 멈춰 서서
서로 그윽하게 바라보다 문득 그치더라

양득계추십허두養得鷄雛十許頭

시래도투몰인유時來挑鬪沒因由

수회픽박환저립數回腷膊還貯立

맥맥상간편파휴脈脈相看便罷休

한가롭고 아슬아슬했던 유배 생활

김옥균의 오가사와라 유배 생활은 고독과 질병으로 점철되었다. 한겨울에도 평균 온도가 영상 17도일 정도로 무더운 그곳에서 김옥균은 온갖 질병에 시달렸다. 낯선 기후 때문이기도 했지만 멀리 떨어져 있다는 좌절감이 더 컸을 것이다. 그러나 그는 특유의 친화력을 충분히 발휘해서 학교에서 돌아오는 아이들에게 한문을 가르치고, 지역 유지들에게 한시를 지어주며 섬 생활에 적응해나갔다. 섬사람들에게 닭을 얻어 와서 기르기도 하는 등 소일거리로 시간을 보내기도 했다.

하지만 한가해 보이는 유배생활의 이면에는 두려움이 도사리고 있었다. 일본 본토에서 배가 들어올 때마다 자객이 타고 왔을까봐 산속으로 숨었다가 아이들이 아무도 없다고 말을 하면 다시 내려오는 일을 반복했다. 그런 생활을 유지하던 그에게 뜻밖의 기쁜 손님이 찾아왔다. 혼인보 슈에이本因坊 秀榮가 그를 만나러 머나먼 오가사와라까지 찾아온 것이다. 혼인보는 일본의 유명한 바둑 가문 가운데 하나로 슈에이는 제19대 계승자였다. 슈에이는 3개월간 섬에 머물며 김옥균의 무료함과 쓸쓸함을 달래주었다. 도쿠가와 막부의 후원을 받던 일본 바둑은 메이지 유신이 일어나면서 차츰 쇠락했고, 세습되어오던 혼인보 역시 분열을 겪는다. 김옥균은 슈에

김옥균이 유배 생활에 대한 심경을 담아 지은 시 〈닭을 치다가 養鷄〉

이를 설득해 혼인보 내의 갈등을 마무리 지었다. 둘의 우정은 이때부터 시작되었다. 1886년 2월 20일 두 사람이 두었던 바둑 기보는 현재까지 전해진다. 오늘날 기보를 분석한 프로 바둑기사는 김옥균의 바둑을 변화무쌍하고 공격적이라고 평가했다.

울적함은 바둑으로 잊고 무료함은 친구로 달랠 수 있었지만, 건강은 점점 악화되었다. 견디다 못한 그는 치료를 위해 본토로 옮겨 달라고 거듭 청원을 했다. 마침 1888년 일본 정계가 김옥균에게 유리한 쪽으로 개편되었다. 야마카타 내무대신과 함께 그의 유배를 주도했던 이노우에 외무대신이 사임하고 그와 친분이 있는 오쿠마 시게노부大隈重信가 뒤를 이은 것이다. 그해 7월 일본 정부는 김옥균을 홋카이도北海島의 삿포로札幌로 이송시키기로 한다. 2년 동안의 유배생활을 끝내고 배에 오른 김옥균의 심정은 어떠했을까?

1886년 7월 28일 요코하마에 도착한 김옥균은 오랜만에 박영효와 재회한다. 8월 1일 홋카이도의 하코다테函館에 내린 김옥균은 4일 목적지인 삿포로에 도착한다. 오랫동안 그를 돌봐주던 이윤고도 뒤따라왔다. 김옥균은 홋카이도의 신궁 내 관사에서 머물다가 그해 11월 홋카이도 대학 안의 새로운 숙소로 옮긴다. 그의 병을 염려해 동행한 슈에이는 홋카이도에서 바둑대회를 열어 후원했다. 한결 기운을 차린 김옥균은 일류 요정에서 경찰서장, 전문학교 교장 같은 상류층 인사들과 더불어 모임을 가졌다. 명필로 이름이 난 그는 사람들에게 휘호를 써주며 친분을 쌓았다.

흥미로운 점은 김옥균이 홋카이도에 땅을 구입했다는 점이다. 일본 신문은 그가 신병 치료를 위해 도쿄에 자주 들르는데 사실은 홋카이도에서 대규모 개간사업을 할 자금을 구하려는 목적도 있다는 기사를 썼다. 실제로 김옥균은 1890년 3월 일본인과 공동 명의로 땅을 샀다. 기사에 보도된 것처럼 그가 정말로 홋카이도에 정착해 농사를 지을 계획이었는지 혹은 생활 자금을 마련할 목적이었는지는 알 수 없다.

같지만 다른 꿈을 꾼 두 사람의 만남

시간이 지나면서 김옥균에게 차츰 행동의 자유가 커졌다. 1889년 2월에는 홋카이도 내에서의 이동의 자유를 허락받았고, 가을에는 신병치료를 위해 도쿄 방문을 허락받기도 했다. 10월 중순《도쿄일일신문》(오늘날 마이니치신문)에 그가 도쿄에 머무르고 있다는 기사가 실렸다. 이 소식을 접한 조선 정부는 서울주재 일본 대리공사인 곤도 신스케近藤眞鋤에게 항의했다. 곤도는 본국에 그의 존재가 조선과의 관계에 악영향을 미치기 때문에 여비를 지원해 해외로 내보내거나 외진 곳에 유배시켜야 한다고 건의했다. 하지만 일본 정부는 1890년 10월 김옥균을 자유의 몸으로 풀어주었다. 1886년 8월 가나가와현 경찰에 의해 강제로 오가사와라행 배에 탄 이후 4년 만이었다.

오랜 유배 생활로 건강은 악화되었고, 설상가상으로 연금 지급도 중단되었다. 몸과 마음이 모두 망가졌지만, 김옥균은 여전히 김옥균이었다. 그가 다시 도쿄의 유라쿠초有樂町에 자리를 잡고 재기의 움직임을 보이자 조선 정부는 세 번째 자객을 파견한다. 이일직 혹은 이세직이라고 불린 그는 함경도 회령 출신의 상인이었다. 서울로 올라와 장사로 시작한 그는 상하이와 홍콩으로 홍삼을 수출하면서 큰돈을 거머쥐기도 했다. 사업에 실패하면서 재기를 노리던 그는 김옥균과 박영효를 암살해서 돌파구를 찾으려 했다.

권동수, 권재수 형제와 동행해서 1892년 5월 일본으로 건너온 그는 미곡 사업을 하면서 자연스럽게 김옥균과 박영효에게 접근했다. 앞의 두 자객이 섣불리 정체를 드러낸 것과는 달리 이일직은 경제적으로 곤궁해진 그들을 후원하면서 가까워졌다. 특히 박영효가 1893년 9월 친린의숙親隣義塾을 세울 때 거액의 후원금을 제공하면서 김태원이라는 청년을 학생으로 입학시켰다. 김태원은 박영효의 일거수일투족을 감시해서 보고하라는 지시를 받은 염탐꾼이었다. 김옥균은 앞선 경험으로 새로 나타난 이일직에게 의심의 눈길을 보내긴 했지만 별다른 움직임을 보이지 않자 의심을 거뒀다.

지금까지 풀리지 않는 최고의 미스터리는 홍종우가 어떤 계기로 김옥균의 암살에 가담했는지다. 물론 이일직은 그에게 자신이 왕명을 받아 김옥균을 비롯한 개화파 망명자들을 처벌하기 위해 일본으로 왔다고 털어놨을 것이다. 그리고 자신을 도와주면 조선으로 돌아가서 크게 출세할 것이라고 말했을 것이다. 홍종우 역시 김옥균을 처단하면 조선에서 어떤 대접을 받을지 정도는 충분히 예상하고 있었다. 많은 학자들이 홍종우가 김옥균 암살을 실행한 이유에 대해서 분석했다. 정치적 신념 혹은 가문의 복수를 위해 암살을 결심했다고 추론하지만 가장 단순한 이유가 정답에 가까워 보인다.

홍종우는 프랑스에서 몇 년 동안 지낸 경력만 가지고는 조선에 돌아가서 아무것도 할 수 없다는 사실을 누구보다 잘 알고 있었다.

아내가 세상을 떠났다는 소식과 몸이 아픈 상태가 겹치면서 극도의 불안감과 초조함이 그의 행보를 결정짓는 데 일조를 한 것이다.

이일직이 홍종우를 끌어들인 것은 결과적으로는 성공적이었다. 김옥균은 홍종우에게도 의심의 눈초리를 거두지 않았지만, 프랑스에서 왔다는 사실에 대해서는 호기심을 가졌다. 홍종우는 김옥균에게 자신도 비슷한 처지라고 스스로를 소개했다. 홍영식의 친척이라는 이유로 부당하게 탄압을 받았고, 이에 대해서 반드시 복수할 것이라고 말했던 것이 주효한 듯하다. 하지만 김옥균은 홍종우와 만나기는 했지만, 끝까지 신임하지는 않았다.

홍종우,

유학생에서
암살자로

　　김옥균을 살해하고 미국 조계지 경찰에게 심문당했을 때 홍종우는 자신은 나라에 죄를 범한 죄인을 징벌한 것이라는 뜻을 누차 밝혔다. 하지만 이는 명분론에 입각한 판에 박힌 대답에 불과했다. 정말로 원한을 갚을 생각이었다면 몇 차례의 만남에서 틈을 봐 실행에 옮기는 것으로 충분했다.

　　홍종우가 그를 상하이까지 유인한 것이나 그 이전의 자객들이 암살에 성공하지 못했던 가장 큰 이유는 김옥균을 죽이고 안전하게 조선으로 돌아가기를 원했기 때문이다. 일본에서 김옥균을 살해한다면 조선으로 무사히 돌아갈 가능성은 희박해진다. 더군다나 증거가 없다면 돌아가서도 제대로 대접받기가 어려워진다. 일본에 남아 박영효를 암살하기로 한 이일직이 살해하고 나서 그의 시신

혹은 시신 일부를 가지고 갈 트렁크를 준비한 이유 또한 그것 때문이었다.

그가 김옥균을 쏜 이유, 신념인가? 욕심인가?

아오야기 미도리는 《이왕의 자객》에서 조선으로 돌아온 홍종우가 고종의 밀명을 받고 암살 임무를 수행하기 위해 일본으로 가는 것으로 묘사했다. 망설이는 그에게 고종이 직접 성공하고 돌아오면 벼슬을 내려주겠다고 설득하는 장면도 보인다. 권정노의 소설 《누가 역적인가》에서도 이 부분을 그대로 차용해 홍종우의 행동을 설명한다. 물론 그가 고종에게 직접 지시를 받았다는 부분은 작가적인 상상력으로 치환해버린다고 해도 이후의 행보를 보면 출세를 위해 김옥균을 제물로 삼았다는 주장은 어느 정도 설득력을 지닌다.

홍종우가 김옥균의 암살을 결심한 또 다른 이유로는 정치적 견해 차이가 꼽힌다. 왕권을 강화한 전제군주정 아래에서 점진적인 변화를 주장하는 홍종우에게 급진적인 변화를 주장하는 김옥균이 조선의 개화에 도움이 되지 않아 보이기에 제거했다는 것이다. 홍종우는 관직에 있는 동안 입헌군주제를 주장하는 독립협회와 갈등을 일으켰고, 일본의 간섭을 배제하려고 애썼다. 그래서 일본에 의지해서 정변을 일으킨 김옥균이 조선의 독립에 방해되는 존재라고 판단했을 가능성이 크다.

또 하나 생각해볼 수 있는 동기는 1894년 8월 15일자 《파리평론》지에 실린 샤반느의 《조선전쟁》에 언급된 가문의 명예와 얽힌 이야기다. 우정국 총판 홍영식의 죽음으로 비롯된 가문의 불명예를 씻으려고 행동에 나섰다는 홍종우의 주장은 여러 모로 허점이 많다. 일단 홍종우가 홍영식과 같은 남양 홍씨인 것은 사실이지만 가까운 인척 관계라는 증거는 없다. 거기다 김옥균을 죽인다고 해서 같은 반역자로 낙인찍힌 홍영식의 명예가 회복될 가능성은 거의 없다. 실제로 김옥균의 시신이 양화진에서 능지처참형에 처했을 때 십 년 전에 죽은 홍영식의 시신도 꺼내져 같은 형에 처해졌다. 앞으로도 밝혀지기 어려울 홍종우의 행동에는 여러 배경이 복합적으로 얽혔을 것이다.

이런저런 불안감과 낙담이 겹쳐서 몸져누워 있던 그에게 이일직이 접근해왔다. 조선이 세 번째로 파견한 이 자객은 앞선 두 명보다는 확실히 똑똑했지만 좀처럼 기회를 잡지 못했던 것은 마찬가지였다. 그런 그에게 프랑스에서 돌아온 홍종우는 목표물들을 끌어낼 좋은 미끼였다. 1893년 12월 도쿄에서 홍종우를 만난 이일직은 김옥균과 박영효가 음모를 꾸며서 조선을 핍박하는 일은 나라의 해악일 뿐 아니라 임금에게도 불충한 짓이라고 설득했다. 멀리 프랑스까지 갈 정도로 개화사상을 지녔지만, 한편으로는 갓과 도포 차림을 고집하고 고종과 흥선대원군의 초상화를 지니고 다닐 정도로 왕조에 대한 충성심이 강했던 홍종우는 이일직의 설득에 마음이 흔들렸다. 이일직은 그런 그에게 고종에게 받았다는 위임장을 보여주면서 암살에만 성공하면 큰 벼슬을 얻을 수 있다고 쐐기를 박았다.

미래에 대한 불안감과 출세욕, 나라에 대한 충성심 때문에 홍종

우는 암살단의 일원이 되기로 했다. 암살단의 일원이 된 그는 이일
직과 함께 구체적인 계획을 짠다. 이일직은 조선의 화폐개혁 작업
에 참여했다가 실패하고 돌아온 가와쿠보 츠네키치川久保常吉에게
도 같은 방법으로 설득해서 암살 자금을 지원받는다. 일본인인 그
가 자금 지원을 한 덕분에 일본 정부의 김옥균 암살 개입설에 무게
가 실리기도 했다.

김옥균,

비상을
꿈꾸다

　　암살 음모에 가담하기로 한 홍종우가 가장 먼저 한 일은 망명 중인 개화파에게 접근한 것이다. 당시 김옥균은 늘 사람들과 만났고, 어울리기를 즐겼기 때문에 그와 만나는 일은 특별히 어렵지 않았다. 다만 몇 차례 암살 위기를 넘긴 탓에 정난교나 유혁로가 경호원처럼 따라붙었다.

　　그럼에도 당대로서는 몹시 희귀한 프랑스 유학생이라는 타이틀 덕분에 홍종우는 쉽사리 김옥균과 가까워졌다. 아마 자신이 홍영식의 친척이며, 그의 죽음을 복수할 생각이라는 이야기도 했을 것이다. 쉽사리 의기투합한 두 사람은 가깝게 지냈다. 그리고 이 즈음 김옥균은 정치적 재기를 위한 일생일대의 모험을 준비 중이었다.

김옥균의 마지막 도전

지금까지 김옥균의 상하이행은 홍종우나 이일직이 김옥균을 유인하기 위한 음모였다는 시각이 두드러졌다. 하지만 당시 김옥균은 1890년 10월 홋카이도 유배에서 풀려나고 다음해 일본주재 청국 공사로 부임한 리진펑李經方과 가깝게 지냈다. 북양대신 리홍장의 양아들인 리진펑은 자신의 후임으로 온 왕펑차오汪鳳藻에게도 김옥균을 소개했다. 리진펑이 그를 상하이로 초청한다는 편지 역시 지금까지 홍종우나 이일직이 김옥균을 암살하기 위해서 받아낸 가짜로 알려졌다. 하지만 측근인 와다나 동행한 청국 공사관 서기의 인터뷰나 증언은 그가 리진펑의 초청을 직접 받았음을 입증한다. 그렇다면 거꾸로 김옥균의 청국행을 알아차린 홍종우와 이일직이 여비 제공을 미끼로 동행을 청했을 가능성이 크다. 홍종우와 이일직이 가짜 친서로 그를 상하이로 유인했다는 얘기는 김옥균이 일본주재 청국 공사와 가깝게 지냈다는 사실을 전제로 하면 거짓일 가능성이 크다.

또한 김옥균이 이일직의 정체 역시 의심했으며 홍종우에 대한 경계 역시 늦추지 않았다는 점을 고려하면 이들에게 설득당했을 가능성도 없었다. 이일직은 김옥균이 동행 요구를 뿌리치지 못하게 하려고 600엔은 현금으로 주고, 나머지는 상하이에서만 찾을 수 있는 어음으로 건네주는 용의주도함을 보였다. 김옥균이 상하이로 가서 리홍장을 만나는 일은 글자 그대로 호랑이 굴에 들어가는 모험이었다. 1894년 2월 도쿄 인근의 휴양지 하코네의 온천에서 김옥균과 만난 후쿠자와 유키치는 너무 위험하다면서 말렸다.

또 다른 후원자인 도야마 미츠루頭山滿는 함정일지 모른다고 만류했다. 김옥균 역시 상하이로 가는 일이 대단히 위험하다는 것은 충분히 인식하고 있었다.

하지만 그는 몸과 마음 모두 지쳐 있는 상태였다. 조선에 돌아갈 희망은 점점 멀어지고, 경제적 곤궁함도 점차 심해져 갔다. 무엇보다도 그를 괴롭게 했던 점은 희망이 사라져가고 있다는 것이었다. 시간이 흐르고, 국내의 동조자들이 한둘씩 체포되거나 등을 돌렸다. 어떻게 해서든 재기의 발판을 마련해야 한다는 절박함이 주변의 충고를 무시하게 했다. 남들처럼 지내기만 했어도 어느 정도 출세가 보장된 집안과 재능을 지녔던 김옥균으로서는 일본에서 망명하고 있다는 현실이 견디기 어려웠을 것이다. 함께 망명했던 동지들은 박영효처럼 사이가 멀어지거나 서재필과 같이 미국으로 떠나버렸다. 조선은 여전히 그를 막아섰고, 일본은 그를 냉대했다. 그가 다시 뜻을 펼치는 방법은 고종이 그를 다시 받아들이거나 민씨 집안이 몰락하는 것뿐이었다. 전자는 가능성이 없었고, 후자는 너무나 견고했다. 하지만 청과 손을 잡는다면 고종의 뜻을 움직일 수 있고, 민씨 세력을 누를 수 있었다.

1884년의 청이 김옥균과 원수였다면 1894년의 청은 김옥균과 손을 잡을 이유가 충분했다. 우선 일본의 대조선 정책이 조금씩 변화하는 중이었다. 자신들의 세력이 약할 때에는 김옥균과 같은 개화파에게 접근해 자신들에게 유리한 정국을 이끌어내려고 했다. 반면 이제 군비 증강이 완료되면서 자신감에 찬 일본은 청국과의 결전을 준비하고 있는 상황이었다. 조선의 상황 역시 점점 더 암울해

지고 있었다. 1884년부터 1894년까지를 '잃어버린 10년'이라고
부르는 이유는 조선이 근대화할 수 있는 마지막 기회를 놓쳤기 때
문이다. 청 세력을 등에 업은 민씨 일족 때문에 조선은 엉망진창이
되어갔다. 리훙장이 파견한 위안스카이는 조선에서 고종을 능가하
는 위세를 떨쳤다. 러시아와 손을 잡는 것도 고려할 정도로 고민하
던 그는 위험한 도박판에 자신의 목숨을 판돈 삼아 뛰어들었다. 김
옥균은 만류하는 후쿠자와나 도야마에게 호기롭게, 그러나 애처롭
게 대답했다.

"호랑이 굴에 들어가지 않고는 호랑이를 잡을 수 없다."

김옥균에게 다시 찾아온 기회

적과 동지가 하루아침에 뒤바뀌는 일은 정치판에서는 그때나 지
금이나 드문 일이 아니다. 당시 청도 차츰 자신의 손아귀를 벗어나
려는 고종 때문에 골머리를 앓았다. 1885년 청과 일본 군대가 철
수한 이후 고종은 친청파로 알려진 김윤식 등을 제거하면서 독자
적인 행보를 밟아갔다. 1885년 10월 청은 그런 고종을 견제하기
위해 톈진에 억류 중이던 홍선대원군을 귀환시켰다. 이런 상황이
었으니 김옥균이 리훙장을 설득시킬 수 있다고 믿은 것도 무리는
아니었다.

거기다 조선에서도 돌파구가 될 만한 사건이 터졌다. 1894년
2월 15일 전라도 고부에서 전봉준과 동학도들이 봉기해서 군수 조
병갑을 쫓아냈다. 1860년 최제우가 창시한 동학은 서구세력의 침

락에 고스란히 노출된 조선 백성 사이로 급속하게 퍼져 나갔다. 위기감을 느낀 조선 정부는 혹세무민했다는 죄목으로 최제우를 사형에 처하고 동학교도들을 탄압했다. 그럼에도 동학의 교세가 더 강성해진 것은 중전을 등에 업은 민씨 집안의 매관매직과 지방 관리들의 노골적인 착취 때문이었다. 정부가 사태를 처리하기 위해 파견한 안핵사 이용태가 오히려 뇌물을 받고, 동학교도들을 잡아 가두자 재차 봉기가 일어났다. 조선의 소식에 늘 귀를 기울이던 김옥균으로서는 이 일이 분명히 세력 균형에 영향을 미칠 것이라는 사실을 깨달았다. 늦기 전에 호랑이 등에 올라타야만 했다.

홍종우와 김옥균,

그들의
동상이몽

돌파구를 찾으려고 고민하던 김옥균에게 리진펑의 친서가 도착했다. 아버지인 리훙즈가 만나고 싶어 한다는 말에 김옥균은 상하이로 가기로 결심한다. 출발 직전 그는 일본주재 청 공사인 왕펑차오汪鳳藻와 함께 해월루라는 음식점에서 저녁을 먹었다. 3월 9일 밤 9시 58분 김옥균은 와다 엔지로 그리고 사진사인 가이 군지甲斐軍治와 함께 시나가와品川역을 출발했다. 중간에 동행한 도야마 미츠루는 그에게 상하이행을 포기하도록 설득했지만, 김옥균의 결심은 흔들리지 않았다.

이후 김옥균은 상하이까지 갈 여비 문제로 오사카에서 열흘간 머물렀다. 그 열흘 동안 그는 시내에서 양복을 사고 당구를 치면서 시간을 보냈다. 그 사이에 야마구치 신타로의 집을 잠시 방문하기도 했다. 망명 직후 그의 집에 머물렀을 때 김옥균은 야마구치의 어머니인 나미와 관계를 맺고 아들을 하나 얻었다. 홋카이도의 하코다테의 온천에서 만나서 함께 지낸 스키타니 다마라는 게이샤 역시 그가 출발하기 사흘 전에 딸을 낳았다.

김옥균은 지병인 관절염을 치료하기 위해 온천을 드나들다가 그를 만나 곧 사랑에 빠졌고, 동거에 들어갔다. 일본 체류 시절 김옥균의 사생활은 놀랄 정도로 자유분방했다. 그의 아내와 어린 딸이 조선에서 고초를 겪는 동안 그는 일본 여인들의 품을 전전한 것이다. 그의 이런 모습에는 일거수일투족을 예의주시하는 적대적인 시선들을 피하기 위해서였다는 설명이 따르지만 그러기에는 김옥균은 너무나 정치적인 의미를 가진 존재였다. 김옥균이 주색에 빠졌으니까 위험하지 않다고 판단한 반대파는 아무도 없었다. 머나먼 타향에서의 외로움이 그로 하여금 여인들을 찾아다니게 하지 않았나 싶다.

김옥균과 홍종우, 엇갈리는 바람

3월 21일 이일직은 김옥균에게 일본 돈 600엔과 상하이에 있는 천풍취엔장天豊錢莊에서 현금으로 바꿀 수 있는 5,000원짜리 어음을 여비로 제공했다. 그는 김옥균이 홍종우를 떼어놓을 것을 두려워해 자기나 홍종우가 아니면 현금으로 바꾸지 못한다는 말과 함께 어음을 건네줬다. 더불어 5,000원 가운데 2,000원을 여비로 쓰고 나머지 3,000원은 홍종우를 시켜서 돌려달라고 했다. 김옥균은 이일직은 물론 홍종우까지 의심하고 있었지만, 여비 문제를 해결해야 했던 상황이라 받아들였다.

다음날인 22일 김옥균과 이일직, 그리고 권동수 형제는 고베로 떠났다. 그들이 고베에서 머문 곳은 우연하게도 홍종우가 프랑스에서 고베로 돌아올 때 머문 니시무라 호텔이었다. 여장을 푼 김옥균은 숙박객 명단에 오랫동안 썼던 이와다 슈사쿠 대신 이와다 상와岩田三和(암전삼화)라는 이름을 썼다. 오랫동안 꿈꿔왔던 삼화주의를 이름으로 남겨놓은 것이다. 홍종우는 뒤늦게 합류해서 고베에서 상하이를 왕복하는 여객선의 운임을 지급했다. 상하이로 갈 인원은 여비 문제로 김옥균과 하인 겸 경호원 와다 겐지로, 일본주재 청 공사관의 통역 우바오런과 홍종우로 한정되었다.

3월 24일 고베항에서 상하이로 출발하는 사이쿄마루西京丸가 힘찬 뱃고동소리와 함께 항구를 떠났다. 리진핑을 통해 리훙즈를 설득해 재기의 발판을 마련하려는 김옥균과 그를 죽일 기회만 노리는 홍종우의 동상이몽은 상하이라는 무대로 옮겨졌다. 이일직은 홍종우에게 만약 밤중에 상하이에 도착하면 숙소로 가는 도중에 그를 죽이고, 낮에 도착하면 숙소에서 제거하라고 지시했다. 숙소에서도 만약 3층에 머무르게 되면 권총을 사용하고, 2층이라면 칼을 사용하라고 말했다. 그리고 시체의 전부 혹은 일부를 확보해서 조선으로 가지고 돌아가야 한다는 지시도 내렸다.

나는 그를 믿지 않는다

김옥균은 일본 정부가 내심 상하이 방문을 방해할까봐 최대한 비밀리에 움직이려고 했다. 하지만 일본 정부는 그의 움직임을 낱

낮이 포착했다. 그를 뒤따르듯 전보들이 오갔다. 그가 떠난 지 사흘 후인 3월 26일 헤이고현 지사는 김옥균이 일행들과 함께 상하이로 출발했음을 보고했다. 조선주재 일본 공사인 오오토리도 3월 28일 조선 정부와 위안스카이 모두 김옥균의 상하이행을 인지하지 못하고 있다고 알려왔다. 한편 상하이주재 일본 영사관의 오코시 총영사 대리는 김옥균의 도착만을 기다리고 있었다. 그가 머물 예정인 미국 조계지인 티에마로에 있는 뚱허양행의 주인에게도 김옥균 일행의 동정을 잘 살펴보라는 지시가 떨어졌다.

나가사키에서 하루 머물렀던 사이쿄마루는 3월 27일 오후 5시경에 상하이에 도착했다. 배에서 내린 일행은 곧장 정해둔 숙소인 뚱허양행으로 가서 여장을 풀었다. 김옥균은 2층 1호실에 머물렀고, 2호실은 우바오런이, 3호실은 홍종우가 머물렀다. 사이쿄마루 안에서도 김옥균은 사무장인 마스모토와 같은 방에 머물렀고, 홍종우는 와다와 같은 방을 썼다.

도착하자마자 그가 맨 처음 한 일은 윤치호에게 도착을 알리는 서신을 보낸 것이다. 당시 윤치호는 선교사 알렌이 세운 종시학원中西學院에서 강사로 일하고 있었다. 일을 끝낸 윤치호는 뚱허양행으로 와서 김옥균과 만났다. 이 자리에서 김옥균은 리훙장의 아들, 정확하게는 리훙장의 여섯 번째 동생 이소경의 아들이었다가 양자로 들인 리진평의 초청으로 상하이에 왔다고 밝혔다. 윤치호가 함께 온 홍종우가 의심스럽다고 말하자 호탕하게 웃은 그가 대꾸했다.

"그는 뭐든지 다 알고 있어서 그럴 필요가 없소. 물론 나도 그 사람을 믿지 않고 있지만 말이요."

윤치호가 돌아가고 김옥균은 휴식을 취했다. 일단 상하이로 오기는 했지만 언제 리진펑을 만나고 다시 언제 리훙장을 만날지는 장담할 수 없는 일이었다. 아쉬운 그로서는 일단 기다리는 수밖에 없었다. 그의 유품에서 리진펑이 머무는 안후이성安徽省 동쪽에 있는 우후無湖나 리훙장의 고향인 하페이合肥까지 가는 왕복 시간을 계산한 메모가 발견된 것으로 봐서는 필요하다면 조계지를 떠나 그곳까지 갈 생각이었던 것 같다. 그리고 최종적으로는 톈진에 있는 리훙즈까지 만날 계획이었다. 밤이 깊어지자 그는 도쿄에 남은 스키타니 다마에게 편지를 쓰고 잠자리에 들었다. 불안감과 흥분이 혼탁하게 섞인 3월 27일은 그렇게 지나갔다.

1894년 3월 28일

운명의 3월 28일은 평온하게 시작되었다. 간단하게 아침식사를 한 김옥균은 홍종우에게 천풍취엔장에 가서 어음을 바꿔오라고 얘기하고는 산책하러 나갔다. 뚱허양행 앞 우쑹강吳淞江에 정박 중이던 정크선에서 폭죽 터지는 소리가 요란스럽게 들렸다. 기다리는 게 일이라면 느긋하게 지내는 게 좋겠다고 판단한 그는 마차를 빌려 상하이 시내를 둘러보기로 했다. 오후 1시쯤 돌아온 홍종우는 김옥균에게 천풍취엔장의 주인이 없어서 돈을 바꾸지 못했다며 주인이 돌아오는 오후 6시쯤 다시 가서 찾아오겠다고 말했다. 외출에서 돌아온 그는 양복을 벗고 한복에 갓을 쓰고 있었다.

오후 2시쯤 도쿄에서부터 동행했던 우바오런이 청의 의복을 사다 달라는 김옥균의 부탁을 받고 밖으로 나갔다. 점심을 먹고 방으로 돌아온 김옥균은 침대에 누워 《자치통감》을 읽었다. 아마 이 때부터 홍종우는 틈을 노렸겠지만 와다가 지키고 있어서 뜻을 이루지 못했다.

오후 4시쯤 홍종우에게 기다리던 기회가 찾아왔다. 김옥균이 와다에게 1층으로 내려가서 사이쿄마루의 사무장인 마스모토에게 함께 상하이 시내를 여행할 것인지 물어보고 오라고 시켰다. 와다가 일층으로 내려가는 발걸음 소리를 들은 홍종우는 이일직에게서 받은 리볼버를 꺼내 들고 김옥균의 방으로 들어갔다. 대나무 침대에 누워서 《자치통감》을 읽고 있던 김옥균은 권총을 든 채 조용히 들어오는 그를 보면서 어떤 생각을 했을까?

홍종우는 방에 들어서자마자 방아쇠를 당겼다. 첫발은 누워 있던 김옥균이 덮고 있던 담요를 스쳐 지나갔다. 두 번째 총탄은 김옥균의 왼쪽 어깨를 관통했고, 세 번째 총탄이 왼쪽 광대뼈 아래를 뚫고 들어가서 뇌를 관통했다. 그의 죽음을 확인한 홍종우는 곧장 계단을 내려갔다.

일층에 내려와 있던 와다와 뚱허양행 주인은 총소리를 듣긴 했지만, 오전처럼 바로 앞 하천에 정박 중인 정크선에서 터트린 폭죽 소리로 착각했다. 허겁지겁 계단을 내려온 홍종우가 번개같이 바깥으로 도망치자 뒤늦게 이상한 낌새를 눈치챈 와다가 뒤쫓아 나갔지만 놓치고 말았다. 다시 안으로 들어온 와다는 피투성이가 된 채 눈을 감은 김옥균을 발견했다. 오가사와라에 유배되었을 때부터 김옥균과 인연을 맺었던 소년 와다는 절명한 김옥균을 끌어안고 통곡했다.

홍종우가 김옥균을 살해하는 광경을 묘사한 그림.

김옥균은 그렇게 죽지 않았다

이것이 지금까지 알려진 김옥균의 암살 당시 정황이다. 하지만 동행한 와다 엔지로의 증언은 약간 다르다. 그의 회고에 따르면 총소리가 나고 밖으로 도망친 홍종우를 쫓아갔다가 되돌아오니 김옥균이 2층 8호실 앞 복도에서 쓰러져 죽어가고 있는 중이었다. 그리고 당시 2층 8호실의 주인은 일본 해군 군령부 제2국장의 직책을 가지고 있는 인물이었다. 당시 일본 정부는 김옥균이 상하이행은 물론 어디에 머물지, 심지어는 홍종우가 암살자라는 사실까지 잘 알고 있었다.

그런 상황에서 일본 해군 군령부 국장이라는 요직을 맡은 인물이 김옥균과 같은 여관의 같은 층을 썼고, 김옥균이 그의 방 앞에서 죽었으며, 김옥균 암살 사건의 최초이자 유일한 목격자라는 사실은 대단히 의심스럽다. 하지만 그의 존재는 일본 정부에 의해 철저히 가려졌으며, 일본 신문 역시 김옥균이 방에서 낮잠을 자다가 암살당했다는 식으로 사실을 왜곡했다. 《매천야록》에도 일본 신문과 대동소이한 기록이 보이고 있으며 김옥균의 일생을 다룬 소설이나 인문서들에도 8호실 앞에서의 죽음이나 일본 해군 군령부 제2국장의 존재에 대해서는 설명하지 않고 있다.

이러한 의혹을 뒤로 한 채 사건을 목격한 주인은 조계지를 관할하는 공부국工部局에 사건을 신고하면서 그의 죽음이 세상에 알려지게 되었다.

김옥균의 죽음 이후

김옥균이 암살되자 조계지 경찰 당국이 사건 당일에 현장에서 조사를 벌였고, 관계자들을 심문했다. 공부국의 통보를 받고 다음 날인 3월 29일 뚱허양행에 도착한 상하이현 지현 황취쉬안黃承桓은 피살자의 신분을 확인하고는 곧장 상관인 상하이도 도원 네지귀聶緝槻에게 보고했다. 김옥균의 피살소식은 북양대신이자 청의 실권자인 리훙장에게도 보고되었다.

그의 죽음은 조선에도 파문을 일으켰다. 사건 당일 보고를 받은 오오토리 게이스케大鳥圭介 조선주재 일본 공사는 조선주재 총리교섭통상대신 위안스카이와 조선 정부에 김옥균의 죽음을 통보했다. 크게 기뻐한 조선 정부는 위안스카이에게 홍종우와 김옥균의 시신을 인도해달라고 부탁했다. 위안스카이의 보고를 받은 리훙장은 3월 30일 상하이도 도원 네지귀에게 다음과 같이 지시했다.

김옥균은 조선에서 반란을 꾀했던 수괴로서 그가 중국에서 조선인에 의해 죽었다고 하니 실로 그 죄에 합당한 벌을 받은 것이다. 이 사건에 대해서는 상관하지 않아도 될 것이며 만약 외국 사람들이 시비를 따지면 곧바로 이런 뜻을 알리면 된다.

일반적으로 알고 있는 것처럼 외국 조계지라고 무조건 청의 공권력이 무효가 되는 것은 아니다. 해당 국가의 국민에 대해서만 사법권을 행사할 수 없을 뿐이다. 조계지 내에서 청 사람들 간의 분쟁이나 다른 외국인들 사이에서 벌어진 일은 청 정부에서 관여할 수 있게 되어 있다. 물론 상하이의 외국 조계지는 공부국이라는 일종의 자치정부가 형성된 상태였지만 조선인들 사이의 살인사건인 이번 일에는 관여하지 않았다.

실제로 사후 처리를 놓고 다툼을 벌인 것은 청 정부와 일본 정부였다. 김옥균 암살 사건의 내막을 모르던 오코시 상하이주재 일본 총영사대리는 와다에게 김옥균의 시신을 인수해서 일본으로 돌아가라고 지시했다. 소식을 듣고 달려온 윤치호는 자신이 김옥균의 시신을 넘겨받아야 한다고 주장했지만 무시당했다. 황취수안은 관망하는 자세를 취했다.

시신을 수습한 와다는 관을 사서 정중하게 모셨고, 다음날 출항하는 사이쿄마루에 실어서 일본으로 운송할 계획이었다. 하지만 뒤늦게 무쓰 외무대신으로부터 외교적인 분쟁이 우려되니 될 수 있는 대로 현지에 매장하라는 지시를 받은 오코시 총영사대리가 시신 반출을 허락할 수 없다고 제동을 걸었다.

와다는 즉시 항의를 하는 한편 서둘러 김옥균의 시신을 사이쿄마루에 싣고자 노력했다. 하지만 30일 저녁 시신을 운구해서 항구에 도착한 와다는 일본 공사관 측으로부터 연락을 받은 여객회사가 김옥균의 관을 싣는 것을 거절하면서 오도 가도 못하게 되었다. 그 사이 들이닥친 조계지 경찰들이 김옥균의 유해가 든 관과 유품들을 압수했다.

결국 와다는 빈손으로 사이쿄마루에 타야 했다. 김옥균의 시신은 곧장 상하이도 도순 네지귀에게 인계되었다.

그래서 나는 김옥균을 죽였다

한편 김옥균을 암살하고 도망친 홍종우는 조계지를 벗어나 청군이 주둔 중이던 우쑹吳淞으로 도망쳤다. 그곳에서 하룻밤을 보낸 홍종우는 다음날 새벽에 농가에 숨어 있다가 조계지 경찰에 체포되어서 압송되었다. 황취쉬안이 참석한 심문에서 왜 살인을 저질렀느냐는 조계지 경찰의 물음에 그는 단호하게 대답했다.

그는 우리나라의 재상이었는데 반역을 저질러 수많은 사람을 죽이고 내 친척도 죽였다. 그가 바다를 건너 도망친 지 십여 년이 지났는데 아직도 잘못을 깨닫지 못했다. 그래서 그를 죽여 나라에 충성하고 왕의 마음을 편안하게 해드린 것뿐이다.

홍종우는 김옥균의 처단을 개인적인 일이 아닌 조선의 위신과 국왕의 체면이 걸린 일로 설명했다. 그리고 그가 아무런 설명 없이 입을 다물고 있다고 해도 살인을 목격한 조선과 일본, 그리고 청 관리들은 모두 같은 생각을 했다. 물론 살인이 가져온 파장에 대해서는 제각각으로 해석했기 때문에 각기 다른 움직임을 보였다. 리훙장의 지시를 받은 황취수안은 조계지 경찰당국에게 인계받은 홍종우를 청사에 머무르게 하면서 호위병까지 붙여줬다.

소식을 들은 조선 정부 역시 발 빠르게 움직였다. 주찰천진독리통상사무駐紮天津督理通商事務 서상교를 리훙장에게 보내서 시신의 인도와 홍종우의 신병을 넘겨받는 문제를 협의했다. 상하이주찰찰리통상사무上海駐紮察理通商事務 조한근은 상하이에서 한양으로 시신을 운반할 배편을 준비했다. 3월 30일의 혼란은 이런 배경 때문에 발생했다.

청 정부의 강력한 요청을 받은 공부국은 김옥균의 시신을 넘겼다. 서상교와의 협의를 끝낸 리훙장은 양강총독겸 남양대신兩江總督兼南洋大臣 유곤일劉坤一에게 부탁해서 군함을 이용해 운송하되 여기에 들어가는 비용은 조한근이 지급하기로 했다.

김옥균 살해사건 용의자 1, 청

4월 6일 상하이에 도착한 서상교는 황취수안으로부터 홍종우와 김옥균의 시신을 인수받았다. 김옥균의 시신을 두고 숨 가쁘게 벌어지던 쟁탈전은 청과 조선의 승리로 끝났다. 하지만 파장은 아직 끝나지 않았다.

김옥균의 죽음을 전해들은 일본에서는 한바탕 소란이 벌어졌다. 그의 절친한 친구인 도야마 미츠루가 수장으로 있는 극우 단체인 겐요샤玄洋社를 중심으로 김옥균 우인회가 결성되었다. 이들은 김옥균의 시신을 건네받으려고 겐요샤의 주요 멤버인 오카모토 류노스케岡本柳之助와 김옥균의 동료였던 유혁로를 상하이로 파견했다. 오카모토 류노스케는 포병 장교 출신으로 훗날 을미사변을 일으켜 중전 민씨를 살해하는 일에 가담했다. 그들은 자유민권 운동가이자 총리대신을 역임했던 오쿠마 시게노부大―重信가 상하이주재 미국 영사에게 써준 소개장을 가지고 출발했다.

김옥균의 죽음을 둘러싼 소동이 가라앉지 않자 리훙장은 상하이도 도순 네지귀에게 홍종우와 김옥균의 시신을 서둘러 조선으로 보내라고 지시했다. 4월 12일 청 측에서 제공한 군함 웨이징威靖이 김옥균의 시신과 홍종우를 싣고 인천항에 도착했다. 이곳에서 조선과 청이 합작해서 세운 해운회사인 혜통공사惠通公司가 소유한 한양호가 김옥균의 시신을 옮겨 싣고 양화진으로 도착했다. 그렇게 김옥균은 갑신정변의 실패 이후 십 년 만에 싸늘한 시신이 되어서 고국에 돌아왔다.

김옥균의 불행은 그를 둘러싼 일본의 거미줄이 너무나 견고했다는 것이었다. 청이 김옥균의 암살을 주도했고, 조선이 이를 묵인했다는 정도가 지금까지의 정설이다. 청 주도설이 진실이 되려면 리진펑의 김옥균 초청이 처음부터 암살을 목적으로 했다는 것임을 증명해야만 한다. 하지만 조계지라고는 해도 청 영토에서 일본의 비호를 받은 조선인 망명객을 암살하는 것은 청으로서도 부담스러운 일이었다.

리진펑이나 리훙장같은 인물한테 김옥균이 그런 위험성을 고려하면서까지 시급하게 제거할 존재였는지도 의문이다. 청 정부가 조직적으로 암살에 개입했다는 가설의 가장 큰 문제점은 리진펑과 이일직 사이의 연결고리다. 김옥균의 암살을 다룬 일부 소설에서는 이일직이 김옥균을 상하이로 유인하기 위해 조선 정부에 가짜 초청장을 부탁해서 전달받는 내용이 나온다. 하지만 김옥균이 일본주재 청 공사와 친분이 있었고, 이일직이 조선 정부로부터 귀환 명령을 받은 상태임을 고려하면 신뢰성이 떨어진다.

김옥균 살해사건 용의자 2, 조선

리진펑이 그를 초청한 것이 진심이었다면 조선 측이 암살에 개입했을까? 조선 정부는 이일직과 권동수 형제가 오랫동안 아무런 성과도 거두지 못하자 귀국 명령을 내렸다. 빈손으로 돌아갈 수 없던 이일직이 명령을 무시하자 일본주재 임시대리공사 유기환은 1894년 1월 그의 소재를 찾아달라고 일본 정부에 부탁까지 해놓은 상태였다.

또한 조선 측은 3월 28일 본국의 훈령을 받은 오오토리 게이스케 조선주재 일본 공사로부터 김옥균의 상하이행을 전해 듣고는 패닉 상태에 빠진다. 홍종우와 이일직이 김옥균의 상하이행을 꾸몄다면 조선 정부에서 이런 반응을 보일 리가 없었다. 홍콩에 머물고 있던 민영익에게는 거의 두 달 전에 서찰을 띄워 놓고는 정작 본국 정부에는 이 사실을 알리지 않았다는 점도 조선 정부의 개입설에 힘을 빼놓는다. 결과적으로 조선 정부는 자객을 파견한 것 외에는 아무것도 하지 못했다. 이런저런 가설들을 제외하고 나면 가장 현실적인 추론은 김옥균의 상하이행을 알게 된 이일직이 여비 제공을 빌미로 암살을 시도했다는 것이다.

김옥균 살해사건 용의자 3, 일본

사실 김옥균의 암살에 가장 크게 이바지를 한 측은 일본 정부였다. 김옥균이 상하이행을 결심했을 무렵인 1894년 1월 31일 오후, 홍콩주재 일본영사 나카가와 고타로中川恒太郎에게 조선인 한 사람이 찾아왔다. 십 년 전 갑신정변 때 김옥균에게 암살당할 뻔했던 민영익이었다. 위안스카이와의 갈등 끝에 홍콩으로 망명해서 지내고 있던 그는 나카가와 영사에게 1월 23일 받은 한 통의 편지를 내민다. 오사카에 거주하는 '이세직'이라는 자에게서 온 편지에는 조만간 동지들과 함께 역적 김옥균을 처단할 것이며 성공하면 암호를 전보로 전하겠다고 적혀 있었다. 이세직은 일본에서 김옥균의 암살을 주도하던 이일직의 가명이다. 하지만 민영익은 이 사건이 문제가 될 때 자신에게도 불똥이 튈까 두려워한 나머지 제 발로 일본 공사관을 찾아와 속사정을 털어놓은 것이다.

조선 정부의 밀명을 받고 파견된 자객들이 정작 본국에는 연락을 취하지 않고 홍콩에 망명 중인 그에게 연락을 취했다는 사실은 조선 정부와 암살단 간의 연락에 문제가 생겼다는 것을 의미한다. 이는 조선 정부가 이일직과 권씨 형제들에게 조선으로 귀국하라는 명령을 내려놓은 것과 연관되어 있다. 민영익과 면담한 나카가와 영사는 곧장 도쿄에 있는 외무대신 무쓰 무네미츠陸奧宗光에게 전보를 보냈다. 그가 보고한 내용 중에는 이일직과 함께 김옥균을 암살하려던 일본인 협력자인 오오미와 초베이大三輪長兵衛와 가와쿠보 츠네키치는 물론 홍종우의 이름까지 들어 있었다. 하지만 보고를 받은 무쓰 외무대신은 김옥균에게 이 사실을 알리지 않았다. 김옥균의 죽음에 일본 정부의 책임론이 제기되는 가장 결정적인 이유였다.

그렇다면 일본 정부는 왜 김옥균의 암살 움직임을 알고도 묵인했을까? 갑신정변이 실패로 돌아간 그 시점부터 김옥균은 일본에 계륵과 같은 존재가 되어버렸다. 그가 일본에 있는 한 일본이 조선 정부와 협상을 할 여지가 좁아졌다. 일본과 멀어진 조선이 청, 러시아와 가까워지고 있다는 사실도 일본 정부를 초조하게 만들었다.

김옥균 자체도 호락호락한 인물이 아니었다. 그가 일본의 힘을 이용해서 정권을 장악하려고 시도하기는 했지만, 어디까지나 김옥균은 조선의 개화를 우선시하는 인물이었다. 일본이 그를 후원한 이유는 청과 가까운 집권 세력에 흠집을 낼 의도에서였을 뿐이다. 어쩌면 조선을 식민지로 만들려는 일본에게 있어 가장 큰 걸림돌은 친청파나 민씨 세력보다는 김옥균 같은 개화파일지도 몰랐다. 1886년 11월에 이미 김옥균을 상하이로 유인해 체포하는 문제를 놓고 청과 협의를 했던 전력이 있던 일본 정부로서는 김옥균 암살 움직임을 굳이 막을 필요가 없었다.

사건 이후 가장 큰 이득을 본 이는 누구인가?

김옥균의 죽음으로 가장 큰 이득을 본 측은 일본이었다. 이 시기 작성된 오스트리아·헝가리 이중제국의 외교문서에는 당시 사건을 보는 제삼자들의 시선이 담겨 있다. 1894년 4월 2일의 보고서를 보면 일본 정부가 김옥균을 보닌Bonin(오가사와라섬)으로 유배를 보낸 조치에 대해 오사카 사건에 연루된 것으로 판단했다. 또한 김옥균이 몇 년 동안 유배생활을 편안하게 보냈다고 기술했다. 김옥균이 십 년 동안 일본 정부의 보호 아래 안전하게 살다가 상하이에 도착한 지 이틀 만에 살해당한 것을 두고 일본 경찰의 우수성을 증명했다고도 보고했다. 그리고 일본의 신문들이 김옥균 암살의 배후로 조선 국왕을 지목했다고 마무리했다.

4월 20일의 추가 보고에서는 일본에 남은 이일직이 박영효 암살을 시도한 사건에 대해 설명했다. 일본이 김옥균의 죽음을 크게 슬퍼하면서 성대한 장례식을 치르기 위한 준비를 했지만, 이미 시신은 중국 군함에 실려 조선으로 운반되었다고 했다. 뒤이어 야만적인 방식으로 시신이 처리되었으며, 이는 분명히 민씨 집안의 소행이라고 추정했다. 흥미로운 점은 김옥균이 흥선대원군과 손잡고 민씨 가문에 대항했다는 의견이다. 오이 겐타로에게 들은 정보라는 전제로 김옥균이 일본에서 러시아의 니콜라이 주교로부터 금전적인 지원을 받았다는 사실도 실었다. 김옥균이 조선 정부에 대항하기 위해 모든 수단을 동원했으며, 그가 죽음으로써 조선과 일본 간의 관계를 냉각시키는 장애물이 사라졌다고도 평했다.

또 다른 암살 시도

김옥균이 상하이에서 뜻밖의 죽음을 맞이하고 있을 무렵 도쿄에서도 또 다른 암살 음모가 진행 중이었다. 이일직과 그 일당이 3월 24일 홍종우와 김옥균이 상하이로 떠난 것을 확인하고는 애초 계획대로 박영효를 암살할 계획을 진행했다. 3월 25일 도쿄에 도착한 이일직은 운라이칸雲來館에 투숙했다. 김옥균만큼은 아니었지만, 박영효 역시 조선에서 온 자객을 경계해서 항상 경계를 늦추지 않았다. 이일직은 의심을 피하려고 그가 세운 친린의숙에 후원금을 내면서 가깝게 지냈다. 애초 계획은 운라이칸에서 시와 그림에 뛰어난 권농수가 서화회를 개최한다는 핑계를 대고 박영효를 초청하는 것이었다. 그가 운라이칸에 오면 2층으로 유인해서 총이나 칼로 살해하고, 미리 준비한 트렁크에 시신을 넣어서 일본주재 조선 공사관으로 도망칠 계획이었다.

하지만 이미 그가 친린의숙에 심어둔 김태원이 정난교와 이규완에게 정체가 탄로나서 자백을 한 상태였다. 박영효는 오히려 그에게 이일직을 초청하는 편지를 띄우게 한다. 서로의 의도를 숨긴 초청편지들과 정중한 거절편지들이 며칠 동안 양쪽을 오갔다. 상하이에서 홍종우가 김옥균을 살해했다는 소식이 전해지면 기회가 더는 찾아오지 않을 것을 우려한 이일직은 위험을 무릅쓰고 친린의숙을 방문하기로 했다. 그리고 자신이 시간을 끄는 사이 권동수와 권재수 형제가 박영효를 해치우라고 지시하고는 리볼버 권총과 칼을 나눠줬다.

3월 28일 오전 8시 친린의숙을 찾아간 이일직은 정난교, 신응희 등에게 즉시 결박당했다. 그는 횡설수설을 하면서 시간을 끌었지만, 권씨 형제는 총과 칼을 들고 친린의숙으로 뛰어드는 대신 도쿄 주재 공사관으로 도망쳐버렸다. 박영효는 정난교 등을 운라이칸으로 보내서 이일직이 가지고 있던 가방과 소지품들을 가져오라고 지시했다. 이일직의 가죽 가방 안에는 고종의 위임장이 있었지만, 박영효는 단번에 위조라는 사실을 알아차렸다.

한편 권동수 형제에게 상황에 대해 설명을 들은 일본주재 조선 공사 유기환은 무쓰 외무대신에게 이일직을 구해달라는 요청을 했다. 29일 오후 1시경 외무대신의 지시를 받은 경찰은 친린의숙으로 가서 박영효와 이일직을 비롯한 관련자들을 모두 연행했다. 이일직은 박영효에 대한 암살미수 사건으로, 박영효는 이일직에 대한 불법감금과 구타 혐의로 체포되었다. 아울러 일본 경찰은 공사관으로 피신한 권씨 형제의 인도를 요구했다. 이에 대해 일본 주재 조선 공사 유기환은 공사관이 치외법권 지역임을 들어 거절 했다. 하지만 일본 경찰은 그의 항의를 무시하고 공사관 내부로 진 입해서 두 사람을 체포했다.

유기환은 일본 정부에 강력하게 항의하고서 본국의 훈령도 받지 않고 귀국해버렸다. 일본 정부는 자신들의 잘못을 생각하지도 않 고 오히려 공사가 멋대로 귀국을 해버렸다고 항의했다. 양측의 자 존심 싸움으로 번졌던 외교 분쟁은 권씨 형제가 추방되고, 공사대 리가 임명되면서 일단락되었다.

4월부터 시작된 재판에서 권씨 형제와 김태원은 무죄로 풀려났 고, 이일직조차 두 달간의 재판 끝에 6월 23일 열린 최종 공판에 서 무죄판결을 받고 풀려났다. 정난교와 이규완이 오히려 이일직 을 감금하고 구타했다는 죄목으로 체포되었다가 보석으로 석방되 었다. 곧이어 청일전쟁이 터지고 조선에서 갑오개혁이 시작되면서 망명자들에 대한 암살 음모는 사라졌다.

대역부도 옥균

김옥균의 죽음은 하나였지만 조선과 일본에서 받은 대접은 극과 극이었다. 4월 12일 김옥균의 시신이 인천에 도착하자 조정에서는 그의 시신을 어떻게 처리할지를 놓고 논의가 벌어졌다. 영의정 심 순택을 비롯한 고위 신료들은 이괄의 전례를 따라 처벌을 해야 한 다고 상소를 올렸다. 이어서 같은 날 홍문관에서 본보기를 삼아야 한다는 연명 상소가 올라왔다. 이미 죽은 김옥균에게 내려진 처벌의 근거는 《대명률大明律》의 '모반대역조謀叛大逆條'에 나오는 "모반과 역모죄는 주모자와 추종자를 가리지 않고 다 능지처참한다"는 구절과 같은 법 '사수복주대보조死囚覆奏待報條'에 나오는 "극악한 죄를 범하여 응당 죽여야 할 자는 결코 시기를 기다리지 않는다"는 내용이었다.

도착한 지 이틀 후 의금부 도사가 입회하는 가운데 김옥균의 시신은 양화진에서 부관참시를 당한다. 잘린 목은 홍종우가 배 안에서 직접 쓴 '대역부도옥균大逆不道玉均'이라 깃발과 함께 장대에 매달렸다. 함께 잘린 팔과 다리도 장대에 내걸렸다. 사흘 동안 양화진의 모래밭에 있던 시신의 몸통은 강물에 던져졌고, 목과 팔다리는 전국 팔도로 보내졌다. 더불어 십 년 전에 죽은 홍영식의 시신도 다시 꺼내져서 부관참시를 당했다. 조선주재 외국 공사단은 시신을 그렇게 처리하는 것에 반대했지만, 고종은 그의 죽음을 축하하는 연회를 베푸는 것으로 응수했다. 조선이 김옥균의 기억을 잔인하리만치 철저하게 지우는 동안 일본에서는 계산된 추모 열기가 들끓었다.

계산되고 연기된 애도

일본에 김옥균의 죽음이 알려진 때는 3월 29일이고, 조선에는 그보다 하루 늦게 알려졌다. 애초부터 그의 행보를 유심히 지켜보던 상하이주재 일본 총영사관은 3월 28일 오후 8시 45분발 전보에서 김옥균이 홍종우에게 암살당했다는 사실을 본국에 타전했다.

다음날 오후에 보낸 전보에는 새벽에 홍종우가 체포되었다는 소식을 알렸다. 3월 30일 오오토리 게이스케 조선주재 일본 공사는 그의 죽음을 조선과 청에 통보했다. 후쿠자와 유키치가 세운 《지지신뽀時事新報》를 비롯한 유수의 일간지들이 속보를 전했다. 그리고 기다렸다는 듯 슬픔과 분노가 쏟아져 나왔다.

3월 31일 후쿠자와 유키치가 세운 출판사인 고우쥰샤交詢社 긴자 사옥에 모인 김옥균의 일본인 친구들은 시신의 인수와 장례 절차 등을 논의했다. 4월 5일에는 15개의 일본 주요 신문들이 그의 죽음을 애도하는 기사와 함께 부조금을 모으는 기사를 실었다. 4월 12일 열린 우인회에서는 앞으로 일정을 논의했다. 그의 비참한 죽음과 일생을 주제로 한 강연회는 수백 명에서 수천 명이 모이는 대성황을 이뤘다.

김옥균 우인회를 중심으로 한 계산된 추모 열기는 5월 20일에 열린 장례식에서 절정에 달했다. 그가 머물던 유라쿠조有樂町에서 출발한 관은 큰 깃발을 앞세우고 마차에 실려 갔다. 장송곡을 연주하는 악대와 조문객들이 뒤를 따랐다. 상주 역할을 맡은 이는 갑신정변에 함께 참여했던 유혁로와 그를 충실하게 수행했던 이윤과였다. 기나긴 장례행렬은 12시쯤 아사쿠사 동본원사 별원에 도착하는 것으로 끝이 났다. 조문객 중에는 중의원이나 참의원들은 물론 언론사 대표에서부터 후쿠자와 유키치 같은 당대의 사상가들까지 포함되었다.

장례절차를 마친 관은 다시 아오야마 레이엔青山靈園에 있는 외국인 묘역으로 향했다. 2,000명에 달하는 조문객들이 무덤을 다녀갔다. 물론 관에는 김옥균의 시신이 없었다. 상하이로 떠나는 그를 배웅했던 가이 군지가 조선으로 건너가서 양화진에 전시된 그의 머리에서 가져온 머리카락만 들어 있을 뿐이었다. 그의 죽음은 일본 궁내성이 발간한 공식 실록인 《메이지덴노기明治天皇記》에도 실릴 정도로 일본에 큰 파문을 일으켰다. 문제는 그의 죽음을 방관하거나 깊숙하게 개입한 일본 정부의 태도였다.

갑신정변 실패 후 망명한 김옥균을 냉대했던 일본 정부는 그의 죽음을 계기로 국내의 불만 섞인 시선을 외부로 돌리려고 했다. 문명의 일본이 야만과 음모의 청과 조선의 야합에 상처를 입었다는 관념 역시 이들의 창조물이었다. 4개월 후에 벌어진 청일전쟁이 꼭 그의 죽음 때문에 시작된 것은 아니었지만, 최소한 불씨 정도의 역할은 했다. 제29대 내각 총리대신을 역임하고 훗날 극우파 장교들이 일으킨 5·15사태 때 살해당한 정치인 이누카이 쓰요시犬養毅 같은 인물들이 나섰다. 그들은 김옥균의 죽음과 그의 시신이 조선에서 난도질을 당한 일은 조선 정부가 일본 정부에게 모욕을 주는 것이라며 당장 전쟁을 벌여서 응징해야 한다고 주장했다.

야만적인 구습에서 벗어나지 못한 청과 조선이 김옥균을 비참하게 살해했고, 분노한 일본은 청을 무찔렀다는 스토리텔링은 소설과 연극으로 굳어졌고, 완성되어갔다. 실제로 4월 13일 무쓰 외무대신은 청의 총리아문에 정식으로 항의하고 홍종우의 처벌을 요구했다. 일본은 아무것도 몰랐다는 연극의 시작이었다. 연극은 성공적으로 지금까지 많은 이들을 속였다.

비범한 시기를 비범하게 살았던 청년

그의 무덤이 일본에 두 군데, 그리고 조선에 한 군데 있다는 사실은 삶만큼이나 복잡한 죽음, 그리고 사후 평가와 궤적을 같이한다. 조선에서 김옥균의 무덤이 정식으로 만들어진 때는 그가 복권된 이후인 1914년이었다. 1894년 오랫동안 떠돌면서 힘들게 생활하던 김옥균의 아내 유씨에게 불쑥 이윤과가 찾아왔다. 동학농민군을 진압하려는 일본군의 통역으로 따라온 그가 김옥균 식구들의 행방을 수소문한 끝에 그녀를 찾아낸 것이다. 김옥균의 아내 유씨와 함께 떠돌던 어린 딸은 무사히 자라서 시집을 갔지만 곧 병사하고 말았다. 그를 따라 한양으로 올라온 유씨는 비로소 남편의 죽음을 알았다고 한다.

갑오개혁으로 일본이 후원하는 개화파 정권이 들어서고, 박영효 등이 귀국하면서 김옥균은 사면되었다. 다음해 아관파천이 일어나면서 사면이 취소되었다가 1910년 6월 29일 순종이 대광보국숭록대부 규장각 대제학에 추증하고 다음날인 30일에는 충달이라는 시호를 내렸다. 하지만 다음달인 7월 18일에 다른 20인과 함께 종3품 규장각 직각이 다시 추증된다. 이 시기 실록은 일본인들이 기록했기 때문에 혼선이 온 듯했고, 이를 근거로 순종이 김옥균에게 진짜로 추증한 벼슬은 규장각 직각이라고 주장하는 의견이 존재한다.

이처럼 김옥균은 죽은 지 15년이 지난 이후에도 논란의 대상이 되었다. 《조선왕조실록》에서 그와 관련된 마지막 기록은 1914년 9월 14일자에 나온다. 순종은 김옥균의 양아들 김영진에게 모친상에 쓸 비용 100원을 하사한다. 남편과 시아버지, 시동생, 그리고 딸의 죽음까지 지켜본 유씨는 조선의 죽음까지 지켜보고 눈을 감았다. 남편 덕분에 오랫동안 고생했던 그가 사망하자 아산 군수였던 김옥균의 양자 김영진이 도쿄의 아오야마 레이엔青山靈園에서 가져온 유발 일부를 합장했다. 아산시 영인면에 있는 그의 무덤은 산 중턱에 자리 잡고 있다. 지금은 터만 남게 된 그의 생가와 무덤은 1976년 충청남도에서 기념물 제13호로 지정했다.

일본에 있는 그의 무덤은 두 군데다. 한 곳은 김옥균 우인회가 주도한 장례식을 치른 아오야마 레이엔의 외국인 묘역이다. 무덤의 정확한 위치는 북 1열, 종 7층, 무덤번호 60번이다. 이곳에는 주로 일본의 메이지 유신에 도움을 준 외국인들이 안장되어 있다. 지난 2005년 관리비 체납 때문에 철거될 위기에 놓였지만, 주일한국대사관에서 관리비를 대신 납부함으로써 철거 위기를 넘겼다.

나머지 한 군데는 그가 망명 초기 잠시 머물렀던 신조우지眞淨寺에 있다. 이곳에 무덤을 세운 이는 1884년 4월 그를 따라 조선에 와서 남산에 사진관을 열었던 가이 군지다. 고베에서 상하이로 출발하던 김옥균을 배웅했던 그는 끝까지 김옥균을 수행했던 와다 엔지로처럼 김옥균의 수행원을 자처한 인물이다. 양화진에 효수된 김옥균의 사진도 그가 찍은 것으로 추정된다. 가이 군지의 무덤 역시 김옥균의 무덤 옆에 있다. 조선과 일본에 있는 세 군데 무덤 모두 그의 시신은 없다. 와다 엔지로와 가이 군지가 가져온 머리카락이나 옷 조각만 들어 있을 뿐이다.

여러 곳에 흩어진 시신 없는 무덤들은 김옥균이라는 인물의 삶과 죽음을 말없이 대변한다. 을사늑약 체결 1년 전인 1904년 3월 김옥균의 대를 이으려고 양자로 들어간 김영진과 도야마 미츠루, 이누가이 쓰요시 등이 참석한 가운데 그의 묘 앞에 비가 세워졌다. 약 3미터 높이에 폭 1미터 크기의 비석에는 다음과 같은 추모사가 적혀 있다.

"명호 포비상지재 우비상지시 무비상지공 유비상지사嗚呼 抱非常之才 遇非常之時 無非常之功 有非常之死

오호라, 슬프도다. 비상한 재주를 가지고 비상한 시기를 만나 비상한 공이 없이 비상한 죽음만이 있도다."

그의 삶과 죽음을 가장 극명하게 설명한 문장일 것이다. 격동의 시대를 원 없이 헤쳐나간 비운의 혁명가에게 이보다 더 어울리는 글귀는 없어 보인다.

김옥균의 죽음은 누가 책임져야 하는가?

그의 죽음에 대한 진실은 너무나 많은 이야기 속에 묻혀 있다. 지금까지는 조선과 청이 손을 잡고 김옥균을 상하이로 유인해서 살해했다는 설이 유력했다.

하지만 이는 결과론적인 이야기로 그의 상하이행을 둘러싼 조선과 청, 그리고 일본의 움직임을 파악해보면 진실이 드러난다. 조선이 사실상 아무것도 못했고, 리진펑이 그를 초청한 것이 정말로 암살할 계획이었는지도 불분명하다. 설사 청이 그를 유인해서 살해하려고 했다고 해도 가장 큰 책임은 일본이 져야만 한다.

조선과 청이 그의 암살을 꾸미고 있다는 사실을 알고 있으면서도 일본은 지켜보기만 했다. 그리고 기다렸다는 듯 그의 죽음을 계기로 삼아 청과 조선을 야만적이라고 몰아붙였다. 민영익을 통해 정보를 전달받은 일본 정부는 암살 계획이 진행되는 동안 동향을 파악하기만 했다. 그의 죽음으로 얻을 수 있는 것들이 너무나 많았기 때문이었다.

3장

홍종우
그러나
대한제국

벼슬길,

살아남은 자의 길

4월 12일 인천에 도착한 홍종우는 마중 나온 기기국 협판 조희연과 만났다. 홍종우가 한때 식객으로 그의 집에 머물렀던 적이 있다는 얘기를 듣고 고종이 특별히 보낸 것이다. 조희연은 금부도사 한 명과 포도청 포교 24명, 그리고 포졸들과 동행했다.

김옥균의 시신과 함께 한양호에 옮겨 탄 홍종우는 조류 때문에 하루 늦은 4월 13일 오후 1시경에 양화진에 도착했다. 기다리고 있던 포교들과 인부들이 올라가 김옥균의 시신이 담긴 관을 들고 내려왔다. 그의 시신이 중국식 큰 관에 삼끈으로 묶인 채 끌려 내려왔다. 관 위쪽에는 '대역부도 옥균'이라고 쓰인 널판이 붙어 있었다. 수십 명의 인부들이 천천히 관을 운반해서 미리 비워둔 농가에 옮겼다. 칼을 든 군인들이 엄중하게 경계했는데 일본인의 접근을 막기 위해서였다. 실제로 일본인 몇 명이 거룻배를 타고 한양호에 접근하자 배에 타고 있던 포교들이 소리를 쳐서 쫓아냈다. 고종의 명을 받고 마중 나온 조희연과 배에서 내려 잠시 휴식을 취한 홍종우는 조희연과 함께 한양으로 떠났다. 엄청난 환영 인파가 나올 것으로 예상했지만, 고작 관리 몇 명만이 나와서 그를 맞았다. 타고 갈 가마도 준비되지 않았다. 겨우 가마를 구한 다음 홍종우는 병사들의 호위를 받으며 도성으로 들어갔다. 조희연의 집에 그의 거처가 마련되었다.

그는 대번에 사람들의 이목을 끌었다. 아침부터 저녁까지 찾아오는 사람들이 끊이지 않았다. 방문객 가운데에는 일본에서 이일 직과 함께 박영효를 암살하려다가 경찰에 체포된 권동수의 아들도 있었다. 홍종우는 그에게 일본돈 10엔을 주면서 위로했다. 하지만 그는 사람들의 주목을 받는 데 불편한 모습을 보였다고 한다. 돌아가는 주변 정황이 그를 괴롭게 했기 때문이다. 본국의 훈령을 받은 오오토리 공사는 거듭 조선 정부에 항의했다. 만약 홍종우에게 포상을 내린다면 현재 일본에서 재판 중인 이일직 역시 왕명으로 박영효를 암살하려 했다는 것을 인정하게 된다는 반박이었다. 고종은 홍종우에게 저택과 현금 5만 냥을 하사했지만, 한편으로는 안경수를 시켜 홍종우에게 이름을 바꾸도록 권유했다. 이에 대해 홍종우는 이렇게 답했다.

"설사 제가 이름을 바꾼다 해도 저들이 모를 리가 없을 것입니다. 그렇게 해봤자 고작 우리의 나약함만을 드러낼 것입니다."

홍종우의 뜻을 전달받은 고종은 자신의 결심을 철회했다.

바라던 벼슬길에 올랐지만

《조선왕조실록》을 보면 이해 6월 성균관에서 치른 시험에서 홍종우는 직부전시直赴殿試(과거 가운데 예비시험인 초시와 본시험인 복시를 건너뛰고 순위를 결정하는 전시에 바로 응시할 자격을 주던 일)의 특혜를 받았다. 이어서 다음달 7월에 종6품 홍문관 부수찬에 임명된다. 대를 이어 꿈꿔왔던 관직에 드디어 첫발을 내디딘 것이다. 그리고 얼마 후에 다시 사간원 헌납(정5품)으로 승진했다.

하지만 편안한 벼슬길에 대한 꿈은 잠시 접어두어야 했다. 베트남을 두고 청과 프랑스가 싸운 것처럼 일본과 청이 조선의 종주권을 차지하기 위해 충돌한 것이다.

시작은 대단히 어이없었다. 1894년 2월 전봉준이 이끄는 동학교도들이 고부군수 조병갑의 학정에 반발해 봉기했다. 이들을 진압하기 위해 파견된 토포사 홍계훈이 황룡촌 전투에서 패배하고 전주성을 빼앗기자 고종은 신하들의 반대를 무릅쓰고 곧바로 청에 원병 파견을 요청했다.

문제는 갑신정변 다음해에 청과 일본 사이에 체결된 '톈진조약'이었다. 협정에는 양측이 조선에 출병할 때는 서로 통보하기로 되어 있었다. 청이 위안스카이를 특명전권대사로 임명하고 3,000명의 병력을 파견한 데 비해 일본은 무려 8,000명이 넘는 병력을 보냈다. 정작 동학교도들은 정부 측과 6월 11일 협정을 맺고 전주성에서 물러난 상태였다. 그러나 이 기회에 청을 몰아내고 조선을 장악할 속셈이었던 일본은 철군 요청을 무시하고 군대를 증강한다.

저는 그저 그런 벼슬아치가 아니외다

이 시기 홍종우는 대단히 흥미로운 움직임을 보인다. 뜻밖에도 유길준, 김가진 등과 더불어 청 세력을 몰아내고 민씨 세력을 정계에서 축출하는 데 가담한 것이다. 홍종우가 민씨 세력과 대립하는 측과 손을 잡았다는 뜻은 단순한 수구파나 혹은 출세를 위해 김옥균을 암살했다는 기존의 통설에 의문을 제기한다. 일본 측 기록에 의하면 이 즈음 홍종우가 청의 원병 파병을 주장하던 선혜청 당상 민영준에게 찾아가 충고를 했다. 이제 막 관리에 등용된 홍종우는 대담하게도 민영준에게 청군의 파병을 주장한 것은 실수라고 말했다. 그게 무슨 말이냐는 반문에 홍종우는 다음과 같은 이유를 들었다.

제가 오랫동안 일본에서 지냈고, 청국도 드나들었기 때문에 양쪽의 사정을 잘 알고 있습니다. 청군이 동학교도들과 싸우려고 남하하면 반드시 행패를 부릴 것이고, 원성이 자자할 것입니다. 이렇게 된다면 청군이 설사 이기고 돌아간다고 해도 누가 대감께 고마움을 표시하겠습니까? 오히려 큰 화가 되고 말 것입니다. 거기다 일본이 반드시 이 기회를 놓치지 않고 군대를 보낼 겁니다. 그렇게 된다면 나라의 앞날이 어찌 될지는 아무도 모릅니다. 부디 깊이 헤아려 주십시오.

최근의 연구결과 중에는 청군 파병에 대한 요청이 고종의 독자적인 결정이 아니라 위안스카이와 민영준의 합작이라고 보는 견해가 있다. 어차피 최종 책임은 고종에게 있지만 동학교도들에게 타도 대상으로 지목된 민씨 세력들은 고종이 그것을 핑계 삼아 자신들을 쳐낼지 몰라서 전전긍긍했다. 특히 원망의 대상이 된 선혜청 당상 민영준과 갑신정변 이후 청의 영향력을 벗어나려는 고종을 갈아치우려고 했던 위안스카이가 모종의 협의를 하고 청병을 끌어들였을 가능성은 충분하다.

홍종우가 이런 사정을 파악하고 자신의 의견을 토로했다고 가정한다면 엄청난 용기를 발휘한 셈이다. 물론 김옥균을 암살한 그로서는 조선에서 일본의 세력이 확장되는 것을 마음 편하게 볼 수는 없는 처지였으니 개입의 빌미를 제공한 일에 대해 경계하는 것은 충분히 가능한 일이다. 하지만 이제 막 관리로 등용되어 그 어느 때보다 몸조심을 해야 할 시점에 왕의 외척 가운데 실세에 속하는 민영준에게 대놓고 반발했다는 사실은 강직한 그의 성격을 잘 보여준다. 또한 청 파병의 일본 개입을 불러올 것이라는 정세 판단 역시 명확한 편이었다.

홍종우의 이러한 관심은 7월 23일 오히려 일본군이 경복궁을 점령하고 군국기무처를 설치해 조선의 내정개혁을 단행하면서 다시 분노로 바뀐다. 이른바 김홍집 내각이 주도하는 갑오개혁의 시작이었다. 그리고 이틀 후인 7월 25일 아산만을 순찰하던 일본군 제1유격함대가 청 군함에 발포하는 것을 시작으로 전쟁이 시작되었다. 이즈음 홍종우는 대책을 세우지 못하고 우왕좌왕하고 있던 대신들에게 이렇게 말했다.

"여러분은 무엇 때문에 여기 모이셨습니까?"

비록 임금의 총애를 받기는 하지만 고작 정5품의 관리가 끼어들

1894년 9월 평양전투도. 김옥균이 사망한 지 4개월이 지난 1894년 7월, 청일전쟁이 발발했다. 《The War in the East》, 1895년.

아산에서의 전투 이후 서울 인근에 세워진 개선문을 통과하는 일본군. 《The llustrated London News》, 1895년

자 관료들 가운데 누군가가 보면 모르느냐고 퉁명스럽게 대답했다. 홍종우는 기가 죽기는커녕 큰 목소리로 그들을 질타했다.

당신들은 혀로 적을 물리치려고 하십니까! 오늘날 임금의 총애를 받아 직위가 재상에까지 이르고, 또 좋은 갖옷과 말과 많은 식량과 솥을 진열해 놓고 살고 있습니다. 그런데 이런 위급한 때에 나라가 위태로운 것을 마치 진나라가 월나라 망하는 것을 보듯 아무 관심 없이 보고 있습니다. 아무리 시대가 변하고 나랏일이 잘못되어간다고 해도 어려움을 헤쳐 나갈 생각은 안 하고 머리가 땅에 닿도록 목숨을 살려 달라고 애걸하고 있습니다. 하늘에 죄를 지은 사람들이 누구에게 죄를 빌 수 있겠습니까? 개와 말도 주인을 그리워하고 승냥이와 수달도 근본을 알고 있는데, 하물며 당신들은 잘난 체하는 사대부로서 자신을 대할 때 과연 어떻게 하였습니까?

지금 같이 임금이 모욕을 당할 때 신하는 주상을 위해 죽어야 합니다. 그런데 한 사람도 강물에 몸을 던지거나 머리를 돌에 찧어 박고 조금이라도 나라 팔아먹은 죄에 대해 속죄하는 사람은 보이지 않습니다. 오히려 느린 걸음과 낮은 말소리로 여유 있는 해학만 하고 있습니다. 그리고 제가 지난날 민씨 가문에 출입하는 사람들을 지켜보고 있다가 하도 답답하여 죽고 싶은 마음이 생겨 여기 왔는데 당신들이 도리어 나를 잘못한다고 하십니까?

그리고 궁궐의 수비를 책임지던 무관들인 한규설과 이종건을 가리켜 임금을 지키지 못한 그들의 책임을 질타했다. 홍종우가 화를 내는 모습에 다들 아무말도 못했고, 그 모습을 지켜보던 그는 한숨을 쉬고 나가버렸다.

청이 물러나고 러시아가 온다

1895년 4월 17일 연전연패를 거듭하던 청이 일본과 '시모노세키 조약'을 체결하면서 전쟁이 끝났다. 청은 막대한 배상금과 함께 요 둥반도와 펑후澎湖제도, 그리고 타이완을 할양했다.

조선은 독립국이라는 애매모호한 조항이 삽입되어 있지만, 그 누구도 일본의 우위를 인정하지 않을 수 없었다. 하지만 청의 퇴장을 메울 만한 또 다른 상대가 등장했다. 바로 러시아였다. 일본의 급격한 세력 확장을 경계한 러시아는 독일, 프랑스와 손잡고 요둥 반도 할양에 반대하는 움직임을 보였다. 이에 굴복한 일본은 5월 5일 요둥반도를 청에 반환했다. 이 일은 일본의 움직임에 전전긍긍해하던 조선에 희망을 던져줬다. 당장 친청파의 허물을 벗어버린 중전 민씨가 러시아와 가까워졌다. 친일파로 지목된 김가진이나 어윤중 등이 밀려나고 이범진 같은 친러파들이 입각했다. 그렇다면 이 시기 홍종우는 무엇을 하고 있었을까?

러시아의 등장,

친러파로
변신하다

조선과 러시아의 결탁에 촉각을 곤두세우고 있던 일본 측은 홍종우에 대한 흥미로운 기록을 몇 가지 남겼다. 1895년 7월경 조선의 관리 한 사람이 블라디보스토크에 도착해서 연해주 군무지사 운테르베르게르Па́вел Фёдоровичу́нтербе́ргер에게 고종의 밀서를 전달했다. 군무지사는 하바로프스크에 있는 아무르 동부지역 총독인 두홉스키 장군에게 전문을 보내서 밀서의 내용을 전했다. 고종의 친필로 적힌 밀서의 내용은 다음과 같았다.

일본이 청과의 전쟁에서 이기고 난 후 조선은 일본의 부당한 간섭을 받고 있다. 이에 대응하고자 은밀히 러시아로 가서 도움을 요청하라. 내 친서를 보이고 다음과 같은 사항을 전달하라.

1. 청일전쟁 이후 조선은 일본의 압박을 받고 있으니 러시아가 보호해
   주기 바란다.

2. 일본의 침략행위를 저지시켜 조선의 국체가 유지될 수 있도록 지원
   을 해주기 바란다.

3. 조선은 독립적인 국가이며 일본의 간섭에서 벗어나 독립국으로 남
   아 있기를 바란다.

밀서를 전달받은 연해주 군무지사 운테르베르게르는 조선에도 러시아 공사관이 있는데 왜 여기까지 왔느냐고 밀사에게 질문했다. 밀사는 조선주재 러시아 대리공사 베베르Карл Иванович Вебер에게 수차례 도움을 요청했지만 거절당했다고 털어놓았다. 당시 조선의 상황은, 아니 고종의 상황은 최악이었다. 청일전쟁의 승리 이후 일본은 조선의 내정을 개혁한다는 명목을 내세우고 갑오개혁을 추진했다. 일본의 속셈을 간파한 고종과 중전 민씨에게 일본의 요동 점령을 저지한 러시아는 새로운 구세주였다. 날로 심해져 가는 일본의 간섭을 피하고자 고종은 러시아에 도움의 손길을 내밀었다.

하지만 러시아의 최종목표는 만주의 점령을 통한 부동항의 확보와 태평양으로의 진출이었다. 베베르가 고종의 친서를 접수하지 않은 것은 조선 문제에 지나치게 깊게 간섭하지 않겠다는 암묵적인 표시였다. 답답해진 고종은 밀사를 직접 러시아로 보내기로 했다. 간택된 밀사는 믿을 만한 측근 중에서 선발되었으며 결국 자신의 임무를 완수했다. 창덕궁에서 정동에 있는 러시아 공사관보다

수천 배는 먼 거리까지 밀사를 보내야만 했던 고종의 절박함은 밀서의 내용에서 절실히 느껴진다.

고종의 러시아 밀사

고종의 퇴위를 불러온 헤이그 특사사건을 연상시키는 이 사건은 일본 정부를 극도로 긴장시킨다. 이 사실을 탐지한 블라디보스토크주재 무역사무관은 1895년 7월 26일자로 외무성에 긴급 전문을 보낸다. 최근 조선의 경성에서 온 국왕의 측근이 포세트로부터 육로로 블라디보스토크에 도착했다는 소식을 들었는데 경찰서장이 직접 나가서 맞이했고, 시청의 객실을 숙소로 사용한다는 것이다. 이로써 러시아 측에서 미리 조선의 특사가 온다는 사실을 알고 있었으며, 절대 지방관들의 왕래 따위가 아닌 것이 분명하다고 추측했다. 특히 그 관리가 밀서를 연해주 군무지사에게 전달했으며 군무지사는 이삼일 전에 그 밀서를 가지고 흑룡강 지역 총독이 머무르는 하바로브스크로 출발했다고 보고했다. 밀서를 가져온 관리의 정체를 알아내려고 노력했지만 직위가 높은 인물이라는 것 외에는 별다른 단서가 없다고도 전했다. 다만 3주일 전쯤 경성에서 북쪽을 향해 출발한 국왕의 측근으로 추정된다며, 왕비나 러시아 공사 베베르가 꾸민 짓이라고 추측하기도 했다.

보고를 받은 외무대신 사이온지 긴모치西園寺公望 후작은 조선에 있는 특명전권공사 이노우에 가오루井上馨 백작에게 전문을 보내 사태 파악을 지시했다. 8월 6일 알현한 이노우에 공사의 추궁에 고종과 중전 민씨는 자신들이 보낸 밀사가 아니라고 부인했다.

노련한 이노우에 공사는 그 말을 믿지 않고 뒷조사를 지시했다. 그러면서 국왕의 측근 가운데 친러파가 제멋대로 보냈을 가능성에 대해서 언급했다.

추운 나라로 간 왕의 밀사

조선주재 러시아 공사대리 베베르에게 사실 여부를 문의했다가 가짜라는 답신을 받은 군무지사는 조선 관리를 국경으로 추방했다. 이 사실을 탐지해서 본국에 보고했던 블라디보스토크 주재 무역 사무관에게 그해 11월 한규석과 한기중이라는 조선 관리가 방문한다. 개성부에 사는 전직 관리인 한규석은 그에게 자신이 온 목적은 앞서 가짜 밀서를 가지고 나타난 자를 추적하기 위해서라고 말했다. 가짜 밀서는 경상좌도 병마절도사와 어영대장을 지내고 현재 안무사인 이규원과 경흥부사가 모의해서 만든 것이라고 알려 줬다. 그리고 밀서를 가지고 온 자는 홍종우가 아니라 권동수였으며, 블라디보스토크에 머물다가 하바로프스크로 달아난 것 같다고 말했다.

흥미로운 점은 앞서 고종이 이노우에 공사에게 언급한 가짜 밀사의 이름도 권동수와 홍상우였다는 점이다. 홍상우라는 이름을 가진 고종의 측근이 없었다는 점을 고려하면 홍종우를 통역 과정에서 잘못 전달했을 가능성이 크다. 일본의 침략 사실을 규탄하는 특사를 보냈다가 사실 여부를 추궁하자 부인하는 모습은 훗날 헤이그 세계 평화회의에 특사를 파견한 것과 유사해 보인다. 더불어 홍종우가 아니라는 한규석의 말을 뒤집어보면 일본 측은 그때까지 특사가 홍종우였을 것이라는 추측을 하고 있었다는 뜻이 된다. 권동수는 일본에서 그와 함께 김옥균과 박영효를 암살하려고 했던 동료였다.

이 이야기는 그해 11월 홍종우가 다른 조선인과 함께 원산에서 체포되었다는 소문을 들었다는 뮈텔 주교의 이야기와도 연관이 있다. 이 시기 홍종우는 일본의 국권침탈을 막을 대안 세력으로 떠오른 러시아와의 협력에 힘을 쏟은 것으로 보인다.

그해 겨울 조선은 다시 요동친다. 일본이 러시아를 새로운 상대로 삼아 자신들을 압박해오던 중전 민씨를 직접 제거한 을미사변이 발생한 것이다. 이에 분개한 의병들이 각지에서 봉기한다.

일본보다는 러시아

전국의 의병들로 들끓었던 1896년 2월, 함경도 관찰사대리 목유신은 러시아에서 건너온 강홍명이라는 인물과 면담을 했다. 강홍명은 전해 겨울 러시아에서 돌아온 인물로 일본 측이 그의 정체와 행방에 대해서 촉각을 곤두세우는 인물이었다. 일본은 그를 홍종우, 권동수와 만났거나 동류, 즉 동료로 판단했다. 원산주재 일본영사는 강홍명이 북부지방의 조선 관리들과 만나는 일에 대해서 대단히 민감하게 생각했다. 짐작하건대 관리가 아닌 강홍명이 지방관들과 손쉽게 접촉을 할 수 있었던 배경에는 홍종우와 권동수의 협조가 있었던 것이 아닐까 싶다.

최근까지 러시아 자료가 공개되지 않은 탓에 권동수의 러시아 밀사 파견은 낭설로 치부되거나 무기 구매를 위해 블라디보스토크를 방문했던 일이 과장되었던 것으로 알려졌다. 하지만 러시아 측 자료가 공개되면서 권동수의 특사 파견은 사실로 밝혀졌다. 홍종우가 그와 동행했는지는 알 수 없지만, 최소한 러시아 접경 지역에서 활동하면서 일본을 견제하는 움직임을 보인 것은 확실해 보인다. 이러한 활동으로 말미암아 홍종우는 일본 측에게 친러파로 낙인찍힌다.

일본군이 궁궐을 침입했지만 대책 없이 회의만 거듭하는 중신들에게 분노를 터뜨린 홍종우는 일본의 침략을 막을 세력으로 떠오른 러시아와의 접촉에 나선 것이다. 왕의 밀사로 속였다고 의심을 받은 일이나 러시아와 연관이 있을 것으로 추정되는 강홍명이라는 인물과 같이 움직인 것이 왕명인지 혹은 독자적인 판단인지는 분명하지 않다. 그가 다시 조정에 모습을 보인 것은 고종이 일본군의 감시를 피해 경복궁을 탈출해서 러시아 공사관으로 몸을 피한 아관파천 이후였다.

일본 측 관계자들의 회고록에 따르면 홍종우가 김홍집 등 고종의 척살 명령이 떨어진 대신들을 죽이라는 벽보를 붙이고 이들의 죽음에도 직접 관여했다고 나와 있다. 하지만 이는 같은 시기 조선주재 일본 공사가 본국에 보고한 내용과 상반된다. 1896년 7월 25일자 보고서에는 사흘 전인 22일(《독립신문》 관보에는 24일) 오랫동안 자취를 감추었던 홍종우가 경연원 시독經筵院 侍讀(갑오개혁 때 홍문관과 예문관, 경연청을 합쳐서 만든 관청의 관원)으로 임명되고 판임관判任官 5등으로 서임되었다고 기록되어 있다. 홍종우가 북쪽 국경 지방에서 활동하던 상황까지 챙기던 일본 측이 그가 도성에서 벌어진 일에 가담했다는 사실을 놓칠 리가 없다는 점에서 회고록의 진실성에 의문이 간다.

심지어 8월 4일 군수를 역임했던 이시우가 무리와 함께 상소를 올린 일의 배후로 홍종우를 지목할 정도로 일본은 그의 동정에 대해서 촉각을 곤두세우는 중이었다.《조선왕조실록》에 남아 있는 이시우의 상소는 을미사변의 참담함을 토로하고 러시아 공사관으로 피신한 고종이 속히 환궁하기를 촉구했다. 아울러 외국 군대가 주둔하고 외국 상인들이 도성에서 멋대로 영업하는 일은 만국공법에 없는 일이니 속히 수정해야 한다고 강조했다. 고종은 이들에게 유념하겠다는 비답을 내렸고, 이시우와 동료는 만족스러워하며 해산하려 했다가 체포되었다. 고등재판소가 이들을 심문했지만, 곧 풀어줬는데 일본 측은 이들의 배후 가운데 한 명으로 홍종우를 지목했다. 훗날 홍종우가 직접 올린 상소에도 비슷한 내용이 들어 있는 것으로 봐서는 어느 정도 교감이 있었던 것으로 보인다.

친일파를 솎아내다

8월 7일에는 스스로 직책에서 물러났지만, 이틀 후인 9일에는 궁내부 참서관宮內府 參書官(갑오개혁 때 신설된 왕실사무 관청의 각 부 주임관)겸 외사과장外事課長 전의사 부장에 다시 임명되었고, 주임관奏任官 5등에 서임되었다(《독립신문》 관보에는 각각 8월 10일, 그리고 8월 11일). 다시 관직에 복귀한 지 한 달도 되지 않는 기간에 원래 품계였던 정5품까지 승진한 것이다. 이는 고종의 신임이 얼마나 깊었는지 알려주는 동시에 1895년 7월 25일 이후 궁궐에서 사라졌던 그가 했던 일들이 임금의 묵인 혹은 지시 아래 이뤄졌다는 점을 증명한다. 조정으로 복귀한 홍종우는 고종의 종친이자 궁내부 대신인 이재순의 명을 받아 일본과 밀착된 관리들을 제거하는 일에 앞장섰다.

그해 8월 한양은 윤이병, 김세진의 고변으로 떠들썩했다. 그들은 몇몇 대신들이 일본으로 망명한 박영효와 내통하고 있다며 고종에게 상소를 올렸다. 고종은 그들을 경무관으로 임명함으로써 암묵적으로 동의하는 뜻을 내비쳤다. 이들이 고발한 김홍집의 조카이자 전 학부협판인 김춘희, 전 내부협판이며 중추원 의관인 유세남, 공주 관찰사를 역임한 농무국장 이종원, 전 내부주사 이종일, 무산군수를 지냈던 홍재순 등이 차례로 체포당했다. 평소에 친일파로 지목되었던 안경수나 김가진 등은 같은 친일파에 속한 군부대신 이윤용의 집으로 몸을 피했다. 그들은 상황이 심각하기에 일본 공사관에 피신했다가 일본으로 망명할 생각마저 했다.

하지만 거창한 시작에 비해 결말은 허무했다. 고등재판소에서 대질 심문을 벌인 결과 윤이병과 김세진의 고변이 무고임이 밝혀졌다. 고등재판소 수석판사 권재형은 심리 결과 체포된 이들이 박영효 등과 역모를 꾀한 적이 없다고 판결하고 오히려 윤이병 등을 무고죄로 처벌하라고 판결했다. 10월 10일 법부대신 한규설이 이들을 종신형에 처할 것을 주청하자 17일 고종은 유배형에 처하라 명했다. 《대한계년사》를 쓴 정교는 이 사건을 공명심에 눈이 어두운 이들이 모함한 것이라고 기록했다.

하지만 아관파천 이후 자국의 지지세력들이 제거되는 것을 예의

주시하던 일본 측의 생각은 달랐다. 조선주재 일본 공사는 이 일을 신하들 간의 흔한 권력 다툼으로 보면서도 그 배후로 친일파를 몰아내려는 고종을 지목했다. 고종의 밀명을 받은 궁내부 대신 이재순이 궁내부 참서관 홍종우와 법부주사 이일직을 사주해서 일으킨 사건이라고 판단한 것이다. 실제로 궁중에서는 유배를 떠나는 이들에게 여비를 챙겨줬고, 고종은 다음해 1월 31일에 유배된 이들을 모두 풀어줬다.

박영효를 암살하라

이후 홍종우는 또 한 번 일본의 주목을 받는다. 갑오개혁 때 귀국했다가 다음해인 1895년 7월 역모 사건에 휘말려 다시 일본으로 망명한 박영효 때문이다. 1896년 9월 고베에 머물던 박영효에게 한 통의 편지가 왔다. 조선의 궁내부 대신 이재순이 이일직과 홍종우를 시켜서 일본으로 도피한 박영효와 의화군과 이준용을 처단한다는 내용이었다. 암살 방법도 구체적으로 적어놨는데 자객을 보내는 방법이 여러 번 실패했기 때문에 조선에서 추방된 일본인을 시켜 국외로 유인해서 처단할 계획이었다. 2년 전 김옥균을 상하이에서 암살할 때와 흡사한 방법이었다.

편지를 받은 박영효는 암살에 대비해 바깥출입을 금했다. 이 일은 사이온지 긴모치 외무대신에게까지 보고될 정도로 일본 정부에서도 관심을 기울였다. 미리 알려진 탓인지 이 계획은 실행에 옮겨지지 못했다. 홍종우는 10월 27일 장례원 장례掌禮院 掌禮(종래의 종백부로서 왕실의 제사와 능묘, 그리고 종친들을 관리하는 관청의 경卿 바로 다음 직책)에 임명되었다. 흥미로운 점은 그의 전임 직책이었던 궁내부 참서관 겸 외사과장, 전의사 부장을 이일직이 이어받았다는 것이다.

이 시기 고종은 러시아 대사관에서 조선을 통치했다(아관파천). 백성이나 관리들 모두 한결같이 환궁해야 한다고 주장했지만 일본 낭인들의 칼에 중전이 살해되는 것을 본 고종은 쉽사리 돌아가지 못했다. 중전이 죽은 후 독살을 우려해 외국인들이 가져다준 통조림만 먹었던 뼈아픈 기억이 정동의 러시아 공사관을 벗어나지 못하게 만든 것이다.

조선,

제국을
선포하다

아관파천 시기 홍종우는 고종의 측근으로 조정 내의 일본 세력들을 제거하는 일에 앞장섰다. 김옥균을 암살한 그로서는 선택의 여지가 없는 문제일 수도 있겠지만, 앞으로 행보를 보게 되면 뚜렷한 일관성을 찾아볼 수 있다. 왕권의 강화를 통한 부국강병과 외세 배격이다. 러시아와 손을 잡은 탓에 일본 측으로부터 친러파라는 지적을 받기는 했지만, 이는 일본의 시각일 뿐이다. 홍종우는 을미사변 이후 일본을 견제할 만한 세력으로 러시아를 점찍었고, 여기에는 고종의 의지가 포함되었을 가능성이 상당히 크다.

앞서 밝힌 것처럼 조정에 복귀한 홍종우는 궁내부 대신 이재순과 더불어 일본 세력과 결탁한 관리들을 몰아내는 일에 힘썼다. 일본 측은 고종의 측근들과 대신들이 권력 다툼을 벌이고 있으며 측근들이 대부분 무식하거나 탐욕스럽다고 비난했다. 흥미로운 점은 김홍륙 같은 이는 친러파로 꼽지만, 궁내부 대신 이재순과 홍종우는 어느 당파에 기울어 있지 않다고 평가한 것이다. 전년도에 친러파 운운했던 것과 비교해보면 자연스럽게 눈길이 간다. 이 시기 대신들과 측근들 간의 다툼은 사실상 고종과 신하들의 대리전이라고 봐도 무방하다. 고종은 재위 기간 내내 풍파를 겪으면서 측근 세력의 부재를 절감했다. 왕비도 죽었고, 왕 자신도 몇 번이고 일어난 쿠데타에서 제1목표가 되었다. 이때까지는 신병 확보가 목적이었지만 그것도 언제 변할지 모르는 노릇이었다.

1897년 2월 20일 고종이 러시아 공사관을 나오면서 1년 간의 도피생활은 끝났다. 하지만 고종이 환궁한 곳이 러시아 공사관과 가까운 경운궁이라는 점은 그가 얼마나 일본을 두려워하고 몸서리를 쳤는지를 보여준다.

고종의 칼이 되어

갑신정변이 벌어진 지 14년이 흘렀다. 이제 외국과 어울려 산다는 것은 그 누구도 거스를 수 없는 대세였다. 몸에 침투한 병균이 조금씩 몸을 갉아먹는 것처럼 외세는 조선을 좀먹었다. 관리들은 시세에 따라 러시아에 붙었다가 미국에 붙었다가 일본을 등에 업었다. 아관파천 기간에는 러시아와 결탁하려는 사람들이 늘어났고, 이 틈을 타서 세도를 부리는 이들도 늘어났다.

혼돈의 시대 한복판에 선 홍종우는 고종의 측근으로 활동했고 보상도 받았다. 1897년 3월 2일 궁내부 대신 이재순의 추천을 받아 김홍륙의 후임으로 비서원승秘書院丞에 임명되었고, 정3품에 서임되었다. 이일직 역시 법부 형사국장에 칙임관勅任官(갑오개혁 때 변경된 품계로 총리대신급의 1등부터 장례원경 등이 받는 4등까지 나뉜다.) 4등으로 서용되었다.

복귀 이후 홍종우의 직책을 살펴보면 흥미로운 점을 발견할 수 있다. 경연원 시독, 궁내부 참서관, 장례원 장례, 그리고 비서원승 모두 왕의 측근으로 일할 수 있는 궁내부 소속이었다. 이는 홍종우가 고종의 신임을 받는 측근임을 의미한다. 정치적으로 해석하자면 측근 세력을 키워야 하는 고종과 전통적인 문벌 집안이 아니었기 때문에 오직 왕의 총애만이 살 길이었던 신흥세력 간의 결합으로 봐야 한다. 하지만 그것만이 정답일까?

홍종우의 행적들을 보면 약간 혼란스럽기는 하지만 하나의 길이 보인다. 청일전쟁 직후에는 러시아와 가까워지는 모습을 보이기는 하지만 러시아 공사관에서 환궁한 이후에는 어디에도 가담하지 않았다고 일본 측은 평가한다. 고종은 가까이서 지켜보던 내외국인들로부터 유약하거나 우유부단하다는 평가를 받았다. 이를 성격 탓으로 돌리는 경우도 많다.

하지만 재위기간 동안 고종이 겪었던 풍파를 곱씹어보면 그가 남에게 쉽사리 속내를 드러낼 수 없다는 것쯤은 쉽사리 이해할 수 있다. 신하들은 외국 공사들에게 줄을 대느라 정신이 없었고, 일본으로 도망친 반역자들은 나라를 들쑤실 기회만 엿봤다. 청은 상국이랍시고 사사건건 발목을 잡았고, 승냥이 같은 일본은 끈질기게 기회를 노렸다. 누구에게 기울어진 모습을 보이기라도 했다가는 다음날 새벽에 누가 궁궐 담장을 넘어올지 모를 노릇이었다. 아관파천 이후 대한제국의 선포와 궤적을 같이하는 측근세력의 성장을 단순한 권력 다툼이나 국왕의 세력 확대로만 볼 수는 없다. 고종은 왕권의 강화를 통해 난관을 헤쳐가기로 했고, 홍종우가 적극적으로 이에 동조했기 때문에 궁내부의 직책을 맡으며 승진을 거듭했다고 봐야 한다.

조선을 바꾸고 싶었던 완고한 개화파

그렇다면 프랑스 유학파를 자처했던 그는 왜 대다수의 외국 유학생들처럼 서구의 정치체제를 정답이라고 보지 않았을까? 이 질문에 대한 답은 그의 프랑스 체류 경험에서 찾을 수 있다. 홍종우는 제국주의를 직접 눈으로 봤기 때문에 그들의 위험성을 뼈저리게 느꼈다. 동시에 오랫동안 왕의 통치를 받아왔던 조선인들에게 낯선 정치체제를 섣불리 접목시켰을 때 일어날 혼란에 대해서도 우려했다. 김옥균과 박영효는 일본에 갔다 와서 정변을 일으킬 정도로 급진적인 개화파가 되었다. 특히 김옥균은 일본어를 자유자재로 쓸 정도로 익히고 양복을 즐겨 입었다.

반면 홍종우는 파리에서도 갓과 도포 차림을 고수했다. 늘 흥선대원군과 고종의 초상화를 품에 지니고 다녔다. 어찌나 소중하게 다뤘는지 친구였던 펠릭스 레가메조차 몰래 그 초상화를 보고 베꼈을 정도였다. 기질 차이인지, 혹은 출신 배경과 성향 때문인지는 모르겠지만 같은 개화파라고 믿어지지 않을 정도의 이러한 거리감이 두 사람의 삶과 죽음을 갈라놓고 말았다.

펠릭스 레가메가 몰래 베껴 그린 홍종우가 애지중
지했던 흥선대원군•과 고종••의 초상화. 홍종우
는 개화파이자 왕당파였다.

서구의 문물 속에 담겨 있는 잔혹성을 잘 알고 있던 홍종우는 자신이 정답이라고 생각한 일에 투신했다. 프랑스에서는 개화도로 인식되었고, 김옥균을 암살하면서 수구파로 낙인찍혔고, 청의 무력 개입을 반대하고 일본의 개입에 은근 기대를 건 친일파이면서, 러시아와 손잡은 친러파로 인식되었다. 그리고 이 시점에서는 어느 파에도 속해 있지 않다고 평가받았다. 어떤 모습이 진실일까?

개화파에 속하면서도 완고할 정도의 왕권 강화주의자, 그것이 홍종우의 진짜 모습이었다. 이 시기가 되면 개화파와 수구파라는 구분은 무의미해졌다. 민씨 세력도 중전 민씨의 죽음 이후 한풀 꺾였다. 청과 결탁했던 세력도 사라졌다. 청이 사라진 자리를 차지한 러시아와 일본이 한반도를 놓고 각축을 벌인 것처럼 대신들도 나라별로 파벌을 갈라서 권력 다툼을 벌였다. 을미사변과 뒤이은 갑오개혁의 단발령은 전국적인 의병활동을 불러일으켰다.

고종을 비롯한 측근들은 이런 일들이 일어나는 원인을 왕의 권위가 무너졌기 때문으로 보았다. 비상식적인 등극과 아버지와의 권력 다툼, 그리고 중전 민씨 집안의 세도에 휘둘렸다가 밀어닥치는 외세에 휩쓸리는 동안 왕의 권위는 찾을 수 없었다. 재위 기간에 벌어진 내부적인 문제만 해도 불만을 품은 군인들의 폭동인 임오군란과 개화파에 의한 쿠데타인 갑신정변이 발생했다. 동학교도들의 봉기에 청과 일본이 개입하면서 청일전쟁이 벌어졌다. 그 와중에 궁궐이 일본군에게 점령당했고, 급기야 중전까지 일본인들에게 피살당하는 을미사변까지 벌어졌다. 그 후로도 러시아 공사관에서 일 년 동안이나 도피생활을 하는 아관파천을 겪어야만 했다.

임오군란과 갑신정변은 모두 청이 개입해서 진압했고, 갑신정변 때는 하도감에 있는 청군의 진영에서 나흘이나 머물렀다. 특히 중전 민씨가 일본군에게 살해당한 일이 치명적이었다. 권위가 서지 않았기 때문에 군주의 신중한 결정은 우유부단함으로, 과감한 판단은 섣부른 고집으로 비쳤다.

조선은 바뀔 수 있다

대한제국의 선포와 고종의 황제 등극은 이런 상황을 반전시키고자 했던 시도였다. 고종은 황제의 자리에 오르지 말라고 권고하던 러시아 공사 스페이에르에게 아버지인 흥선대원군이 손자인 이준용을 왕으로 옹립하고 자신을 퇴위시킬 가능성을 차단하기 위해서라고 설명했다. 즉 자신이 황제로 즉위하면 백성에게 대원군보다 좀 더 높은 사람이라는 인식을 심어줄 수 있다는 것이다. 격을 높여서 왕권에 대한 시비를 줄이겠다는 발상이 누구에게서 처음 나왔는지는 모르겠지만, 왕과 측근들에게는 신선한 해결책처럼 비쳤다. 대한제국은 오늘날 시각으로는 망해가는 나라의 마지막 몸부림쯤으로 보이지만 당시 조선인들의 기대감은 적지 않았다. 대한제국이 선포된 직후인 1897년 10월 16일자 독립신문에 실린 논설에서 변화를 위해 몸부림치는 조선의 모습을 엿볼 수 있다.

나라마다 풍속의 좋고 나쁨이 정치에 꽤 관계가 되는지라 나라가 잘 되려면 악한 풍습들을 바로잡지 아니하고는 문명국이라 할 수 없다. 북미주 합중국 남방은 기후가 더워서 힘든 일을 하기가 어려운 까닭에 아프

리카 흑인과 아시아 황인들을 사다가 종으로 삼아 모든 천역을 시키는 데 수십 년 전 정부에서 그 종을 두는 풍속을 금하게 했다. 이는 그 나라 안에 의리를 밝히려는 사람들이 많았기 때문이다.

정부와 백성에게 사람들의 권리는 동등한데, 흑인종들이나 황인종들이 약하고 학문이 없어서 남에게 끌려와 종노릇을 한다고 해도 그 사람들을 짐승과 같이 부리니 이는 의리는 생각지 아니하고 내 몸에 편한 것만 중히 여긴 것이다. 이 사람들도 하느님께서 내신 사람들이거늘 어찌 사람이 사람을 사람으로 대접하지 않고 짐승과 같이 대접해 사다가 일을 부릴 수 있는가. 이런 풍속이 우리나라에 있으면 천복을 받기는커녕 반드시 천벌을 면치 못할 것이다.

이에 반드시 이 풍속을 없애서 사람 된 본분을 다하겠다고 말했다. 이들은 의리를 목숨과 재산보다 더 중요하게 여기고 나서서 남방과 여러 해 동안 싸워 기어이 남방을 이기고 그 종들을 다 속량하여 주었다. 이 일뿐 아니라 이 나라에서는 의리를 주장 삼아 정치상과 권리상의 모든 일을 천리와 인정에 합당하게 모든 풍속과 사업을 말하는 고로 천복을 받아 지금 이 나라가 부유하기로 세계에 제일이요. 화평한 복을 누리기도 세계에 제일이다.

이 나라 사람들이 그 종들을 속량한 것은 남들을 사람으로 대접하여야 자기도 남에게 사람으로 대접받을 수 있다는 것을 알기 때문이다. 그래서 그 사람들을 넉넉히 잡아다가 부릴 계제가 있을지라도 그 사람의 사람 된 권리를 빼앗지 아니하고 사람은 사람을 동등으로 대접하자는 경계로 그때 미국에서 종노릇을 하던 사람들이 자기 나라 사람들도 아닐 뿐더러 인종도 다른데 이렇게 대접을 하였다. 그랬거늘 어찌 우리

대한국 사람들은 한 천자 밑에서 백성 노릇 하는 동포 형제임에도 세력이나 재산이 좀 있다고 잔약한 형제들을 불쌍히 여기고 구제하여 줄 생각은 아니 하고 그 빈약한 형제를 돼지같이 돈푼 주고 사다가 두고 물건 모양으로 부리며 아들딸들을 몇 백 냥, 몇 천 냥씩 받고 팔아먹으니 이런 풍속들은 다 천리와 인정에 합당치 아니한 풍속들이라 행실이 착한 사람들은 …

이 논설은 익명의 기고자가 쓴 것이다. 종들을 속량시키기 위해 전쟁까지 벌였던 미국의 사례를 들어 당시 조선의 노비제를 날카롭게 비판했다. 우리가 흔히 생각하는 것처럼 이 시대 사람들은 우왕좌왕하거나 고집을 부리다가 자멸한 것은 아니었다. 《독립신문》의 특성 탓이기는 하겠지만 이름을 밝히지 않는 체제 비판적 혹은 전통에 대한 반성을 촉구하는 논설이 자주 올라왔다. 이들은 조선이 변할 수 있으리라고 믿었고, 변한다면 존속될 수 있다는 희망을 품었다. 광무 연호의 선포와 개혁은 처량한 종말을 위한 몸부림이 아니라 다시 도전하겠다는 의지의 산물이라고 봐야 한다.

제국이 된 조선

1897년 8월 14일 영의정 심순택은 고종에게 두 가지 연호를 올렸다. 고종은 그가 올린 광무光武, 경덕慶德 두 가지 가운데 광무를 선택했다. 8월 16일에는 원구단과 사직단에서 연호를 새로 정한 것을 알리는 제사를 지냈다. 같은 날 조당에서는 새로운 연호를 선포하는 조서를 반포하고 죄인들을 사면했다. 이제 남은 절차는 황제로 즉위하는 것뿐이었다. 10월 1일 영의정 심순택을 필두로 한 신하들이 황제로 즉위하기를 청하자 고종은 몇 번 사양하다가 못 이기는 척 받아들였다.

10월 12일 마침내 고종은 황제로 즉위한다. 명에 조선朝鮮과 화령和寧 가운데 하나를 국호로 골라달라고 한 지 504년 만의 일이었다. 오늘날 생각하면 우스운 해프닝쯤으로 볼 수 있지만, 고종의 황제 즉위는 실추된 왕권을 높이고 나라의 분위기를 일신할 '신의 한 수'였다. 실제로 고종이 황제를 칭하는 일을 모두 찬성한 것도 아니었다. 유생들은 전통적인 사대事大 관계를 어지럽힌다고 반대했고, 독립협회를 중심으로 뭉친 세력들도 국왕의 권력 강화로 이어질 것을 우려했다.

홍종우는 이 시기 위기에 처한다. 일본에서 그와 손잡고 김옥균, 박영효를 암살하려던 이일직 때문이다. 1896년 말 고종이 러시아 공사관에 머무는 동안 세력을 키운 친러파를 제거하고 고종을 환궁시키기 위한 환궁역모 사건이 터진다. 주모자인 중추원 참서관 한선회와 이창렬 등은 1896년 11월 19일 고종이 경운궁에 잠시 왔을 때 어가를 납치해서 경복궁으로 끌고 갈 작정이었다. 러시아군이나 다른 이들이 막을 것에 대비해 외국인 자객 50명을 순검들로 변복시켜서 준비하기로 했다. 또한 친위대 4대대장인 이근용을 포섭해서 내응하도록 일을 꾸몄다. 하지만 자객들에게 입힐 순검의 복장을 구하지 못해서 포기했다.

고종 납치계획이 실패로 돌아가자 이들은 21일 독립협회가 주최하는 연회에 참석하는 내부대신 박정양, 외부대신 이완용, 군부

대신 민영환, 학부협판 김홍륙 등 친러파 대신들을 참살하기로 했다가 발각되었다. 궁내부 참서관에서 고등재판소 판사로 자리를 옮긴 이일직은 가담자 가운데 한 명인 이근용이 친일파로 알려진 법부대신 한규설의 생질이라는 점. 그리고 일부 가담자들이 일본인과 접촉했다는 점에 주목했다.

흥미로운 것은 납치계획을 꾸민 자들이 접촉한 일본인으로 김옥균의 암살 음모에 가담한 것으로 알려진 오오미와 초베이가 거론되었다는 점이다. 하지만 다른 사건들처럼 이 일 역시 흐지부지 끝나고 말았다. 주모자들은 10년에서 7년의 유배형을 선고받았다.

사건 종결 후 이일직이 재판 도중 도망친 김낙영와 이용호를 잡는다고 하면서 공금 2,000냥을 멋대로 가져다 쓰고 반납하지 않은 사실이 밝혀졌다. 이 문제가 불거지면서 1897년 3월 홍종우에게 경무사를 맡기지 않으면 을미사변 같은 일이 또 일어날 것이라고 고종을 협박했다는 죄까지 덮어쓰게 되었다. 결국 체포당한 이일직은 장 100대에 종신유배형에 처해졌다. 1897년 4월 7일 홍종우가 비서원승을 스스로 사직한 배경에는 이 일이 연관되어 있을 것으로 추정된다.

그렇다면 홍종우는 조용히 물러나 재야에 묻혔을까? 여전히 그의 행적을 예의 주시하던 조선주재 일본 공사는 본국에 그가 조선주재 러시아 공사로 부임할 예정인 일본주재 러시아 공사 스페이에르에게 밀사를 보냈다는 정보를 보고했다. 일본 측은 그가 밀사를 보낸 까닭이 러시아 공사의 힘을 빌려 고종을 억압하고 자기 뜻을 펼치기 위해서라고 해석했다. 하지만 그와 함께 이름이 언급된 군부대신 심상훈이나 권동수, 이일직 등은 모두 고종의 측근들이 었다. 삼국간섭과 을미사변, 그리고 아관파천까지 정치적 사건이 이어지면서 조선에서 러시아는 일본을 견제할 세력으로 떠올랐다. 홍종우가 한때 일본 측에 의해 친러파로 낙인찍혔다는 점을 고려하면 고종의 밀명을 받고 러시아 공사와 사전에 접촉했을 가능성도 있다.

홍종우에게는 아직 활약할 기회가 남았다. 1897년 6월 만들어진 독립협회가 점점 고종의 권력 강화에 반대하는 뜻을 드러내면서 갈등을 일으켰기 때문이다.

상투를 자르고 서양식 군복으로 갈아 입은 고종.
그 또한 홍종우와 함께 '다른 나라'를 꿈꿨다.

상소,

소란스럽고
완고한 직언

1898년 3월 17일 홍종우는 경상도 순흥에서 올라온 을미의병 출신의 채광묵, 정호규, 김운락과 함께 충훈부 앞에서 상소하는 무리를 이끄는 소두疏頭로 다시 세상에 나타났다. 조재곤 교수의 연구 결과에 따르면 1898년 3월 22일자 《독립신문》 1면에 실린 상소문 사본이 바로 그가 주동해서 올린 상소문으로 밝혀졌다.

대략 군대라 함은 사람의 어금니와 손톱과 같습니다. 그런데 이 어금니와 손톱을 스스로 쓰지 못하고 남에게 부림을 당해도 스스로 지키기 어렵습니다. 돌이켜보면 을미년에 우리나라 군사가 일본 군대의 지휘를 받고 창을 거꾸로 잡고 궁궐을 범한 일이 있습니다. 그런데 어찌 다시 다른 나라 사관들을 시켜서 우리나라 군사들을 지휘하게 하십니까. …

우리나라 재물은 날마다 외국으로 나가고 그것도 모자라 아한俄韓은행을 세워서 온 나라 재물을 외국 사람에게 바치려고 하십니까. … 외국 군대가 도성에 있는 것을 허락하지 않았는데 어찌 갑오년 이후에 임의대로 횡횡해서 우리나라 사람으로 하여금 의심과 두려움을 품게 하십니까.

이외에도 외국 상인들이 도성에서 장사하는 것을 금하고 개항장에서만 허용하도록 촉구했다. 그리고 재상들이 외국 공사관을 드나들며 편을 가르고 죄를 범하면 공사관으로 도망치는 일을 비판했다. 상소문을 실은 《독립신문》은 글의 끝에 도성에서 외국 사람들이 장사하는 것은 협정에 의한 것이며 설사 협정을 고쳐서 도성 밖으로 내보낸다고 해도 이들이 살던 가옥을 매입할 만한 예산이 없다고 적어놓았다.

이 상소문은 조정에 적지 않은 파장을 가져왔다. 고종은 환궁하라는 상소가 빗발치자 3월 9일자로 상소를 일체 올리지 말라고 명령을 내렸다. 고종의 명령을 받은 내부대신 남정철은 경무사 김재풍에게 지시해서 홍종우를 설득하려 했지만 실패했다. 고종은 김재풍은 물론 내부대신 남정철에게도 책임을 물을 뜻을 비쳤다. 3월 22일 김재풍이 경무사에서 해임되었다.

거듭되는 홍종우의 상소

이 시기 홍종우가 다시 공개적인 활동을 시작한 것은 문제의 발언으로 그를 곤란하게 했던 이일직이 그해 1월 7일 제주도로 종신 유배형을 떠났기 때문으로 추정된다. 첫 번째 상소의 파장이 채 가라앉기도 전인 4월 8일 홍종우는 두 번째 상소를 올렸다. '곡식 값이 갑자기 올라 백성이 모두 굶어 죽을 지경인데 이는 외국 사람들이 곡식을 모두 사들이기 때문이다. 시급히 방곡령을 내려서 백성을 구제해달라'는 내용과 함께 '외국 병정들을 물리치시고, 외국 상인들도 빙표 없이 본국 내지에 함부로 다니지 못하게 해야 한다'고 강조했다. 이어서 '절영도에 외국 조계를 만들어서 외국 사람들을 그곳으로 다 보내고 외국 돈의 유통도 금지해야 한다'고 주장했다. 프랑스까지 갔다 왔다고는 믿어지지 않을 만큼 보수적인 의견이다. 반면 조계지의 설정과 빙표를 소지하지 않는 외국인의 내지여행 금지 같이 만국공법에 근거한 구체적인 방안까지 제시했다는 점이 눈길을 끈다.

이번에는 좀 더 구체적으로 행동에 나섰다. 그를 따르는 무리와 함께 종로에서 집회를 연 것이다. 상점들을 다 철시하라고 할 정도로 위세를 떨쳤는데 궁내부 소속의 순검이 내부 대신과 경무사의 명령을 받고 홍종우를 체포하러 왔다. 그러자 추종자들이 체포를 방해하면서 험악한 분위기가 만들어졌다. 결국 홍종우가 천여 명의 무리와 함께 경운궁 인화문 앞에 엎드려 상소했고, 경무관이 이를 전달했다. 상소를 마친 홍종우는 다시 일장 연설을 하고 해산했다.

흥미로운 것은 지금껏 우리가 자주적이라고 알고 있던 《독립신문》의 논설이 홍종우의 상소 내용에 내내 비판적이라는 점이다. 4월 12일자 잡보에는 지각없다는 표현과 함께 행하지 못할 일을 행하여 달라고 하는 것은 신민의 직무가 아니라고 꼬집었다. 4월 14일자《독립신문》 논설에는 역시 이런저런 건의만 했지 어떻게 하면 해결을 할 수 있는지를 말하지 못했다고 비난했다. 도성에서 외국 사람들이 장사하는 것을 금하게 하려면 국가 간의 약조를 깨야 하는데 힘없는 우리가 그럴 수가 있는지, 설사 그렇다고 해도 외국인들이 만든 상점과 집들을 사들여야 하는데 그럴 만한 예산도 없지 않으냐고 반문했다. 나라에 외국 군인들이 들어와 있는 것은 큰 부끄러움이지만 우리 군사와 순검이 내란을 막을 만한 능력이 되지 못하기 때문이라고 목소리를 높였다. 또한 외국과 통상한 이후 일본 공사관이 두 번이나 불에 타고 일본 사람들이 우리나라 사람들에게 까닭 없이 맞아 죽는 일이 많이 벌어졌는데, 원래 나라 간에 약조하면 내 나라 안에 들어온 외국인을 내 나라 사람처럼 보살펴야 하지만 지금 우리가 어찌할 수 없어서 외국에서 순검들과 군사들을 보내 내 나라 백성을 보살피는 것이니 어쩔 수가 없다고 썼다. 우리가 문명 진보하여 마땅히 외국에 할 도리를 다하면 외국이 어찌 시간과 비용을 들여 먼 타국에 순검과 군사들을 보내겠느냐고도 반문했다. 그리고 차라리 우리의 배움이 부족한 이때 외국 군인들이 있는 게 다행이라는 말로 끝을 맺었다.

같은 날《매일신문》 잡보에는 전년에 경상도 순흥에서 상소를 올린다고 주민들에게 돈을 걷어 졸부가 된 정 모씨가 홍종우와 함께 또다시 상소를 올린다고 해서 원성을 사고 있다고 적어놓았다. 이에 홍종우를 비롯한 상소 참여자들이 강력하게 반발해서 같은 달 23일자 신문에 돈을 걷은 일이 없다는 정정보도가 실렸다. 조정에서 별다른 반응을 보이지 않자 4월 16일에는 비슷한 내용의 상소를 또 올린다. 러시아는 폐하를 보호한 공이 있는데 그 군대를 철군시키고, 일본은 을미년에 왕후를 시해하는 일을 도왔는데 남겨두니 사람들의 의구심이 커진다고 지적했다.

일본 측에서는 그가 벼슬을 얻으려고 상소를 올려 소란스럽게 한다고 비꼬았다. 거듭 목소리를 높인 홍종우에게 고종은 번거롭게 하는 게 의리상 옳은 일이냐는 비답을 내리고는 지방 관직을 줘서 도성에서 벗어나게 하려고 했다. 세 번째 상소를 올리고 이틀 후인 4월 18일 흥양 군수로 임명되었지만 부임하지 않았다. 결국 6월 24일 홍종우 스스로 사직한 것으로 처리되었다.

오늘날 대부분의 학자들은 아관파천 이후 홍종우를 고종의 측근으로 보고 내내 곁을 지키고 있거나 혹은 왕의 밀명을 받고 독립협회를 견제하기 위해 일했다고 보고 있다. 실제로 7월 중에는 경무사로 임명될지도 모른다는 소문이 돌았다. 외국 상인들이 도성에서 영업하는 것을 막고, 증명서 없이 내지를 여행하는 일을 금지해야 한다는 그의 주장은 경제적인 침투를 막고자 하는 의도가 엿보인다. 이는 프랑스와 일본에서 직접 제국주의의 침략성을 보고 왔기 때문일 것이다. 그는 당현금광 채굴 문제로 독일 영사와 유기환 외부협판과 마찰이 빚어진 일에도 상소를 올리려고 했다. 광산 선정 문제에서 마찰이 빚어지자 독일 영사가 유기환에게 손찌검하는 일이 벌어진 것이다. 독립협회에서도 이 문제를 두고 조정에 항의 편지를 보냈고, 홍종우도 이 문제에 개입하려고 했다. 하지만 7월 12일 돌연 중추원 의관에 임명되면서 다시 관직에 복귀했다.

사실 이 시기 홍종우의 상소활동 역시 고종과 깊은 연관이 있었다. 흥미로운 점은 그가 재등장한 1898년 초반이 1896년 관리들이 주축이 돼 설립한 독립협회가 점점 반정부 단체의 모습을 보이기 시작할 시점이라는 것이다. 윤치호나 서재필같이 개화파들이 주도권을 잡은 독립협회는 고종의 권력 강화에 제동을 걸었다. 이들은 대신들에게 편지를 쓰거나 제소위원들의 직접 면담을 통해 압박을 가했다. 고종은 이들이 서구의 공화제를 도입하려 한다고 의심했으며 이 일의 배후로 일본으로 망명한 박영효를 의심했다.

독립협회와 유림, 같지만 달랐던 방향

독립협회의 반발을 억누르기 위해 지원군이 필요했던 고종은 유림 세력을 끌어들였다. 지방의 유생들은 서울로 올라와서 고종에게 상소를 바치는 것으로 자신들의 뜻을 관철하려 했다. 이들은 조직적으로 움직였는데 외세를 배격하고 을미사변을 일으킨 주동자들을 엄하게 처벌할 것을 주장했다. 홍종우의 상소처럼 현실적으로 불가능한 문제들을 언급하긴 했지만, 독립협회처럼 군주에게 도전하는 자세를 보이지는 않았기 때문에 고종은 은밀하게 이들을 후원했다. 이들이 모여서 만든 도약소都約所가 세워진 곳이 충훈부의 빈 관청이었고, 우두머리인 도약장都約長과 부약장副約長 역시 고종의 측근들이었다. 조정과 궁중에서 이들에게 술과 음식을 내주고 비용을 지급해줬다. 홍종우가 무리를 모아 만든 건의소청建議疏廳 역시 이곳에 있었다는 점은 그와 고종의 연결 관계를 암시한다.

《독립신문》에서는 이들의 활동을 적대적인 시선으로 봤다. 독립협회 회원인 정교가 쓴 《대한계년사》에도 이들을 가리켜 아양을 떨고 아첨을 하면서 분수에 넘치는 일을 바라는 무리가 잇달아 나타났다고 기술했다. 사실상 외세의 무리한 간섭을 배제하고 군권을 외국인에게서 회수해야 한다고 주장은 독립협회와 별 차이가 없는 상황이었다. 다만 누가 주도권을 잡느냐, 그리고 최종적인 목표가 무엇이었는지가 차이점이었다.

양측의 갈등은 점점 커졌다. 홍종우는 고종과 독립협회, 독립협회와 유생들 간의 갈등이 한참 뜨거워지던 1898년 7월 12일 내각 자문기관인 중추원 의관中樞院 議官에 임명되었다. 의관의 임명권을 가진 중추원 부의장 신기선이 널리 인심을 얻으려고 등용했다고 하지만 고종의 뜻이 들어간 것은 분명해 보인다. 1898년의 여름은 대한제국의 짧은 역사상 가장 뜨거웠던 시기였다. 홍종우는 그 한복판으로 뛰어들었다.

1898년,

뜨겁고 길었던
여름

대한제국을 선포하고 광무라는 연호를 정한 지 이 년
째인 1898년은 외부적으로는 러시아와 일본 세력이 어느 정도 균
형을 이룬 해였다. 만주에 욕심을 내고 있던 러시아에 조선은 완
충지 이상의 가치를 지니지 못했다. 반면 일본은 시종일관 조선을
탐냈지만, 열강들의 간섭과 조선의 반발에 한발 뒤로 물러난 상태
였다.

고종은 이 틈을 타서 근대화에 박차를 가하려고 했다. 하지만 고
종의 근대화는 측근들을 등용하고 군대를 강화하는 등 권력 강화
로 비춰졌다. 처음에는 국민 계몽을 목적으로 한 친목단체로 출발
한 독립협회는 윤치호나 서재필 같은 개화파들이 주도권을 장악
하고, 김홍륙과 이용익 등 친러파에게 밀려난 이들이 가세하면서

점차 반정부 단체로 변해갔다. 고종으로서는 사사건건 발목을 잡는 이들이 밉기도 했지만, 더 큰 문제는 단순히 정책만을 반대하는 것이 아닌 서구의 공화제를 도입하려고 하는 움직임이었다. 더군다나 독립협회를 장악한 이들은 윤치호나 서재필과 같이 반역을 저질렀거나 혹은 서구 사상에 깊이 빠져 있는 인물들이었다. 고종은 눈엣가시 같은 독립협회를 무력화시키려고 했지만 적어도 1898년 여름까지는 갈등이 폭발하지는 않았다.

고종 퇴위 음모사건

하지만 8월에 발생한 대한애국청년회 투서사건으로 양쪽은 루비콘 강을 건너버렸다. 아관파천 이후 경무사를 역임할 정도로 고종에게 충성했던 안경수는 점차 권력의 핵심에서 밀려나자 불만을 품었다. 그는 동조자들을 모아서 고종을 퇴위시키고 황태자를 즉위시키려고 했다. 가담자들은 뜻밖에 많았다. 경무사를 지냈던 김재풍과 그의 동생이자 친위 1연대장 부령 김재은, 친위 3대대장 참령 이남희, 시위 2대대장 참령 이종림, 참령 이용한 같은 장교들과 중추원 의관인 이충구, 궁내부 특진관 민영준, 내부대신 박정양 같은 대신들까지 연루되었다. 안경수는 경무사를 지내다 홍종우의 상소를 막지 못해 해임된 김재풍을 찾아가 고종을 퇴위시킬 음모를 털어놓고 협조를 구했다.

음모는 가담자인 참령 이남희가 군부 대신 민영기에게 보고하면서 발각되었다. 가담자들이 광범위했다는 점 말고도 고종을 불안하게 했던 점은 1898년 7월 16일자《독립신문》에 실린 '이상한 고백'이라는 내용의 기사였다. 《독립신문》측은 대한청년애국회가 무슨 단체인지 알 수 없지만, 우편으로 보내온 글을 실었다. 더없이 정중하기는 했지만 '정부가 나약해 법령을 세우지 못해 인민의 생명과 재산을 지키기 어려운 상황에 이르렀다. 성상께서 즉위하신 지 35년째가 지났으니 이제 새롭게 일신해야 하지 않겠는가'라는 이야기를 이끌어냈다.

재위하는 동안 수많은 역모와 음모를 겪었던 고종이지만 이렇게 대놓고 자신의 퇴위를 주장하는 글이 신문에 실렸다는 사실에 큰 충격을 받았다. 익명 투서인 덕분에 파장은 더 커졌고, 아펜젤러 Henry Appenzeller가 운영하는 배재학당의 청년회가 의심을 받았다.

황국협회의 등장

충추원 의관에 임명되면서 잠시 숨을 골랐던 홍종우는 곧장 충훈부에 있는 건의 소청 명의로 통문을 돌리고 상소를 올릴 준비를 한다. 7월 26일 충추원 의관에서 사직한 홍종우는 8월 10일 상소를 올렸다.

현재 말도 안 되는 내용을 담은 흉서가 함부로 나오고 있습니다. 대체로 천하의 물은 근원이 없으면 흐르지 않는 법이고 천하의 나무는 뿌리가 없으면 자라지 못하는 법입니다. 그 근원과 뿌리가 도망친 무리 속에 없다는 것을 어찌 알 수 있겠습니까? 이와 같은 무리를 제거하지 않으면 헤아릴 수 없는 큰일이 언제 갑자기 일어나게 될지 모릅니다. 속히 법부로 하여금 잡아내 끝까지 치죄하여 난적의 소굴을 제거함으로

써 세상의 의혹을 없애게 하소서.

이남희의 밀고로 관련자들이 체포되고 주동자인 안경수는 일본인 거류지에 숨었다가 일본으로 망명했다. 이 사건에는 비교적 고종의 측근으로 알려진 유기환과 김병시, 그리고 민영기와 황태자까지 연루되었다. 거기다 주동자인 안경수가 초대 독립협회장을 지냈다는 사실은 고종과 홍종우를 충분히 긴장시켰다. 안경수 외에도 박영효가 이 일에 개입했다. 두 차례나 일본으로 망명해야 했던 그는 고종이 사라지지 않는 한 조선으로 돌아갈 수 없다는 사실을 잘 알고 있었다.

사태를 예의 주시하던 조선주재 일본 공사관 측은 안경수의 의도대로 고종이 퇴위하고 황태자가 즉위한다고 해도 능력이 떨어지니까 오랫동안 자리를 차지하지 못하리라 예측했다. 그렇게 되면 다음 후보자는 의화군 강이나 대원군의 손자 이준용이었다.

고종은 애국청년회 사건을 계기 삼아 독립협회를 무력화시키려고 했다. 의정부 참정으로 임명된 조병식이 그 역할을 맡았지만, 독립협회의 사직 압력에 결국 물러나고 말았다. 다른 방법을 찾아야만 했고, 대안세력으로 떠오른 것이 보부상들이 결성한 황국협회였다. 1898년 6월 30일 원시성 등이 창립한 황국협회는 그해 안경수의 역모 사건이 마무리된 9월, 법부 민사국장인 이기동이 회장으로 취임하고 중추원 의관 고영근이 부회장이 되면서 급격히 세를 불렸다. 홍종우도 이 시기쯤에 황국협회에 가입했다.

독립협회,

그 대척점에 선
홍종우

오늘날 대부분은 독립협회와 황국협회의 대립을 진보와 보수의 충돌쯤으로 이해한다. 하지만 진실은 좀 더 복잡하고 내밀하다. 황국협회는 기본적으로 외국 상인들의 진출에 위기의식을 느낀 보부상들이 세운 단체다. 이들이 주요 의제는 갑오개혁 때 혁파된 혜상공국惠商公局(1883년 설치된 보부상들을 관리하는 단체. 보부상들에게 세금을 받는 대신 독점권을 부여했다)의 부활이었다. 독립협회에 대응하기 위한 어용단체라는 시선이 강하지만 이들 역시 민선의회 설치를 주장하는 진보적인 모습을 가지고 있었다.

황국협회가 독립협회와 갈등을 벌인 것은 고종을 비롯한 대신들의 배후조종 때문만은 아니었다. 독립협회는 독립이라는 이름과 조정에 외세를 배격해야 한다는 상소를 올린 것 때문에 반외세를 주장하는 단체로 오인된다. 하지만 '헌의 6조'에 나온 것처럼 이들은 외국과의 조약이나 협정 자체를 반대하는 게 아니라 대신들과 중추원의 합의가 전제되어야 한다고 주장한 것이다. 외국 군대의 주둔이나 외국 상인들의 도성 내에서의 활동 역시 우리가 부족하니 어쩔 수 없다고 못 박았다. 물론 독립협회에서는 조정 대신들에게 함부로 외국과 협정을 맺어서 나라에 손해를 끼쳤다고 비난했다. 하지만 도약소와 건의소청에서 외국 상인들을 도성에서 쫓아내야 한다고 할 때 시대를 거스르는 짓이라며 반대하는 다소 이중적인 모습을 보이기도 했다.

외국 상인들의 침투로 위기감을 느낀 보부상들로서는 도성 내의 외국 상인들의 활동을 사실상 묵인하는 독립협회와 마찰을 빚는 것은 당연한 순서였다. 민권 운동 측면에서도 10월 12일 민선의원을 선출하자는 〈건백서〉를 제출한 황국협회 측의 견해가 중추원을 확대 개편하자는 독립협회 측 의견보다 더 진보적이다. 당시 독립협회를 안 좋게 보는 시각은 승지를 지냈던 이최영의 상소에 잘 드러나 있다.

우리나라의 독립협회는 나라에 충성하는 성의로써 특별히 만들었다고 했습니다. 오로지 조선의 자주권을 위한 것입니다. 그런데 최근에는 회원들이 일체 이것에 대해 논의하지 않고 단지 조정을 비방함으로써 가까이에서 모시며 직간하는 신하들을 제거하려고 하여 매번 핍박하는 말을 한 경우가 많습니다. 이것이 어찌 신하의 말투이고, 어찌 신하의 본분이라고 할 수 있겠습니까?

지난번의 조병식, 민종묵, 정낙용으로 말하면, 우리 조정의 1품 재신 宰臣으로서 황제의 명이 아니면 불러낼 수 없는 사람들인데 일반 백성으로서 어떻게 감히 불러내고 내치고 할 수 있단 말입니까? 또 이용익 李容翊으로 말하면 비록 논의가 시끄럽기는 하였지만, 이미 정부에서 처리하기로 의논되었으니, 처리하기를 기다리는 것이 좋을 것입니다. 그런데 이것을 어찌하지 않고 또 회會의 무리 수천 명을 집결시킨단 말입니까?

　　회원 중 총대위원인 최정식이 말하기를 "내가 이용익의 집에 가서 전후의 문적文蹟을 보니, 증거가 명백히 있으므로 확실하다고 말할 수 있습니다. 그러나 우리는 애초에 증거가 없었으니 어떻게 책망을 막을 수 있었겠습니까? 대황제 폐하께서 재판하시는 것이 좋을 것입니다"라고 하였습니다. 그러고 보면 우리 정부 대신大臣들의 지극히 공정하고 사사로움이 없는 조정의 논의가 이때문에 쓸데없는 것이 되고 말았으니 어찌 이처럼 심하게 핍박하는 말을 할 수 있단 말입니까? 끊임없이 이처럼 한다면 나라의 기강은 해이해지고 백성의 습속은 해괴해질 것입니다.

　　신은 이 말을 듣고 모골이 송연해졌습니다. 이 회원 중 정교가 말하기를 "조병식과 이용익의 소소한 문제를 이렇게 결정짓지 못한다면 앞으로 큰일을 어떻게 결정한단 말입니까?" 하였습니다. 그 말이 또 이 지경에 이르렀으니, 그가 말하는 큰일이라는 것은 무엇을 가리켜서 하는 말이겠습니까? 또한 송도와 평양지방에도 이 회를 설치하려고 하는데, 그렇게 되면 서울과 지방의 어리석은 백성이 그 속에 빠져들어 앞으로의 폐단을 막기 어려울 것입니다.

생각이 이에 미치고 보니 나랏일이 앞으로 어떤 지경에 이르게 될지 모르겠습니다. 그러므로 외람됨을 무릅쓰고 감히 짧은 글을 진달합니다. 삼가 바라건대, 폐하께서는 과감하게 결단을 내리시어 즉시 이 회를 혁파시키고, 단지 독립과 자주의 취지만을 살려두어 회민들의 경박하고 잡스러운 말을 엄히 금지시키소서. 그리고 최정식과 정교에 대해서 나라를 업신여긴 죄를 다스리고 한편으로는 황상께 핍박하는 말을 한 죄를 다스리소서.

독립협회와 황국협회의 충돌

10월에 들어서면서 독립협회와 조정 간의 갈등은 점점 더 심해졌다. 10월 25일 충훈부 내에 설치된 건의소청과 도약소를 금하라는 고종의 지시가 내려온 이후 홍종우의 활동무대는 황국협회로 옮겨졌다. 한편 독립협회는 지정된 장소를 벗어나서 집회를 열지 말라는 고종의 명령을 무시하고 종로에서 집회를 열었다. 독립협회가 주도한 집회는 유생들이 궁 앞에 거적을 깔고 엎드려서 상소를 올리는 것과는 차원이 달랐다. 사실 고종의 처지에서 가장 불안하고 아쉬운 것은 자신을 지켜줄 무력이었다. 외국인들을 호위병으로 쓸 생각까지 했던 고종에게 궁궐에서 지척인 종로에서 수천 명이 모인 대규모 집회는 언제 폭동으로 돌변해 궁궐로 향할지 모르는 위협이었다.

10월 29일 독립협회는 '헌의 6조'라고 이름붙인 의견을 고종에게 전달했다. 외국과의 조약을 대신들과 중추원 의장의 동의하에 시행해야 하고, 조정의 재정을 모두 탁지부에서 관장하며, 공개재판의 시행 등 고종의 권력을 제한하는 것이 주요 골자였다. 위기감이 고종의 턱밑까지 스며들었다.

홍종우도 발 빠르게 움직였다. 11월 2일 독립협회가 주도한 중추원 관제 개정안이 고종의 재가를 받았다. 승리감에 도취했던 협회는 이틀 후인 4일, 날벼락을 맞았다. 밤새 시내에 벽보가 붙었는데 내일 독립협회가 집회를 열어서 박정양을 대통령으로 삼고, 윤치호를 부통령으로 선출해서 공화제로 바꾼다는 내용이 적혀 있었다. 이 소식을 듣고 분노한 고종은 즉각 관련자들을 체포하라고 명했다. 5일 아침 부회장 이상재를 비롯한 정교 등이 체포당했다. 정교를 비롯한 독립협회 쪽에서는 황국협회 쪽의 음모라고 생각했지만 사실상 고종의 뜻이 담긴 것이나 다름없었다. 문제의 벽서가 붙기 며칠 전인 11월 1일 고종은 러시아 공사 마츄닌에게 독립협회를 해산하기로 했으니 도와달라는 요청을 한 상태였다. 문제는 어떤 식으로 해산시킬지였다.

11월 4일의 관보에는 독립협회에 대한 황제의 분노가 고스란히 담긴 조칙이 발표되었다. 집회에 참석했던 대신들에게는 헌의 6조를 채택할 때 분위기에 휩쓸려 찬성했다는 이유를 들어 모두 파면했다. 아울러 모든 협회를 혁파하라고 지시했다. 회장인 윤치호는 간신히 도망쳤지만, 부회장인 이상재를 비롯해 열일곱 명이 체포되었다. 독립협회 회원들은 이 익명의 벽보가 법부협판인 이기동의 모략이라고 보고 만민공동회라고 이름 붙인 집회를 계속했다. 고종은 모든 집회를 금지하라고 지시하고 제대로 이행하지 못한 대신들과 경무사들을 거듭 해임했다.

고종과 만민공동회의 신경전은 재판이 벌어지던 11월 내내 계속되었다. 체포된 독립협회 간부들에 대한 재판이 시간을 질질 끌고 집회 역시 계속되자 고종은 결국 한 발 물러나서 독립협회를 다시 세우도록 명했다. 한편 독립협회의 집회가 계속되자 이들과 대립각을 세우던 황국협회도 움직이기 시작했다. 11월 14일 홍종우는 집회를 여는 이들에게 편지를 띄웠다. 애국지심으로 십여 일을 지내는 것을 보니 측은하지만, 황제의 조칙을 무시하고 민심을 요동케 하며 정부를 능욕하니 이 일이 충군애국을 한다는 본심이냐고 따졌다. 또한 인화문 밖 익명서를 붙여서 관인들을 욕보였는데 이 역시 백성 된 자세가 아니라고 했다. 이제 외국 병사들과 보부상들을 데리고 가서 따질 것이니 후회하지 말라고 윽박질렀다.

사실 독립협회가 소동을 피워서 황국협회 역시 해산 위기에 처했다. 인가가 취소되고 특권이 폐지되면서 격앙된 보부상들이 하나둘씩 도성으로 올라왔다. 물론 이들에게 품삯과 음식을 줬지만 몇 푼의 돈 때문에 생업을 내팽개치는 사람은 드물다. 자신들을 지켜주던 공동의 이익을 지켜야겠다는 생각이 그들의 발걸음을 도성으로 향하게 했다. 홍종우는 강계부사를 지낸 김영적, 양덕 군수를 지낸 송달현 등과 더불어 전직 관리라는 지위를 이용해 이들을 규합했다. 지금도 광화문에 시위대가 보이면 덮어놓고 혀를 차는 사람들이 많다는 점을 생각하면 백 년 전 종로 한복판이나 궁궐 앞에 모여서 집회를 하는 백성들을 바라보는 시선을 어렵지 않게 짐작할 수 있다. 실제로 독립협회 회원이자 《대한계년사》의 저자인 정교조차 융통성이 없고 고집을 부리는 사람들이 만민공동회에 많이 드나들었다고 적었다. 근왕주의자이며 왕정주의자인 홍종우의 시선에는 만민공동회의 이런 집단행동은 나라를 좀먹는 반역행위였다.

11월 19일 고종은 농상공부대신 김명규에게 지시해 보부상들의 숙원인 상무사의 설치를 허가했다. 거래가 이뤄진 것이다. 홍종우는 속속 모여드는 보부상들에게 일장 연설을 했다.

"만민공동회는 대신들을 가리켜 나라를 팔아먹은 역적이라고 했는데 이는 전혀 사리에 맞지 않는 일이다. 유기환은 당현 광산 문제로 독일 영사에게 뺨까지 맞았다."

11월 21일 잠자리에 들었던 도성의 백성은 때 아닌 함성에 놀라 잠에서 깨어났다. 수천 명의 보부상이 두 패로 나눠져 인화문 앞에 모여 있는 만민공동회를 습격한 것이다. 길영수와 함께 보부상들을 이끈 홍종우는 새문고개를 통해 쳐들어갔다. 기습을 당한 만민공동회측 사람들이 두들겨 맞고 쫓겨나면서 새벽의 다툼은 끝이 났다. 이에 격분한 만민공동회 사람들이 주모자로 생각한 홍종우와 길영수의 집을 부쉈다. 다음날 다시 모여든 백성이 마포로 물러난 보부상들에게 몰려가면서 싸움이 벌어졌다. 이 일로 보부상에게 심하게 맞은 한 명이 죽고, 여러 명이 다쳤다.

황국협회의 해산

그날 홍종우는 함께 황국협회를 주도하던 길영수, 박유진과 함께 제멋대로 소란을 일으켰다는 제목으로 유배형을 명받았다. 독립협회는 다시 복권되었고, 황국협회는 다시 혁파되었다. 독립협회

와 만민공동회의 승리였다. 낙관론에 젖은《독립신문》은 11월 23일
자 기사에서 만민공동회 회장인 고영근이 경무사, 윤치호가 한성
판윤에 임명된다는 소문이 있다고 언급했다. 반면 보부상들은 황
국협회가 혁파되었다는 소식에 동요했다. 더군다나 조정에서 은밀
히 지불해주던 품삯이 지급되지 않자 위기감은 극에 달했다. 홍종
우는 함께 유배령이 떨어진 길영수와 박유진과 더불어 보부상들을
독려했다. 상중임에도 상복 대신 도포에 갓을 쓴 홍종우는 보부상
들이 세운 큰 깃발 아래 서서 연설을 했다.

우리들이 처음에 여기 온 연유는 사사로움 때문이 아니라 나라의 부름
을 받고 충성하는 마음에서 온 것이다. 조정은 처음에 무슨 생각으로
우리들을 도성으로 불러들였는가? 그리고 왜 지금 황국협회를 혁파하
고 물러가라고 하는가? 독립협회는 다시 복설하고 우리는 혁파하니 이
는 조정의 판단이 잘못된 것이다. 처음 약속과는 달리 상무사를 허가하
지도 않고, 무조건 물러가라고 한다. 이는 조정이 우리를 배신한 것이
다. 우리들은 비록 장사치이긴 하지만 나라를 위해 떨치고 일어선 의병
이다. 장사치라면 나라의 명을 받고 물러나야 하지만 의병들은 그렇지
않아도 된다. 지금 전국 각지에 통문을 돌려 보부상들을 모으고 있다.
우리가 지금 물러나면 이들이 우리들을 어떻게 생각할 것인가? 차라리
조정의 명을 어기고 신의를 지켜야 한다. 황국협회를 다시 세우기 전까
지는 절대 물러날 수 없다!

3월의 첫 번째 상소 때 조정의 명을 어겼던 홍종우는 유배령이

떨어진 상황에서 다시 조정과 대립각을 세웠다. 물론 어느 정도 사전 교감이 있는 상태였기는 했지만, 아첨과 출세욕만으로는 설명할 수 없는 의지가 엿보인다.

양측의 갈등이 폭발 직전까지 가자 결국 고종이 직접 나섰다. 11월 26일 오후 1시 친히 경운궁 남문인 돈례문으로 나아간 고종은 각국 공사들이 지켜보는 가운데 독립협회 측 주요인사인 윤치호, 고영근, 이상재에게 더는 소란을 피우지 말 것을 명령했다. 세 사람은 사람들의 뜻이라며 독립협회를 복설하고, 보부상들을 쫓아내달라고 말했다. 아울러 만민공동회를 탄압한 대신들과 홍종우 등을 처벌할 것, 그리고 헌의 6조를 시행해달라고 요청했다. 고종은 홍종우와 몇몇 인사들을 너그럽게 처리하자고 응수하고는 나머지는 승낙했다. 독립협회 측 사람들은 만세 삼창을 한 후에 물러났다. 잠시 후 보부상들과 함께 온 홍종우와 길영수, 박유진 역시 자신들의 요구조건을 내놓았다. 황국협회의 복설과 만민공동회의 폐지, 그리고 만민공동회가 처벌을 요구한 이들을 용서해달라는 것이었다. 고종은 역시 적당한 선에서 승낙했다.

표면적으로는 고종의 태도는 공정했지만, 실상은 달랐다. 양측을 만나기 직전 일본 공사를 면담한 고종은 독립협회 측으로부터 반대파로 낙인찍힌 유기환을 공사관 근처에 숨겨두고 양측의 연락관으로 쓰면 안 되겠느냐고 물었다. 일본 공사는 유사시 일본 군대의 도움을 받을 생각을 하는 것 같다고 본국에 보고했다. 을미사변의 기억이 아직 사라지지 않았을 텐데 일본군의 개입까지 고려할 정도였다는 사실은 고종의 두려움이 얼마나 컸는지를 보여준다. 또한 홍종우를 비롯한 황국협회 수뇌부들에 대한 유배령을 바로 취소한 사실은 고종의 마음이 어디로 향했는지를 보여준다. 정부와 화해를 한 독립협회 측은 새로 개편된 중추원에 참여했다. 의장으로 만민공동회 회장인 고영근이 임명되었다. 홍종우 역시 중추원 의관으로 임명되었다.

근왕주의자 홍종우의 승리

초기의 기쁨이 가라앉고, 아무런 조치가 취해지지 않자 싸늘한 배신감이 찾아왔다. 특히 황국협회를 이끌고 있던 홍종우와 길영수, 그리고 이기동에게 증오의 시선이 쏟아졌다. 《독립신문》은 이들을 싸잡아 "홍길동"이라고 부르며 궁중을 무상으로 출입하면서 변화가 무쌍한데 누가 그들에게 화를 입을지 모른다고 꼬집었다. 홍종우 역시 지지 않고 독립협회를 이끄는 김종한, 김가진, 고영근, 윤치호 네 명을 죽이고야 말겠다고 공언했다. 독립협회 측에서 집회를 다시 열 논의를 하자 홍종우 역시 발 빠르게 움직였다. 원주 출신의 동학도인 한동직을 움직여 백민회를 결성했고, 국민회라는 조직을 만들어 일본에서 함께 활동했던 권동수에게 회장을 맡으라고 청했다.

12월 6일부터 윤치호 같은 온건파의 반대를 누른 독립협회의 강경파들이 다시 종로에서 집회를 열기 시작했다. 지난번처럼 황국협회의 습격을 막으려고 왕십리와 혜화동에 사는 빈민들 1,200명을 고용해서 몽둥이를 들고 지키게 했다. 13일부터는 아예 각 관청에 사람들을 보내 대신들에게 집회에 참석하라고 강요했다. 이에 대신들과 관리들이 몸을 피하는 바람에 사실상의 무정부 상태가 되고 말았다.

12월 14일 결정적인 사건이 터졌다. 독립협회 회원들이 다수 참석한 중추원 의관들은 부의장을 새로 뽑으라는 고종의 명령을 받았다. 투표를 통해서 결정하기로 했는데 독립협회 측 인물인 윤치호가 가장 많은 표를 받았다. 다음날 독립협회 회원 출신들이 주도해서 다시 모인 중추원 의관들이 각 부의 대신들로 적합한 사람들을 무기명 투표로 뽑았다. 문제는 박영효가 무려 열 명으로부터 추천을 받았다는 점이다.

12월 21일 내부 주사를 역임했던 이석렬이 다른 사람과 연명으로 올린 상소에서도 홍콩에 체류 중인 민영익과 박영효를 다시 중용할 것을 주장했다. 격분한 고종이 이석렬을 잡아들여 배후를 조사하라고 지시한 지 이틀 후인 23일에 중추원의 투표 결과가 전해졌다. 가뜩이나 독립협회의 배후에 박영효와 일본이 있다고 믿고 있던 고종의 분노와 두려움이 얼마나 컸을지는 짐작하기 어렵지 않다. 독립협회와 만민공동회에 대한 민중의 지지도 박영효 문제가 불거지자 차갑게 식어갔다. 당사자인 윤치호의 일기에는 이 당시의 답답함이 고스란히 묻어나온다. 분위기에 휩쓸려 참여했던 사람들이 빠져나가고 군대가 동원된다는 소문이 돌자 독립협회의 세력은 급격히 줄어들었다. 중추원 의장 윤시병과 투표를 제안한 최정덕은 처벌당했다.

12월 23일 고종은 군대를 동원해 독립협회가 고발한 민영기의 재판을 지켜보려고 고등재판소 앞에 모인 만민공동회를 강제로 해산시켰다. 지금까지 보부상들을 동원해 간접적으로 압박을 가했던 것과 다른 방식이었다. 독립협회와 만민공동회는 모두 금지되었다. 민권 운동의 시각에서 보자면 이제 막 꽃을 피운 민주주의가 후퇴한 것이고, 정치투쟁의 시각에서 보자면 군주권이 도전을 물리친 것이다. 그리고 근왕주의자인 홍종우의 승리였다.

홍종우가 바랐던 다른 세상

독립협회와의 대결은 김옥균의 암살처럼 홍종우의 정치색과 신념을 드러낸 사건이다. 일본 측의 험담처럼 벼슬을 얻기 위해서였을까? 아니면 보부상들에게 연설했던 것처럼 독립협회의 움직임을 왕권에 대한 중대한 위협으로 보았던 것일까? 한때 유배령이 떨어지기는 했지만, 사태가 마무리되고 다시 관직에 나간 것으로 봐서는 사전 교감 내지는 공로를 인정받았던 것은 분명하다. 하지만 조정에 잘 보이기 위해서라면 다른 이들처럼 상소 정도로 충분했다. 체면이 서지 않는다는 세상의 비난을 무릅쓴 채 보부상들을 진두지휘한 것은 단순한 출세욕으로만 바라볼 수 없다.

김옥균이나 독립협회가 원하는 세상이 있는 것처럼 홍종우가 만들고 싶은 세상 역시 존재한다. 그리고 홍종우는 그것을 위해 김옥균을 암살하고, 보부상들을 독려해서 만민공동회를 습격했다. 그것이 세상의 정답이었다고 믿었기 때문에 혹평이나 비난 따위는 무시해버렸다.

독립협회 문제가 어느 정도 마무리된 1899년 2월 7일 홍종우는 의정부 총무국장에 임명되었고, 칙임관 3등에 서임되었다.

구본신참,

그러나
여전히 과거

구본신참舊本新參의 의미는 옛것을 근본으로 해서 새로운 것을 참조한다는 것이다. 대한제국의 개혁 작업은 보수적인 유림세력들과 온건한 개화세력의 협력 속에서 진행되었다. 일본과 프랑스에서 지낸 경험이 있던 홍종우가 가장 원하던 스타일일 것으로 추측된다. 1899년은 고종에게는 지긋지긋한 독립협회를 떨쳐버리고 속 시원하게 시작하는 한 해였다. 물론 할 일들은 산더미였다. 가장 시급한 것은 국방력 강화와 국내의 치안 유지였다. 국내의 치안이 불안해지면 외세의 개입을 가져올 수 있다는 점 때문에 극히 중요했다.

군비 증강이나 근대화를 위한 각종 비용은 모두 세금으로 충당되었고, 늘어난 세금에 견디지 못한 백성은 봉기를 일으켰다. 1899년

5월 전봉준이 봉기했던 고부에서 동학교를 계승했다고 자처하는 영학당이 봉기를 일으켰다. 박영효를 비롯한 일본에 있는 망명자들도 문제였다. 조선을 둘러싼 러시아와 일본의 긴장도 위협요인이었다. 청의 자리를 대신 꿰찬 러시아는 부동항이 있는 만주의 안정화를 위한 완충지대로 조선을 탐냈다. 일본 역시 조선의 식민지화가 절대과제였다.

고종은 양측의 충돌이 벌어지고, 어느 한 쪽이 승리하는 순간 조선은 끝장이라는 사실을 잘 알고 있었다. 따라서 대한제국은 외교적으로는 절대 중립노선을 취했고, 그에 걸맞은 국방력 강화를 위해 애썼다. 내부적으로 국방력 강화는 내부의 반란을 진압할 가장 적절한 수단이기도 했다. 내부의 안정을 위해 필요한 것은 엄정하면서도 공평한 법의 집행이었다. 위조일 가능성이 크긴 하지만 홍종우가 프랑스에 가지고 간 여권에는 그가 법학을 공부할 예정이라고 기재되어 있다. 따라서 1899년도부터 홍종우가 법 관련 기관에서 일하게 된 것이 전적으로 우연만은 아닐 것이다.

서구화 내지는 근대화라고 부르는 것은 전기나 철도, 대포와 소총처럼 눈에 보이는 것뿐만 아니라 그것들을 가능하게 한 정치, 경제적인 제도를 의미하기도 한다. 영어 공용어론이 나올 정도로 지독하게 서구화를 했던 일본이 중체서용中體西用(중국 양무운동의 기본원리. 유교사상을 기본으로 서구의 기술과 문명을 받아들인다는 뜻이다)을 채택한 청을 압도했다는 것은 서구화의 본질이 무엇인지를 가리킨다. 광무개혁이라고 불리는 대한제국의 서구화는 청의 실패를 본받지 않으려고 서구의 제도와 사상도 함께 도입하려고 시도했다.

하지만 이런 시도들은 한 가지 암초에 걸린다. 흥선대원군과 중전 민씨라는 장애물을 뛰어넘은 고종은 서구화를 원하면서도 권력만큼은 놓고 싶어 하지 않았다. 고종의 이러한 한계는 근대화를 단순한 권력투쟁의 수단으로만 보는 보수적인 대신부터 폭력투쟁도 서슴지 않는 과격파 간의 거리를 조정하는 데 실패하게 했다. 근대화가 목표가 아닌 권력 유지가 최우선 목표가 되어버린 탓에 방향을 잃어버린 것이다.

이는 1899년 8월 17일 반포된 대한제국의 헌법, 즉 〈대한국국제〉를 살펴보면 명확하게 드러난다. 법규 교정소에서 만든 9개 항의 법률은 군주의 권한을 명시하는 것으로 시작해서 끝이 난다. 군주는 법을 제정하고, 반포와 집행을 명령할 수 있으며 이미 반포된 법률의 수정도 가능하며, 사면과 특사를 내릴 권리를 지닌다. 또한 행정상 필요한 칙령의 반포 및 관료들의 임명과 해임권도 구사한다. 마지막으로 육해군 통솔권과 외교관의 파견과 선전포고, 조약을 체결할 권리도 지닌다. 심하게 얘기하면 군주의 독재에 대한 사실상의 법적 근거를 마련했다고 보일 정도다.

다만 더 나은 나라가 되기를 바랐다

그렇다면 과연 고종은 독재하기 위해 제국을 반포했고, 홍종우는 출세를 위해 이런 군주의 행보를 묵묵히 뒤따라갔던 것일까? 개혁을 위해서는 안정이 필수적이었다. 고종은 독립협회가 일본으로 망명한 박영효와 연관이 있다고 믿었다. 협회 회원인 정교에게 일본 유학생 출신인 현공렴이 박영효의 소환을 은근히 부탁했고, 박영효 역시 독립협회에 자금을 지원했다. 협회의 뜻에 동조했다기보다는 혼란 상태를 만들어서 일본의 개입을 유도하고, 그 틈을 타서 재기를 노린 것이다. 일본 측은 고종이 망명자들에 관한 이야기를 들으면 히스테리에 가까운 반응을 보인다고 비꼬았다. 하지만 이들이 가진 폭발력을 체감하고 있던 고종에게는 호들갑이 아니라 명백한 위협이었다.

홍종우 역시 고종과 뜻을 같이했다고 볼 수 있다. 홍종우는《독립신문》에서 홍길동전이니 별입시니 꼬집던 길영수와 이기동, 그리고 이용익과 같은 부류로 평가된다. 정식으로 과거를 보지 않고 비정상적인 방법으로 출세했다는 손가락질이 있지만, 대한제국의 멸망을 막으려고 마지막까지 뛰어다닌 이들 역시 바로 별입시라고 불렸던 이들이다. 백정 출신인 길영수는 한일의정서 체결을 반대했고, 이기동은 을사늑약 체결 후 조용히 칩거했다. 이용익은 고종의 밀명을 받고 조선의 독립을 위해 동분서주하다가 러시아에서 암살당했다.

홍종우는 의정부 총무국장으로 재임하는 동안 참정 심상훈의 지시를 받아《법규유편法規類編》(1896년 내각 기록국에서 발행한 법률서적)을 두 권의 책으로 만들어서 관리들에게 배포했다. 2원의 책값은 월급에서 제했다. 그에게 내내 비판적이던《독립신문》조차 이런 좋은 책을 이제야 나눠줬느냐며 칭찬을 아끼지 않았다. 흥미로운 뒷얘기가 전해지는데 책이 남아돌게 되자 홍종우는 각 부의 협판들에게 통첩해 각 부의 주임관들에게도 한 질씩 판매하려고 했다. 이에 대해 각 부의 협판들이 거절했다. 홍종우 역시 지지 않고 다시 통첩을 보냈지만, 국장이 상관인 협판에게 책을 강매하려 한다는 이유로 거부했다. 1899년 4월 17일과 5월 22일 그가 의정부 총무국장에서 물러나겠다는 사직 상소를 연거푸 올린 이유에는 책의 배포와 관련된 각 부 협판들과의 알력이 있었다고 추정된다.

제국의 법을 시행하다

홍종우는 사직 상소를 올리다가 1899년 6월 17일 평리원平理院 판사에 임명된다. 그 해 5월 30일 다른 재판소들과 함께 설치된 평리원은 하급재판소의 판결에 불복한 사안이나 임금이 직접 지시한 재판을 처리했다. 7월 7일 홍종우는 고등재판소 재판장에 임명되고 칙임관 2등에 서임되었다. 홍종우의 평리원 재판장 임명은 다음 달인 8월 17일 반포되는 〈대한국국제〉와 연관이 있어 보인다. 법률의 반포보다는 시행이 더 중요하다는 사실을 잘 아는 고종은 고등재판소에 홍종우처럼 자신의 뜻을 잘 읽을 줄 아는 측근을 임명하기로 했다. 그리고 그는 이곳에서 다시 한 번 역사에 자신의 발자취를 남긴다.

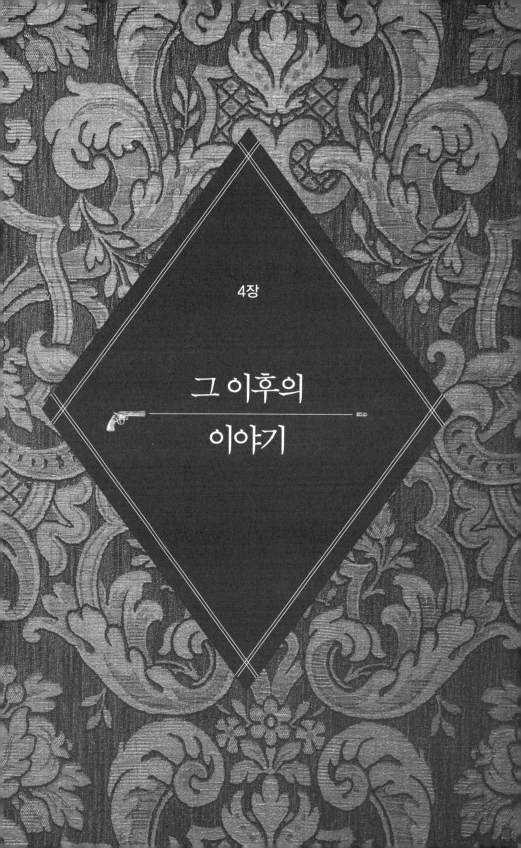

4장

그 이후의
이야기

이승만,

홍종우와의
특별한 인연

대한민국의 초대 대통령 이승만은 4.19혁명으로 쫓겨난 독재자로 기억된다. 하지만 그에게도 권총을 들고 탈옥을 감행했던 젊은 시절이 있었다. 1898년 만민공동회가 한참 열기를 띨 무렵 강경파를 주도했던 그는 독립협회가 해산된 이후에는 미국인 집에 숨었다가 다음해 1월 9일 체포당했다. 중추원 의관으로 재직할 당시에 박영효를 추천하는 안건에 대해 찬성했고, 그가 꾸미는 역모에 가담했다는 죄목이었다. 수감을 당했어도 외국인 선교사들과 가깝게 지낸 덕분에 비교적 좋은 대우를 받으며 지냈다.

그런 그가 같은 독립협회 회원인 최정식과 간성 군수를 지낸 서상대와 함께 탈옥을 결행한 이유는 분명하지 않다. 훗날 쓴 회고록에서는 다시 집회에 나가 민회를 이끌기 위해서였다고 술회했다. 공소기록에는 최정식과 서상대가 이승만을 위협하고, 구슬렸다고 나와 있다. 이승만은 두 사람과 함께 1899년 1월 30일 오후 5시경 최정식의 집에 머물던 최학주가 가져온 리볼버 권총을 가지고 감옥에서 도망친다. 평리부 재판장이 법부대신서리 조병식에게 쓴 질품서質稟書(상관에게 할 일을 묻는 질문서)에는 이승만과 최정식이 각각 한 자루씩 나눠가지고 도망쳤으며 최정식이 선두에, 이승만이 제일 끝에 섰다고 나와 있다. 앞에 선 최정식이 총을 발사해서 뒤쫓던 간수 김윤길이 등에 상처를 입었다. 이들은 감옥 밖을 벗어나는 데는 성공했지만 마침 훈련을 마치고 돌아오던 시위대 병사들과 맞닥뜨리고 말았다. 시위대 군인들은 뒤쳐진 이승만을 체포했다. 최정식과 서상대는 배재학당으로 도망쳤다가 담장을 넘어서 도망쳤다. 서상대는 끝내 잡히지 않았고, 최정식은 일본으로 밀항을 시도하다가 삼화부의 증남포라는 곳에서 붙잡혔다.

형틀을 쓰고 고문을 당한 이승만은 5월 8일 최정식이 체포되면서 7월 10일 함께 재판정에 섰다. 몇 달 동안 고문을 당해서 쇠약해진 이승만이 꼼짝도 못하는 사이 최정식은 이승만이 탈옥을 주도했다고 증언했다. 하지만 증언을 듣던 판사가 이상한 점을 물고 늘어지면서 상황이 역전되었다. 결정적으로 선두에 선 최정식이 세 발이나 총을 발사하는 동안 이승만은 한 발도 쏘지 않았다는 점이 확인되면서 둘의 생사는 극명하게 갈렸다. 평리부 재판장은 질품서에서 최정식과 이승만이 애초에 감옥에 들어오게 된 죄에 대해서는 혐의가 없다고 단정지었다. 그리고는 탈옥 사건에 대해서만 판결을 내렸다. 최정식은《대명률》에 의거해서 죄수가 탈옥을 시도

하고, 그 와중에 사람을 다치게 했으니 교수형을 선고했다. 다만 이승만은 최정식과 서상대의 권유와 협박에 못 이겨 탈옥을 결심했으니 태형 백 대에 종신 유형에 처하는 게 어떻겠느냐는 질품서를 올렸다. 만약 재판장이 애초에 이승만에게 박영효 역모 관련 사건에 대한 혐의가 있다고 인정했거나 탈출 과정에서 최정식의 증언대로 이승만이 주도적인 역할을 했다고 판결했으면 그가 사형판결을 받았을 가능성이 커진다. 더군다나 재판이 진행되기 직전인 6월에는 원인 불명의 폭탄 테러가 벌어지는 중이었다.

이승만, '야릇한 인생의 역전'

6월 8일 의정부 참정 신기선의 집을 시작으로 궁내부 특진관 박정양, 장례원 경掌禮院 卿 박기양, 궁내부 특진관 이종건, 의주 군수 방한덕 등 대신들의 집에 폭탄이 투척되면서 민심이 흉흉해졌다. 경무청에서는 범인을 잡으면 1,000원을, 거처를 알려주는 자는 500원을 상금으로 제시했다가 주모자를 체포하면 2,000원을 상금으로 준다고 공고했다.

그럼에도 폭탄 투척이 끊이지 않자 경무청에서 밤 11시부터 다음날 새벽 4시까지 통행금지령을 내릴 지경이었다. 실상은 만민공동회 임시 의장을 맡았던 고영근을 비롯한 독립협회의 과격파 세력들이 대신들의 집에 폭탄을 투척한 것이다. 보부상까지 동원한 순찰은 6월 13일 오후 6시 박영효의 집에서 폭발 사고가 나면서 막을 내렸다. 박영효의 집에서 폭탄을 제조하다가 폭발사고가 나버리면서 일의 전모가 밝혀진 것이었다. 독립협회의 과격파는 폭탄

테러로 무정부 상태를 만들어 일본군의 출병을 유도하고 기회를 노릴 속셈이었다. 도성에서 연달아 폭탄이 터지자 겁에 질린 고종은 외국 대사관으로 도피할 계획까지 세웠다.

이런 흉흉한 분위기 속에서 박영효의 역모와 연관되었다는 죄목으로 투옥되었고, 권총을 가지고 탈옥을 했다는 죄목이 추가된 이승만이 살아날 가능성은 희박했다. 하지만 박영효와 관련이 없으며 탈옥 시에도 다른 두 사람의 권유와 협박에 못 이겼다는 판결이 그의 생명을 구했다. 그리고 이런 내용의 질품서를 법부대신 서리인 조병식의 집에 올린 평리원 재판장은 다름 아닌 홍종우였다. 독립협회라면 이를 갈던 그였기에 억지로 사형판결을 내린다고 해도 이상하지 않았다. 그럼에도 홍종우는 사형 판결을 내리지 않았고, 태형을 집행할 때에도 일부러 자리를 피하는 방법으로 그를 도와줬다. 이승만 자신도 홍종우가 재판장으로 있는 한 살아남기 어렵다고 각오한 듯 훗날의 자서전에서 이때의 일을 "야릇한 인생의 역전"이라고 표현했다.

모든 것은 제국의 법대로

그렇다면 홍종우는 왜 그렇게도 증오하던 독립협회의 강경파 이승만을 굳이 살려주었을까? 홍종우의 삶을 바라보면 묘한 궤적과 마주친다. 외부의 시선이 섞이면서 다소 혼란스러울 때도 있지만, 정치적으로는 왕권 강화론자의 길을, 법관으로서는 원리원칙의 길을 걸었다.

이승만에 대한 판결에서는 비록 다른 신념을 지니고 있다고 해도 법에서 처벌할 수 있는 한도 내에서만 다루겠다는 홍종우의 의지가 분명하게 보인다. 물론 이승만과 가까웠던 외국인 선교사들이 미국 공사관을 통해 압력을 넣었을 수도 있다. 하지만 탈옥 시도 직후 그의 부인이 중추원에 넣은 탄원이 기각되었다는 점을 고려하면 사형 판결을 내려도 이상하게 여기지 않을 분위기였다는 점은 분명하다.

홍종우의 이런 행동은 다음해인 1900년 5월 27일 사면을 약속받고 일본에서 귀국한 안경수와 권형진이 갑자기 체포당하고 바로 사형에 처해진 일과 비교해볼 수 있다. 당시 고종의 측근인 평리원 재판장인 이유인과 담당판사 이인영은 두 사람을 법적 절차 없이 전격적으로 사형에 처했다. 특히 안경수의 시신에서는 극심한 고문을 당한 흔적이 발견되기도 했다.

두 사람의 체포 직전 상황을 살펴보면 흥미로운 움직임이 보인다. 1900년 2월 안경수가 평리원으로 직접 찾아와 자수했다. 아마 사전에 사면을 약속받고 일본에서 돌아온 것으로 보인다. 이어서 경무관 이유인에게 5월 24일 갑자기 평리원 재판장을 겸임하라는 지시가 떨어졌다. 바로 전임 평리원 재판장 조윤승이 전임 재판장들과는 달리 일곱 달 동안이나 직책을 수행했다는 점을 고려하면 어떤 의도가 숨어 있다고 할 수 있다. 5월 26일 의정부 참정 김성근과 중추원 의장 신기선이 안경수와 권형진을 처벌해야 한다는 상소를 올렸다. 군부 대신 윤웅렬과 탁지부 대신 조병식까지 이 대열에 가세했다.

고종이 일단 지켜보자는 식의 반응을 보이자 평리원 재판장을 겸한 이유인은 다음날인 5월 27일 두 사람을 전격적으로 처형해버렸다. 그리고 5월 28일 고종에게 올린 상소에서 울분을 참지 못해 두 사람을 죽였다고 공공연하게 밝혔다. 고종의 어심을 읽은 신하들이 발 빠르게 움직였다는 것이 눈에 보인다. 흡족한 고종은 외국 공사들의 반발에도 두 사람을 감쌌다.

당시 이승만이 이 정도 거물은 아니었지만 박영효의 역모 사건과 연관이 있었고, 만민공동회가 과격한 움직임을 보이는 데 일조를 했다. 그럼에도 홍종우는 이승만을 처형해서 두 사람처럼 고종의 신임을 받을 기회를 저버렸다. 홍종우가 갑자기 7월 27일 평리원 재판장에서 법부사리국장法部司理局長으로 임명된 것은 이승만의 재판 결과와 연관되었을 가능성이 크다. 법부에 속한 사리국은 재판소 설립과 관할구역의 설정 그리고 민사재판의 집행을 감독한다. 또한 형사재판의 특사와 가출옥에 관한 사무를 담당한다.

이전의 학자들은 이 문제에 대해서 깊게 파고들지 않았지만 평리원의 최고 책임자에서 법부에 속한 한 부서의 국장으로 이동했다는 것은 명백한 좌천이다. 사리국장에 임명된 직후 그가 올린 상소에서 자신이 체직遞職, 즉 교체되었다는 표현을 쓴 것을 봐서는 자의든 타의든 자리에서 물러날 상황이었던 것은 확실하다. 더욱이 사리국장 발령과 함께 종래의 칙임관 2등에서 4등으로 직급이 낮춰졌다는 점 역시 그러한 추정을 뒷받침한다.

홍종우에 의해 구사일생으로 살아난 이승만은 1904년 8월 7일 사면령을 받고 출옥했다. 홍종우는 자신이 체직될 것을 각오하고 살려준 젊은이가 훗날 대한민국의 초대 대통령이 된다는 사실을 상상이나 했을까?

1904년 한성감옥에서 성경공부 모임을 했던 동료들과 함께 선 이승만. •
1946년 하지 미군정 사령관 앞에서 연설하는 이승만. • •

모든 것을 내던지고 올린 직언

홍종우는 자신에 대해서 직접 이야기하지 않았다. 말년에 자서전을 쓸 상황은 아니었고, 실록에 졸기卒記(《조선왕조실록》에 사망한 신하의 생애와 업적에 대해서 간단하게 실린 기록)가 실리지도, 후손들이 행장行狀(죽은 이의 제자나 아들 등이 그의 업적을 글로 남긴 기록)을 남기지도 못했다. 그가 남긴 유일한 목소리는 고종에게 올린 상소들이다.

1898년 3월부터 그 해 8월까지 올린 상소들이 국정 현안에 대한 목소리였다면 1899년 2월 7일 의정부 총무국장으로 임명된 이후 관직에 있으면서 제출한 상소들은 홍종우의 정치적인 신념을 좀 더 강하게 엿볼 수 있는 것들이다. 2월 9일 홍종우는 자신이 적임자가 아니라는 이유로 의정부 총무국장 자리에서 물러나고 싶다는 상소를 올렸다. 고종이 거절하자 4월 7일과 9일에도 비슷한 내용의 상소를 올렸다. 비록 《법규유편》 문제로 협판들과 갈등을 겪는 상황이라고 해도 스스로 조심하려는 태도와 죄를 지었음에도 관직에 나왔다는 자괴감을 엿볼 수 있다.

1898년 7월 평리원 재판장에서 체직되고 법부사리국장으로 옮긴 홍종우는 두 차례 사직상소를 올렸다. 결국 1900년 2월 자리에서 물러났다. 하지만 같은 날 중추원 의관에 임명된 것을 보면 고종의 신임은 여전히 사라지지 않은 것처럼 보인다. 자리에서 물러난 지 한 달 만인 3월 27일 홍종우는 다시 법부 사리국장에 임명되었다. 그리고 1900년 5월 30일 평리원 재판장으로 돌아오면서 칙임관 2등에 다시 서임되었다. 안경수와 권형진을 처형시킨 여파로 이유인이 물러난 직후였다.

10개월 만에 돌아온 홍종우는 지체되고 있는 미결 사건들을 빨리 재판하겠다는 의욕을 보였다. 하지만 그해 7월 28일 고종은 법부에 재판이 지체되면서 백성의 원성이 자자하다면서 평리원과 한성재판소에 명을 내려서 밤을 새워서라도 재판을 진행하라는 지시를 내렸다. 아울러 평리원 재판장인 홍종우와 한성재판소 판사인 이채연을 견책하라는 명령도 내렸다. 미결 사건들을 최대한 빨리 처리하겠다는 상소를 올린 지 두 달 만에 벌어진 일이있다. 대체 왜 이런 일이 벌어진 것일까?

해답은 견책하라는 명령이 떨어진 지 일주일 후인 8월 4일 홍종우가 올린 법부대신 서리 민종묵을 탄핵하는 내용의 상소에서 볼 수 있다. 앞서 의정부 총무국장이나 평리원 재판장에 임명될 때 몇 번이고 사직 상소를 올렸던 그는 잘못을 사죄하는 상소 대신 상관을 규탄하는 내용의 상소를 올린 것이다. 상소문의 내용을 살펴보면 판결이 왜 지체되었는지에 대한 홍종우의 대답을 들을 수 있다.

법부 대신서리 민종묵은 나이도 많고 벼슬도 높으며 전후에 걸쳐 벼슬한 것이 모두 요직이었는데 … 외도外道의 부府와 항구의 검사시보檢事試補(검사 후보생)를 임명하는 데 대한 주본奏本(임금에게 올리는 글)을 가지고 말하더라도 사정私情을 쓰는 데만 급급합니다. 단지 해당 부의 한두 사람과 더불어 제 집에서 제멋대로 꾸며내어 가지고는 올린 글에 대한 임금의 처분이라는 핑계를 댑니다. 이에 여론을 떠들썩하게 하여 도리어 명철한 성상의 덕을 손상시키고 있습니다. 더구나 처음 벼슬하는 사람으로 하여금 차례를 뛰어 넘어 주임관으로 임명한 것은 관리를 임명하는 격식에 크게 어긋나는데도 어찌하여 이에 대해서 한 마디도 언급하지 않을 수 있단 말입니까? 평리원 판사 및 한성부 재판소 판검사 시보를 임명하는 것과 관련해 아뢴 것으로 말씀드리자면, 비록 그 사람의 재능으로 보아 그 임무에 맞는다 하더라도 사람을 법부에 쓰는 것은 딴 곳에 비하여 매우 다릅니다. 만약 사체를 신중히 고려하였더라면 어떻게 신이 미천한다 한들 치지도외置之度外(생각 밖으로 내버려 두다)하며 한 번 질문하였어도 전혀 응대하지 않고 그를 선뜻 임명할 수 있었겠습니까?

홍종우는 평리원의 상급부서인 법부의 대신인 민종묵이 자신을 무시하고 자기 멋대로 인사권을 행사했다고 토로했다. 민종묵이 홍종우가 검사시보를 임명하려고 할 때 중간에 개입해서 자기 측 인사를 임명한 것으로 보인다. 심지어는 평리원 판사를 임명하는 문제에서도 홍종우에게 상의하거나 추천을 받지 않고 결정했다. 홍종우는 민종묵의 이런 행동이 자신의 출신이 미천하기 때문에 나오는 것이라며 울분을 토했다. 민종묵에 의해 임명된 판사들이 재판을 빨리 진행하라는 홍종우의 지시를 들을 리 만무했다.

홍종우의 상소를 받은 고종은 당일 민종묵을 파면하라고 지시했다. 관리로서의 성공만을 생각했다면 타협을 시도했거나 혹은 더더욱 몸을 낮췄어야 했던 상황에서 홍종우는 당당하게 상관의 잘못을 규탄했다. 고종이 자신의 상소를 받아들여 민종묵을 파면시키자 홍종우 역시 8월 9일 상소를 올려서 자신의 사직을 청한다. 고종은 평리원 재판장에서 물러난 홍종우를 같은 날 비서원 승에 임명함으로써 여전히 신임하고 있다는 뜻을 밝혔다.

　재판장에서 물러난 홍종우는 9월 14일 장문의 상소를 올린다. 자신의 허물과 잘못을 솔직하게 인정하고 시작한 상소에서는 나라에 정부가 하루라도 없으면 안 된다는 말로 이야기를 끌어간다. 홍종우는 대신들이 모두 고개만 끄덕거리고 있으니 아무리 사람이 바뀌어도 변하지 않는다고 개탄했다. 또한 정부 각 부서의 관원들은 파당을 지어 서로 편을 가르면서 일이 많다고만 투덜거린다고 이야기했다. 나랏일을 보는 자 가운데 쓸데없이 녹봉을 챙기지 않는 이가 없다고 목소리를 높였다. 나라가 어지러운데 마치 아무 일도 없는 것처럼 귀를 막고, 물러나라는 목소리가 높은데도 자리를 양보할 모습을 보이지 않는다며 대신들의 행태를 규탄했다. 기껏 탁지부 대신이 자리에서 물러나도 다음날 학부의 대신이 되니 나그네와 다를 바가 없으며 잘못을 그대로 이어받으니 구습이 바뀌지 않는다고 했다. 이런 모습이 과연 정부를 이끌고 황실에 충신이 되는 길인지 모르겠다며 울분을 토했다. 권력을 가진 신하나 총애를 받는 내시들이 무리를 지어 나쁜 짓을 저지른 탓에 정부의 명령이 제대로 시행되지 않고 법의 위상이 바닥에 떨어져 버렸다며 목소리를 높였다. 나라가 날마다 어지러워지고, 달이 바뀔수록 허약해지는데 낮에는 잠에 빠져들고, 밤에는 꿈속에서 헤어나질 못한다며 조정의 모습에도 비판의 칼날을 가했다. 밖으로는 우환이 깃드니 이것은 조정과 여러 관료가 바르지 못한 탓이며, 자연재해들이 연달아 일어나고 도적들이 사방에서 창궐해서 세상이 시끄럽다며 탄식했다. 끝으로 이 모든 것의 책임은 나랏일을 제대로 하지 않는 대신들에게 있으니 참담함을 금할 수 없다고 마무리 지었다.

점차 멀어지는 고종

관리가 나랏일에 대한 상소를 올리는 일은 흔했지만 법부대신과의 갈등 끝에 물러난 홍종우의 처지를 생각하면 이런 강도 높은 비판은 쉽지 않은 일이었다. 이런 점이 홍종우를 고종의 다른 측근들과 구별하게 했으며 일찌감치 권력의 중심에서 떨어져 나간 원인으로 봐도 될 것 같다. 자세히 살펴보면 대신들에게만 비판의 목소리를 높인 것은 아니었다. 권력을 가진 신하나 총애를 받는 내시들의 전횡은 사실상 고종의 묵인 하에 이뤄진 것이다. 따라서 그런 일에 대한 비판은 고종에 대한 직접적인 공격이나 다름없다.

고종이 대신들을 자주 해임하거나 자리 배치를 바꾸면서 자신의 권력을 강화하는 모습에 대해서도 간접적인 비판을 가했다. 고종이 측근 세력을 중용한 것은 이것저것 따지는 신하들과는 달리 자신의 수족처럼 일하기 때문이다. 별다른 지지기반이 없던 고종이나 오직 왕의 총애만이 출세를 보장받았던 측근들은 서로 지탱해 주는 울타리였다. 이용익은 내장원을 장악하고 온갖 명목의 세금을 거둬들인 덕분에 간신이라는 세간의 비난을 받았다. 하지만 고종으로서는 왕실의 재정을 책임지는 든든한 충신이었다.

고종은 김옥균을 암살하고 돌아온 홍종우에게도 이런 역할을 기대했을 것이다. 그러나 그는 그런 역할을 받아들이는 것을 거절했으며 덕분에 권력에서 차츰 소외되어 갔다. 황현은 《매천야록》에서 홍종우가 잘못된 폐단 수천 가지를 열거한 상소를 올려 정부의 여러 신하와 고종의 실책을 꾸짖었다고 기록했다. 덧붙여 홍종우가 비록 행패를 부리기는 했지만 올바른 말을 했기 때문에 그가 올린 상소에 대한 칭찬이 자자했다고 적었다.

1900년 평리원 재판장에서 재차 해임되는 것을 기점으로 홍종우는 사실상 권력에서 배제된다. 물론 예전 왕명의 출납을 담당했던 도승지였던 비서원 승에 임명되었지만 사실상 왕의 측근들이 전권을 장악하고 있던 대한제국에서는 한직이나 다름없었다. 약 일 년 동안 비서원 승으로 재직한 홍종우는 다음 해인 1901년 10월 봉상사 부제조奉常司 副提調(왕실의 제사를 담당하는 관청의 정3품급의 실무직)에 임명된다. 그리고 1902년 2월 11일 비서원 승으로 재차 임명되면서 왕실의 건강을 책임지는 태의원太醫院의 소경少卿을 겸임했다.

홍종우는 비서원 승으로 재차 임명된 지 며칠 후에 함녕전에서 프랑스주재 조선공사인 김만수와 만났다. 고종은 김만수에게 프랑스에 대해서 이것저것 물었다. 그 자리에 입시한 홍종우는 프랑스에서 돌아온 김만수의 대답을 들으며 옛 추억을 곱씹었을 것이다.

4월 6일에 비서원 승에서 물러난 홍종우는 4월 12일에 중추원 의관에 다시 임명된다. 그리고 그해 8월, 작년에 광주부에 있는 부모와 처의 묘소를 훼손한 오장환을 처벌해달라는 상소를 올린다. 일부 학자들은 이 일이 홍종우가 양반층으로부터 배척당해서 벌어진 일로 추정한다. 하지만 홍종우의 상소에서 나와 있듯 정치적인 문제보다는 오씨 집안의 무덤 근처에 부모의 묏자리를 쓴 탓에 벌어진 분쟁으로 보는 것이 더 정확하다. 그가 중요한 자리에 앉아 있었다면 감히 부모의 묏자리를 파낼 수는 없었겠지만 1901년 여름부터 서서히 권력의 중심부에서 밀려나는 중이었다.

그토록 조선을 바꾸고 싶었지만

그해 12월 중추원 의관직을 사임하고 싶다는 상소를 올린 홍종우는 결국 다음해인 1903년 정월 자리에서 물러난다. 관리로서는 아직 한창 때인 50대의 나이였다. 더할 나위 없이 쓸쓸한 퇴장이었지만 대한제국의 종말에는 비할 바가 아니었다. 홍종우의 관직 생활이 점차 끝을 보일 무렵 대한제국의 주변 상황은 점점 암울해져 갔다. 한때 한반도에 대해서 관망하는 자세를 보이던 러시아가 적극적인 개입정책으로 선회하면서 일본을 긴장시킨 것이다.

1900년 6월 '부청멸양富淸滅洋(청을 돕고 서양을 물리친다)'이라는 구호를 내건 의화단원들이 베이징에 입성해서 외국 공사관을 포위했다. 러시아는 다른 나라들처럼 공사관 구출을 위한 군대의 출동을 거절했지만 의화단원들이 만주까지 진출하자 군사적인 개입으로 정책을 변경했다. 표면적으로는 동청철도를 지키기 위해서였지만 이 기회를 틈타 숙원사업인 부동항을 확보하려는 속셈이었다.

청과의 협정을 통해 만주를 확보하려는 러시아의 움직임은 전통적인 라이벌인 영국을 긴장시켰다. 영국은 만주에서 러시아를 막을 파트너로 일본을 선택했다. 1902년 1월 30일 영일동맹이 체결되었다. 아관파천 직후 러시아에 조선을 분할해서 통치하자는 제안을 했던 일본은 이제 만주와 조선을 각각 차지하자는 제안을 거절했다. 설사 조선을 차지한다고 해도 러시아가 만주에서 버티는 한 아무것도 할 수 없다는 사실을 알고 있던 탓이다.

양측의 긴장이 고조되면서 이제 승자가 조선을 차지하게 될 것이라는 사실은 점점 굳어져 갔다. 러시아 역시 일본과의 전쟁을 주장하는 강경론의 목소리가 높아졌다. 청일전쟁 때처럼 조선이 전쟁터가 될지도 모른다는 악몽 속에서 고종과 측근들은 유일한 대책인 중립선언을 준비한다. 십 년 전 벌어진 청일전쟁과 놀랄 정도로 유사하지만, 결정적인 차이가 존재했다. 청과 일본의 전쟁이 조선에서 벌어졌다면 러시아와 일본의 전쟁은 압록강 인근과 만주지역에서 이뤄질 예정이었다. 이는 조선을 병탄하기 위한 일본의 발걸음이 더 가까워졌다는 것을 의미했다.

이 시기 홍종우는 고종의 측근이 분명했지만, 그들이 벌이는 권력투쟁에서는 한 걸음 물러선 행보를 보였다. 이승만에 관한 판결처럼 고종의 뜻을 전적으로 따르지도 않았고, 민종묵에 대한 탄핵상소에서 보듯 관직을 유지하기 위해서 상관의 부당한 간섭을 눈감지도 않았다. 20세기로 들어오면서 홍종우가 점차 권력의 핵심에서 밀려난 까닭을 일본의 세력이 득세했기 때문으로 해석하는 경향이 강하다. 하지만 러일전쟁이 벌어지기 전까지 양측의 세력은 백중세였고, 고종은 중립을 지키려 애쓰는 상황이었다. 더 정확하게는 일본의 승리를 우려했다.

홍종우의 퇴장은 정치적인 역학관계에서 해답을 찾을 게 아니라 고종의 측근들과는 다른 비판적인 행동 때문으로 봐야 한다. 40년째 왕위에 앉아 있던 고종은 자신에게 별 도움이 되지 않는 홍종우를 더 이상 가까이 두지 않았다. 이제 고종에게 홍종우는 더 이상 절실하지 않았다. 마지막 관직인 중추원 의관직에서 물러난 홍종우의 종착지는 머나먼 남쪽의 섬 제주도였다.

제주목사,

남쪽으로 간
홍종우

1903년 2월 9일 홍종우는 제주목지계감독濟州牧地契監督에 임명된다. 정확하게는 제주목사직과 함께 겸임한 것이다.

그를 추천한 것은 지계아문地契衙門(대한제국 시기 토지에 관한 업무를 처리하던 부서. 1901년 설립되어 다음해 양지아문으로 이름을 바꿨다가 1903년 폐지되었다) 총재 서리 민영선이었다. 그가 고종에게 보고한 내용을 보면 제주도가 전라남도 소속이기는 하지만 멀리 떨어져 있어서 토지 측량을 감독하기가 어렵다고 털어놓았다. 그리고 현임 제주목사인 홍종우에게 제주목지계감독을 겸임하도록 하는 것이 좋겠다고 보고했다.

보고 내용이 사실이라면 홍종우는 그해 정월 중추원 의관직을 사임하고 2월 9일 이전에 제주목사로 임명된 것 같다. 조선 통감부가 작성한 문서에는 황국협회를 함께 이끌었던 길영수의 도움을 받은 것으로 되어 있다. 지계감독을 겸임하기 이틀 전인 2월 7일 궁내부 내장원경 이용익이 제주목사 홍종우에게 제주부에 있는 내장원 소속의 땅에서 걷지 못한 미납세금에 관한 훈령을 보냈다. 하지만 그가 제주목사로 임명되었다는 기록이 보이지 않는다는 점을 고려하면 같은 날 제주목사직과 제주목지계감독을 겸임하라는 명령을 받았을 가능성도 크다.

평리원 재판장에 비서원 승이라는 중앙 관직을 역임한 그가 변방의 목사로 내려왔다는 것은 명백한 좌천이다. 물론 이용익 같은 측근들도 권력투쟁에서 패배하거나 혹은 여론이 악화되면 잠시 지방관으로 내려가는 일이 종종 있었다. 하지만 홍종우 같은 경우는 고종에게 이용가치가 떨어졌기 때문에 다시 중용될 가능성은 적었다. 더군다나 그는 제주목사로 재임하는 동안 섬 주민들의 재산을 약탈하고, 세금을 가혹하게 걷었다는 비판을 받기도 했다. 그는 과연 탐관오리였을까?

곧고 완고했던 제주 생활

홍종우는 부임 직후인 4월에 송성건의소頌聖建議所에서 고종의 즉위 40년을 기념하기 위해 환구단을 증축하기 위한 건축비를 부과하는 것을 금지했다. 다른 관리들이 징계를 당할 것을 두려워해서 증축비용을 냈던 것과는 다른 행보였다. 임시세적인 성격이 강했던 만큼 그가 막지 않았다면 섬 주민들에게 부담이 돌아갈 것이 뻔했다. 또한 섬 주민 김재순의 건의를 받아들여 금주령을 내렸다.

4월 2일 금주령을 단속하던 고백령이라는 순검이 참위參尉 윤공선의 첩 봉월의 집을 수색했다. 이에 격분한 윤공선이 고백령을 붙잡아 몽둥이와 돌과 지팡이로 구타하고 휘하 병사들을 불러서 관아로 몰려갔다. 문을 부수고 들어간 병사들이 관리들을 마구 구타하고 교자를 부쉈다. 다른 관리들과 노비들은 모두 도망쳤지만, 홍종우만은 꿋꿋하게 자리를 지켰다. 이 사태는 홍종우가 부임 후 병사들이 섬 주민들에게 행패를 부리는 것을 일절 금했기 때문에 벌어진 일이었다.

또한 섬 주민들의 재산을 빼앗는 불법행위를 저지른 제주 재판소 검사시보 황진균의 죄상을 법부에 보고했다. 섬 주민들의 생계를 위협하는 일본 어민들의 불법 어업도 금지했다. 지리적으로 가까운 탓에 많은 일본 어선들이 제주도 인근에서 어업활동을 벌였고, 읍내에 상점을 세워서 상권 장악에도 나선 상태였다. 홍종우는 이런 행위들이 명백한 조약 위반이라고 보고하고 금지시켰다. 일본 제일은행에서 발행한 어음의 유통을 금지했다가 일본 상인들의 항의를 받고 철회한 일도 있었다.

제주도 내의 일본 거류민들은 전임 목사들과는 달리 꿋꿋하게 구는 홍종우를 목포주재 일본 영사에게 고발했다. 일본 영사는 순사부장과 순사를 파견하고 일본인들을 괴롭히지 말라고 홍종우에게 요구했다. 하지만 그는 일본인들의 행위는 조약에 어긋나고 직접 사업을 하면 세금을 거두기 어렵다고 거절했다. 목포 영사의 보고를 받은 하야시 곤스케林權助 공사는 경비함을 한 척 파견하기로 한다. 경비함과 동행한 목포 영사는 하야시 공사에게 제주목사 홍종우가 자신의 요구를 모두 받아들였다고 보고했다.

이런 일련의 사건들은 홍종우가 단순히 일본을 싫어해서 벌인 일이라기보다는 섬 주민들을 잘 다스리기 위한 홍종우의 노력으로 봐야만 할 것이다. 일본 관리들의 위협적인 행동에도 그는 중앙 정부에 자신의 힘으로는 역부족이니 일본 공사관에게 일본인들이 조약에 어긋나는 행위를 하지 않도록 요구할 것을 요청한다.

제주도 토착세력과의 갈등

홍종우가 제주목사로 발령된 이유 가운데 하나가 발령 2년 전인 1901년에 벌어졌던 이재수의 난을 수습하기 위해서였다는 의견이 있다. 그가 프랑스에 머문 경험을 살려 사후 교섭을 맡았으리라는 이야기다. 당시 제주도에서는 천주교 신부들의 무리한 포교로 인해 신도들과 일반 백성 사이에서 갈등이 벌어졌고, 결국 양측의 대규모 충돌이 이어졌다.

이재수가 이끄는 반군이 1901년 5월 28일 제주성을 함락하면서 700명의 천주교 신도들이 학살당했다. 프랑스는 선교사와 신도들을 보호하기 위해 군함을 파견했다. 조정에서는 일이 커질 것을 두려워해 서둘러 찰리사察里使 황기연을 제주도로 파견했다. 그는 이재수 등 반군의 지도자들을 체포하고 서울로 압송했고, 그 해 10월에 이재수가 처형되면서 사태는 진정되었다.

홍종우가 파견된 1903년 초는 이재수의 난에 따른 여파가 거의 가라앉은 시점이었다. 더군다나 홍종우는 펠릭스 레가메의 말을 믿는다면 프랑스어를 능숙하게 하지 못했다. 다만 홍종우는 부임

초기 마르셀 라크루Marcel Lacrouts(한국명 구마슬) 신부와 교섭해서 황사평에 사망한 교인들의 집단 매장지를 마련해 주었다.

한편 홍종우는 1903년 12월 11일 제주도의 낯선 풍습과 신병을 이유로 사임을 청했다. 정확한 이유는 밝혀지지 않았지만, 다음해인 1904년 1월 18일 주사를 지냈던 김창휴가 그를 평리원에 고발한 것과 연관이 있는 듯하다. 고발 내용은 홍종우가 김창휴의 형이자 군수를 지낸 김창호와 그의 처를 잡아들여 토지문서를 내놓으라고 협박했다는 것으로, 김창호가 거절하자 태형 20대에 처한 다음 감옥에 가둔 뒤 늙은 아버지까지 잡아들였다가 곧 풀어주었다고 한다. 이 일은 홍종우가 제주도의 유력자들을 협박해 재산을 갈취한 사건으로 이해된다.

하지만 왜 홍종우가 김창호에게 토지문서를 내놓으라고 했는지에 대해서는 김창휴는 아무런 설명을 하지 않았다. 금주령 사건에서 보듯 홍종우는 경제적인 침투를 하는 일본인만큼이나 민폐를 끼치는 토착세력이나 권력층들을 싫어했다. 이 고발은 단순한 재산 갈취보다는 참위 윤공선과의 갈등처럼 기득권층의 반발로 보는 것이 진실에 더 가까워 보인다. 고소장에서 보이듯 홍종우의 독단적인 처리가 아니라 검사가 개입되어 있었다.

김창휴가 홍종우를 고소한 지 두 달 후인 1903년 3월 30일 《황성신문》에 실린 지방 관리들의 치적사항에 제주목사 홍종우는 마음가짐이 성실하지 못하다는 평을 받았다. 이 때문인지 다음 달인 4월 26일에는 고령 군수 최선호, 자산 군수 정봉시와 함께 관찰사의 전최보고서殿最報告書(관찰사가 각 고을 수령의 치적을 심사해 조정에 올리는 보고서. 전殿은 맨 아래 등급, 최最는 맨 위 등급이다)에 의거해 견책 처분을 받는다.

1904년 4월 29일 홍종우는 내부 대신에게 다시 사직을 청한다. 토착세력이 거듭 제기한 소송에 지친 것으로 보인다. 1904년 5월 10일에는 일본 군함 한 척이 제주도 해안에 좌초한다. 홍종우는 일본군 장교에게 상황을 물은 후 소 두 마리와 닭 30마리를 건네준다. 이 소식을 들은 하야시 곤스케 일본 공사가 조정에 고마움을 표시했다. 불과 일 년 전 일본 어민들과 마찰을 빚었던 홍종우가 관리로서 공정함을 유지하려고 노력했다는 점이 엿보인다. 그해 10월에는 직접 도성으로 올라와 내부에 신병을 이유로 사직을 청했다. 직접 올라온 것이 효과를 봤는지 10월 24일에 내부 대신 이용태는 제주목사로 윤기원을 임명하고 홍종우를 풍천 군수로 임명한다. 하지만 무슨 이유에선지 임명은 취소되었고, 그는 계속 제주에 머물러야 했다.

그럼에도 나는 제주도를 수탈하지 않았다

그가 탐관오리가 아니라는 결정적인 증거는 그가 사직을 청한 1904년 10월에 내장원에서 홍종우에게 밀린 세금을 독촉했다는 점이다. 1902년부터 매년 빌 세금 1,080냥이 밀리자 내장원에서는 나눠 내라는 지시까지 내렸지만 홍종우는 1903년 12월부터 상납하지 않았다. 홍종우가 배짱 좋게 잡세 혁파라는 명목으로 상납을 거절한 것이다. 내장원에서는 1902년부터 현재까지 밀린 세금을 어서 상납하라고 재촉했다. 궁내부 내장원은 왕실의 재산을 관리

제주목사 당시의 홍종우 • 와 그가 근무했던 제주목 관아 입구 ••.

하는 곳으로 관리들이 나라에 낼 세금은 마련하지 못해도 내장원에 낼 세금은 반드시 바쳤다. 세금을 내는 섬 주민들로서는 조정에 내는 세금과 별도로 내야 하기 때문에 부담이 컸다. 이재수의 난이 발생한 까닭도 천주교도들과의 갈등 외에 내장원에서 파견한 강봉헌이라는 관리의 가혹한 수탈이 한몫했다. 일본인들이 섬 근처에서 고기잡이하면서 살림이 어려워진 판국에 고기를 잡는 그물에까지 세금을 매긴 것이다. 주민들이 항의하자 강봉헌은 오히려 주동자를 잡아 매질했다.

이재수의 난을 수습하기 위해 온 찰리사 황기연은 이런 세금들을 걷지 않겠다고 약속했다. 하지만 다시 궁내부에서 양종묵이라는 관리가 내려와 세금을 걷으려고 했다. 이에 섬 주민들이 궁내부에 억울함을 상소했다. 홍종우는 섬 주민들 편에 서서 내장원에 맞섰고 결국 그물세를 비롯한 잡다한 세금들을 모두 없애라는 지시를 받았다. 같은 해 11월에는 채구석을 비롯한 제주 주민들이 홍종우 목사가 공정하게 법을 집행하고 관리들을 잘 단속해서 말과 소를 함부로 빼앗거나 땅을 주인 몰래 팔아버리지 못하게 해준다며 크게 기뻐했다. 이들은 또한 홍종우 목사가 연름捐廩(벼슬아치들에게 지급되는 녹봉의 일부를 모아 빈민구제 같은 공적인 일에 사용하는 일)을 일만 냥이나 모아서 백성에게 넉넉하게 나눠주는 은혜를 베풀었다고 말했다. 이들은 홍종우 목사가 섬 주민들을 모두 어육魚肉으로 만들어서 원망하는 목소리가 높았다는 기사가 나자 해당 신문에 항의를 하기도 했다. 이처럼 기록을 보면 그를 두고 탐관오리라는 측과 선정을 베풀었다는 측의 의견이 첨예하게 대립하는 것을 확인할 수 있다.

이런 상황이지만 섬 주민들 중 일부와의 갈등도 계속된다. 1905년 1월 임홍기라는 섬 주민이 작년에 세금 1,100냥을 납부하고 홍종우에게 척문尺文(영수증)을 제시했다가 거절당했다며 세금을 환급하거나 제주목사가 지불하게 해달라며 호소하는 일이 벌어졌다. 내장원에서는 홍종우에게 임홍기에게 즉시 돈을 지급하고, 다시는 이런 문제를 일으키지 말라고 으름장을 놨다. 작년에 조정에 낼 세금을 제외하고는 모두 잡세라고 혁파하자 내장원에서 편법을 쓴 것 같다. 즉 자신들에게 납부된 세금의 영수증을 발급하고 그 비용만큼 세금을 면제받으려고 한 것이다. 이렇게 되면 결국 내장원에 세금을 낸 꼴이 되기 때문에 거절을 한 것이다.

이렇게 홍종우와 갈등을 빚은 측은 대부분 전직 관리나 내장원에 세금을 낼 만한 유력층들로 보인다. 내장원에 낼 세금을 잡세라는 명목으로 혁파했다는 것만으로도 지방관리로는 대단한 모험이었다. 그리고 이런 비판 의식이 그를 고종의 다른 측근들과 거리를 두게 했다. 다음해인 1905년 1월 26일자 《황성신문》에는 그가 어려운 난제들을 잘 풀고 있다는 내용의 관보가 수록된다. 일단 그가 모든 제주도민의 미움을 받는 극악한 탐관오리는 아니라는 점은 명백하다.

하지만 러일전쟁이 일본의 승리로 기울자 눈엣가시 같은 그를 제거하려는 일본의 움직임도 빨라진다. 1905년 3월 일본 공사 하야시 곤스케는 조정에 제주도와 중요한 교섭을 진행해야 하는데 현재의 제주목사 홍종우가 쓸데없이 고집을 부리며 협상을 방해하고 있으니 파면해야 한다고 통보했다. 더불어 조선 정부에서 적당한 인물을 선택해서 부임시키되 부임 전에 자신과 면담을 하게 해달라고 요청했다. 일본 정부의 노골적인 파면 요구와 내장원에 맞선 모험의 결과는 해임이었다.

1905년 5월 1일 제주목사직에서 물러난 홍종우는 16일에는 겸임하고 있던 제주재판소 판사직에서도 해임되면서 모든 관직에서 물러난다. 그후 가족들과 함께 한양으로 올라온 것 같다. 천주교 조선교구장 뮈텔 신부는 1905년 10월 18일자 자신의 일기에서 홍종우가 방문한 사실을 남겨놓았다.

기억 너머로

사라지다

　　홍종우가 관직에서 물러날 무렵 대한제국 역시 조종을 울리는 중이었다. 러시아와 일본의 무력충돌이 가시화되자 고종은 국권을 지키려고 애썼다. 1903년 1월에는 일본의 미쓰이三井물산과 군함 구입을 위한 계약을 체결했고, 3월에는 오랫동안 갑론을박을 벌여왔던 징병제를 시행하기로 했다. 하지만 이런 식의 군비 확충이 러시아와 일본 양측으로부터 조선의 국권을 지켜줄 것이라고 믿는 사람은 거의 없었다. 고종은 아관파천처럼 러시아 공사관으로 피난을 가거나 평양으로 천도하는 방안도 고려했다.

　　밀서와 밀약, 음모와 계획이 난무하는 가운데 1904년 1월 22일 드디어 대한제국은 전 세계에 러시아와 일본이 전쟁을 벌이게 되면 중립을 지키겠다고 선언했다. 일본의 압력과 협박 속에서도 나름대로 최선의 방안을 찾아내고 실행에 옮겼다는 사실은 분명히 칭찬할 만하다. 하지만 그것뿐이었다. 러시아와 일본이 조선의 중립을 무시해버린 것이다. 특히 일본은 청일전쟁 때처럼 도성에 군대를 주둔시키고 고종을 압박했다.

결국 2월 23일 '한일의정서'가 체결된다. 곧바로 벌어진 러일전쟁에서 일본이 승리하자 조선은 전리품 신세로 전락하고 말았다. 물론 완전히 멸망할 때까지는 5년이라는 시간이 더 남았지만, 실질적으로는 보호국 신세로 전락했다고 봐도 무방하다.

고종은 온 힘을 다해서 현실에 저항했다. 잘 알려지지 않은 사실이지만 헤이그 특사 사건으로 일본에 의해 강제로 퇴위한 이후에도 고종은 반전의 기회를 노렸다. 1908년 11월 20일 도쿄에 있는 일본주재 러시아 대사는 외무성에 고종이 배편이나 혹은 육로로 러시아 망명을 준비 중이라는 정보를 보고했다. 러시아 외무성은 고종의 망명은 일본과의 관계를 긴장시킬 우려가 있으니 거부하라는 지시를 내린다.

이런저런 시도들이 모두 실패하면서 대한제국은 짧은 역사의 막을 내린다. 대한제국이 멸망하면서 홍종우라는 기억도 어둠 너머로 사라져버렸다. 대한제국의 탄생과 함께 등장한 인물이었으니 몰락과 함께 퇴장한 것이다. 그의 손에 암살당한 김옥균은 한일병탄과 더불어 선구자나 개혁가 혹은 동족의 손에 살해당한 비운의 혁명가라는 이름 아래 불사조처럼 다시 살아났다. 그러니 그의 그림자인 홍종우의 퇴장은 당연한 역사적 흐름처럼 느껴진다. 이제 홍종우는 김옥균 암살범이라는 이름만을 허락받았다.

역사가 아닌 소설로 알려진 홍종우

제주목사 해임 이후 홍종우의 행적은 드문드문 남아 있다.《이왕의 자객》에서는 다소 이해할 수 없는 행보가 나온다. 의병을 일으킨 최익현을 찾아갔다가 고종이 내린 밀지를 훔쳐서 달아났다. 도성으로 올라와서는 이준과 이상설 등이 헤이그 만국평의회 특사로간 것을 일본 측에 무심코 발설한다. 그리고는 고종이 홍종우를 다시 찾는다고 하자 개죽음은 하지 않겠다며 애첩과 함께 프랑스로떠난다.

홍종우에 관한 자료가 부족한 탓에《이왕의 자객》은 소설임에도종종 그때를 이야기할 때 자료로 인용된다. 1914년 일본의 식민지가 된 조선에서 태어난 저자 아오야기 미도리는 오랫동안 마이니치신문사에서 근무했다. 그 때문에 그녀의 소설 가운데 홍종우의일본 체류 부분은 나름의 자료를 토대로 작성되지 않았을까 하고추정하는 학자들이 많다.

하지만 논픽션이 아닌 소설이라는 한계 덕분에《이왕의 자객》은창작과 사실의 한계가 불명확하다. 더군다나 프랑스 체류 부분에서 홍종우가 기메 미술관이 아닌 루브르 박물관에서 일한 것으로기술되어 있다. 또한 홍종우의 프랑스 생활을 가장 잘 남겨둔 펠릭스 레가메에 대한 언급도 볼 수 없다. 소설 초기 홍종우가 족보를 팔고 장사를 하는 부분도 당시 사회상을 생각하면 신빙성이 떨어진다. 국왕과의 거래에서 손해를 보자 미련 없이 떠나는 것 역시조선시대 관리들의 사고방식과는 거리가 멀다. 홍종우가 약속을어긴 고종에게 실망하고 배반당했다고 표현하는 대목은 홍종우라는 인간의 본질을 전혀 고려하지 않는 서술이다. 홍종우가 올린 상소의 내용을 한 번만이라도 봤다면 배신 운운하는 장면들은 절대 넣지 않았을 것이다.

가장 큰 단점은 주인공만 조선인일 뿐 사고방식은 일본인이라는 것이다. 김옥균 같은 선각자를 죽인 홍종우가 출세하는 조선 같은 나라는 망해도 당연하다는 소설의 시선에는 단순히 불편함을 넘어선 편견마저 엿보인다.

제국과 함께 희미해진 흔적

을사늑약이 체결되고 조선의 외교권이 일본의 손아귀로 들어갔다. 홍종우로서는 상상하기도 싫었던 상황이었지만 할 수 있는 것이 없었다. 1905년 5월 제주목사에서 해임되고 한양으로 올라온 홍종우는 같은 해 10월 뮈텔 주교를 방문한다. 다시 프랑스로 떠날 생각을 했던 것일까? 상황이 여의치 않자 일단 일본 사람들이 많은 한양을 떠나기로 한 것 같다.

1908년 12월에는 전라도에 살던 홍종우가 집문서를 들고 한양으로 올라와서 러시아 망명을 준비한 일 때문에 통감부의 주의를 끈다. 망명 시도는 실패로 돌아간 듯하다. 전라남도 무안군으로 낙향한 홍종우가 목포에서 선교활동을 하던 프랑스 선교사와 왕래를 하는 모습이 일본 당국에 포착되기도 했다. 한편 전라남도에서 활동 중이던 의병들이 그를 찾아가 합류를 요청했지만 거절했다는 통감부 기록도 남아 있다. 다 끝났다고 생각했던 것일까? 아니면 다른 문명 개화론자처럼 끝까지 의병들을 폭도로 생각했던 것일까?

의병들이 자주 찾아오자 홍종우는 가산을 정리해서 목포로 이주했다. 노년의 기억이 흐릿해지듯 홍종우의 행적은 차츰차츰 지워져 나간다. 아오야기 미도리의 소설에서처럼 프랑스로 떠났다가 다시 돌아왔다는 조선 통감부 기록도 보인다. 힘들게 떠난 프랑스에서조차 적응하지 못했던 것일까? 족보상으로는 1913년에 사망했다고 나와 있지만 사실 홍종우는 자신이 꿈꿨던 대한제국의 종말과 함께 죽은 것으로 봐도 무방하다.

쓸쓸한 종말과 화려한 부활

뒤틀리기는 했지만, 김옥균이 어느 정도 기억되는 것과는 달리 홍종우는 그야말로 철저하게 기억 속에서 지워졌다. 1909년까지 생존한 것은 확인되었으니까 아마 경술국치도 지켜봤을 것이다. 그의 착잡함과 좌절감은 짐작하기 어렵지 않다. 그리고 식민지 기간 내내 홍종우는 모욕당하고 손가락질 받는다. 그는 민족의 희망을 잔인하게 짓밟은 포악한 살인자이자 벼슬에 눈이 어두워 기꺼이 살인을 저지른 냉혈한이 되었다. 김옥균을 높이면 높일수록 홍종우는 더욱 비참하게 추락했다.

홍종우가 받은 가장 크고 부당한 비난은 수구파이자 민씨 세력의 추종자였다는 것이다. 개화파인 김옥균을 암살하고 황국협회를 이끌어 독립협회와 충돌을 일으킨 것이 좋은 빌미가 되었다. 조선인 최초로 프랑스에 발을 디뎠고, 한국문학을 최초로 프랑스에 알렸다는 사실은 송두리째 증발되어 버렸다.

건설 중인 조선총독부·. 광화문 앞을 막아선 모습으로 완공되었다.··

평리원 재판장 시절 독립협회를 이끌었던 이승만을 관대하게 처분하는 등 공정하려고 노력했다는 점도 기억되지 않는다. 제주목사 시절 섬 주민들의 생존권을 위해 애쓰던 일들은 탐관오리라는 선입견에 지워져 버렸다. 식민지 시기의 기억들이 고스란히 현대로 넘어오면서 홍종우는 여전히 어둠으로 기억된다.

김옥균과 홍종우의 경우처럼 역사적으로 승리와 패배가 극적으로 뒤바뀌는 경우는 극히 드물다. 일본의 식민지 통치가 시작되면서 죽은 김옥균은 부활했고, 살아 있는 홍종우는 죽은 것처럼 사라져 버렸다. 김옥균이 부활한 이유는 간단하면서도 복잡하다. 개화를 시도하던 선각자를 처참하게 살해한 것도 모자라 죽은 김옥균의 시신을 난도질한 야만적인 근성을 가진 조선은 문명국 일본의 보호를 받아야만 했다. 김옥균은 조선의 무능과 멸망을 설명하는 키워드이자 실마리였다. 그를 보호하던 일본은 조선과 청의 흉계에 의해 죽은 김옥균의 죽음 앞에서 일치단결했다. 결국, 분노한 일본 국민은 청과의 전쟁으로 통한을 갚았다고 선전했다.

이렇게 죽은 김옥균은 조선인에게는 원죄로 다가왔다. 스스로 자립할 기회를 걷어찼다는 우매함, 자기 손으로 위대한 개혁가를 죽이고 말았다는 무지함, 그리고 김옥균의 정변이 성공했다면 조선의 운명이 변했을지 모른다는 아쉬움이 뭉쳐진 신화가 탄생한 것이다. 식민지기 내내 그에 관한 출판물들이 간행되었고, 연극들이 계속 무대에 올려졌다. 김옥균의 신성화 작업에 가장 큰 공을 세운 조선인은 김진구였다. 그는 강연과 소설, 그리고 인터뷰를 통해 김옥균의 업적을 높이 찬양했다. 1920년대 후반 일본 신강담운동의 영향을 받은 야담운동의 선구자이기도 한 그는 딱딱하고 고루한 말투 대신 옛날 이야기를 들려주는 것 같은 편안한 톤으로 이야기를 끌어갔다. 문자보급률이 낮고, 문맹률이 높았던 당시 사람들에게 이야기를 들려주는 것은 큰 반향을 일으켰다.

김진구가 선택한 주제는 김옥균이었다. 조선의 실패를 내부에서 찾았던 그에게 김옥균은 내부를 탈출할 수 있는 통로이자 대안이었다. 조선의 모든 전통과 사상을 부정하던 김진구에게 김옥균은 조선이 조선을 벗어날 수 있었던 희망인 셈이었다. 식민지 시기의 엘리트들처럼 후기에 접어들면서 내선일체론에 오염된 그는 조선을 부정하면 부정할수록 김옥균으로 대변되는 일본적인 사상에 매달렸다. 이런 생각들은 1937년 만주사변이 터지고 일본의 침략성이 본격화되면서 심해져 갔다. 일본의 눈부신 성공과 조선의 초라한 현실 사이의 괴리를 못 견딘 그는 김옥균을 내세워 일본인이 되고자 했다. 일본식 이름도 아예 삼화주의가 이룩되었다는 뜻인 이와다 와주岩田和成로 바꿨다. 당대 사람들은 그를 김옥균의 숭배자로 생각했지만 사실 그가 섬긴 것은 일본이었다. 김옥균은 단지 수단에 불과했을 뿐이다.

이런 강연과 저작활동 외에도 일본 정부와 친일파 관리들의 조직적인 추모활동도 김옥균의 신격화에 한몫했다. 1934년 그의 호를 딴 고균회가 일본 도쿄에서 설립되었다. 시신도 없는 그의 묘는 조선과 일본에서 크게 조성되었다. 여기서 발간된 그의 전기는 식민지 시기 김옥균 숭배 열기의 결정판이었다. 조선총독부와 친일 관료들 역시 이런 추모 열기를 부추겼다. 그들의 의도는 명백했다.

김옥균을 조선과 일본 간의 화합과 협력을 앞서 실천하려 했던 인물로 만들려는 것이다.

그가 죽기 직전 주창한 삼화주의는 실체가 다소 불분명하지만, 삼국의 공존을 전제로 했다. 이런 삼화주의가 일본의 아시아 침략을 정당화시킨 대동아공영권과 결합되는 바람에 지금까지도 김옥균을 평가하는 데 가장 큰 걸림돌이 되고 있다. 광복 이후 김옥균을 친일파로 보는 시선이 생겨난 데에도 그에 대한 지나친 추모가 한몫했다. 그는 여전히 어둠이다.

이몽,

그들이 꿈꾸던
다른 나라

　　　　김옥균이 꿈꾼 조선은 일본처럼 개방되고 서구화된
문명국가였다. 아울러 종주국이라 자부하는 청의 간섭을 뿌리친
당당한 자주국가였다. 비록 일본에 이용당했다는 비난을 받지만,
아무것도 하지 않았다면 오히려 더 편했을 이 남자의 모험을 생각
하면 슬프거나 혹은 가슴이 불타오른다.
　　홍종우가 꿈꾼 새로운 조선이 어떤 모습인지는 명확하지 않다.
개화파라고 자처하기는 했지만 심정적으로는 오히려 보수파에 가
까웠다. 왕권은 신성불가침이라 믿었고, 서양의 종교와 사상이 조
선을 좀먹고 있다고 안타까워했다. 아마 구본신참이라는 대한제국
의 개혁 방안을 지지했을 것이다. 김옥균은 갑신정변에 실패하고
일본으로 망명한 이후 이와다 슈사쿠라는 일본식 이름을 썼고, 단

발에 양복차림을 했다. 일본어도 꽤 능숙하게 했다. 죽기 직전에는 일본과 조선, 그리고 청이 손을 잡고 외세에 맞서야 한다는 삼화주의를 제창했다.

반면 홍종우는 파리에서도 갓과 도포차림을 고수했고, 흥선대원군과 고종의 작은 초상화를 항상 소중하게 지니고 다녔다. 둘 다 똑같이 조선이 변하기를 바랐지만, 조선이라는 그림에 변화라는 물감을 얼마나 섞는지에 대해서는 큰 차이를 보였다. 같은 방향을 바라보며 다른 곳을 향해 나아갔던 그 차이가 둘의 사이를 더욱 멀게 느껴지도록 만들었다. 그리고 조선을 조선이 아니게 변화시키고 싶었던 두 청년은 서로 죽고 죽이는 사이가 되었다.

정답이 없던 시대를 온몸으로 받아들인 문제적 인간들

가끔 대한제국이라고 불렀던 시기를 생각해본다. 그때는 멸망이라는 암울함만 걷어낸다면 꽤 신나는 시기였다. 오랫동안 양반, 그중에서도 본부인에게서만 낳은 적자만 관직에 나갈 수 있던 조선시대의 전통적인 규정이 깨졌다. 고종의 측근들 대다수가 미천한 출신들이었다. 고종의 측근으로 오랫동안 활동했던 이용익은 보부상 출신이었다. 그는 중전 민씨가 임오군란 때 장호원에 피신한 것을 계기로 출세를 거듭해서 군부대신까지 올랐다. 홍종우와 함께 만민공동회를 무력으로 진압하는 등 고종의 측근으로 활약한 길영수는 상주 출신의 백정이었다. 홍종우 역시 남양 홍씨 집안이라고는 하지만 몰락한 양반이었다.

기득권들은 이런저런 방식으로 고종의 측근이 된 이들을 안 좋게 봤다. 하지만 백정이나 보부상, 혹은 잘해봤자 시골 훈장으로 만족해야만 했던 이들로서는 가슴 뛰던 시대였다. 일반 백성이 집회를 열어서 대신들에게 물러나라고 편지를 보내거나 압박을 가했고, 군주에게 사실상의 항복 선언을 받아내기도 했다. 집회에서는 소를 잡는 백정이나 십대 초반의 꼬마가 나와서 연설을 했다. 눈을 뜨면 세상이 변했고, 낯선 것들이 슬며시 다가와 자리를 잡았다. 멸망의 시기라는 선입견과 치열한 변화의 시기였다는 느낌이 탁류처럼 뒤섞인다. 오랫동안 닫혀 있던 문을 열고 밖에 나왔더니 전혀 다른 세상과 마주친 시대였다.

1876년 운요호 사건을 계기로 일본과 강화도조약을 체결하면서 개항을 한 조선은 꼭 35년 만인 1910년 일본에 강제로 병합된다. 한 사람이 인생을 대략 절반 정도 소모할 시기에 500년의 역사를 가진 나라가 식민지로 전락한 것이다. 정답이 가장 절실히 필요했던 시기였지만 누구도 정답이 무엇인지 몰랐고, 어떻게 해야 찾아낼 수 있는지도 알지 못했다. 의지와 신념이 불꽃처럼 삶을 태워버리고, 시대가 용광로처럼 인간을 녹여버렸다.

홍종우와 김옥균 모두 그런 거친 시대를 온몸으로 받아들이면서 서투르면서도 치열하게 살아갔다. 김옥균은 안동 김씨 집안이라는 근사한 배경을 벗어던지고 정변을 일으켜 자신이 옳다고 생각한 방향으로 조선을 이끌어가려고 했다. 일본의 힘을 빌리기는 했지만 변화하려는 시도 자체는 높이 평가받아야 한다. 비록 실패하기는 했지만, 김옥균의 도전은 조선이 근대를 향해 변화의 몸부림을 쳤다는 좋은 증거다.

그들이 시도했던 어설프고 진지했던 다른 꿈

홍종우는 그런 김옥균을 죽임으로써 그 시대에 합류했다. 홍종우가 김옥균을 죽인 것은 변명의 여지없이 출세를 위한 방편이었고, 명백한 살인이다. 하지만 김옥균이 단지 반대파를 물리치고 정권을 장악하기 위해 갑신정변을 일으키지 않은 것처럼, 홍종우 역시 김옥균의 죽음을 계기로 무조건적인 출세를 지향하지는 않았다. 그가 올린 상소 같은 남아 있는 기록들을 짜맞추다 보면 홍종우의 마음속을 엿볼 수 있다.

김옥균의 죽음을 발판 삼아 관직에 올랐지만, 원칙이나 목표 없이 무조건 출세만을 지향하지는 않았다. 덕분에 그는 고종의 측근 중에서도 비교적 한직에 머물다가 밀려나는 불운을 겪었다. 친러파로 낙인찍혔지만 어디까지나 정치적인 결정이었고, 러시아와 가까워지는 대가로 이권을 주는 일에 반대했다. 좌천을 각오하고 박영효의 역모사건에 연루된 이승만의 목숨을 살려주기도 했고, 관직에 있으면서도 고종에게 뼈아픈 소리들을 자주 했다.

제주목사로 좌천된 이후 탐관오리라는 오명을 썼지만, 자세히 살펴보면 섬 주민들을 위해 공정하게 통치하려고 노력한 흔적들을 볼 수 있다. 특히 일본어민들의 불법 어업 활동과 상인들의 경제적 침탈을 막고자 강경하게 대처하는 모습들을 보였다.

그가 거창한 이상이나 신념을 지니고 방아쇠를 당겼다고는 생각하지 않는다. 다만 누군가 해야만 할 일이라고 믿었고, 아무도 할 수 없다면 내가 해야 하지 않느냐고 생각했을 수는 있다. 김옥균 역시 내가 아니면 누가 조선을 개화시킬 수 있겠느냐며 정변을 일으켰듯 말이다.

　홍종우도 죽었고, 김옥균도 죽었다. 두 사람이 지키려던 조선도 사라졌고, 김옥균이 조선의 모델로 삼았던 일제 역시 사라졌다. 김옥균이 제창한 삼화주의도 없어져 버렸고, 홍종우가 꿈꾸던 대한제국도 사라졌다. 모든 것이 사라져버리고 이제 그들이 꾼 꿈만 남았다. 주어가 사라진 목적어, 종착점이 없어진 도로처럼 말이다. 그럼에도 홍종우와 김옥균, 김옥균과 홍종우를 기억해야만 하는 이유 역시 꿈 때문이다. 가장 어두웠던 시기에 불처럼 꿈을 밝혔으니까 말이다.

김옥균 • 과 홍종우 • •. 김옥균의 암살을 다룬 기사에 실린 초상화.
《Harper's Weekly》.

꿈의 기억

갑신정변을 일으킨 김옥균을 상하이에서 암살한 홍종우는 지금껏 고종과 민씨 세력의 사주를 받은 수구파로 낙인찍혔다. 더군다나 독립협회와 무력충돌을 일으킨 황국협회를 이끈 탓에 개화에 반대하는 보수파라는 선입견에서 벗어나지 못했다. 하지만 홍종우가 조선인 최초로 프랑스에 갔다는 사실을 아는 사람은 흔치 않다. 더군다나 프랑스에서 머물면서 《춘향전》과 《심청전》을 번역해서 유럽에 한국의 고전문학을 소개했다는 사실은 낯설기까지 하다.

홍종우는 30대 중반이라는 당시로서는 늦은 나이에 일본을 거쳐 프랑스로 떠났다. 하지만 그가 소지한 여권은 가짜일 가능성이 높다. 가짜 여권까지 가지고 유럽으로 떠날 정도로 서구문물에 대한 동경심이 컸던 그는 왜 암살자로 변신했을까? 바로 그가 꾸었던 꿈이 김옥균의 꿈과 달랐기 때문이다.

어설픈 친일파 모험가와 위대한 선구자라는 극단적인 평가를 받는 김옥균은 왜 갑신정변을 일으켰을까? 뒤처질 수 없다는 두려움이 그로 하여금 모험을 택하게 만들었다. 하지만 청국의 개입으로 정변이 실패로 돌아간 이후 십 년 동안 일본에서 망명생활을 해야만 했다. 일본에서 때를 기다리던 그는 청국과의 교섭이라는 마지막 승부수를 띄운다. 하지만 상하이로 동행한 홍종우에게 암살당하고 만다. 김옥균은 일본의 본질을 깨닫지 못한 어설픈 혁명가였을까? 아니면 일본을 이용하려고 했던 진정한 애국자였을까? 그는 큰 꿈을 꾸는 몽상가였다. 하지만 꿈은 현실을 이기지 못했다.

이 두 인물이 지나온 삶의 궤적과 사후의 평가는 시대의 흐름에 따라 급변한다. 조선과 대한제국 시대에는 김옥균은 역적의 대명사였고, 홍종우는 역적을 처단한 충신이었다. 하지만 을사늑약이 체결되고 국권이 침탈되면서 김옥균은 화려하게 부활한다. 친일파들은 자신들의 행동을 정당화시키기 위해 그를 다시 이용했다. 일부 지식인들 역시 그를 찬양하면서 조선의 멸망과 일본의 침략을 옹호했다. 반면 홍종우는 벼슬을 얻기 위해 위대한 선각자를 암살한 악당으로 전락해버리고 만다. 언제 죽었는지 정확하게 알 수 없는 홍종우와 시신이 없는 무덤만 세 군데나 있는 김옥균은 그 시대를 정면으로 살아간 두 사람의 풍파를 대변해준다.

낯선 얼굴로 새롭게 다가오는 근대 청년들

홍종우는 김옥균의 암살자로만 기억될 수는 없는 인물이다. 물론 성공과 출세를 위해 그를 암살했지만 고종의 측근으로 한말과 대한제국 시대를 활약했다. 암살 직후 조선으로 금의환향한 그는 형식적인 과거를 보고 관직에 진출한다. 하지만 곧이어 터진 청일전쟁에서 일본이 승리하면서 입지가 불안해진다. 그 시기 그는 고종의 밀명을 받고 러시아와의 교섭을 진행한다. 한때 일본이 블라디보스토크에 도착한 고종의 밀사로 오인할 정도로 친러파로 인식되기도 했다. 아관파천으로 일본 세력이 물러나자 홍종우는 관직으로 돌아오지만 김옥균을 암살할 당시 같이 활동했던 이일직 때문에 다시 관직에서 물러난다.

잠시 모습을 감춘 그는 1898년 여름부터 정부와 대립하던 독립협회를 견제하기 위해 나선다. 황국협회에 들어가 보부상들을 동원해 독립협회를 습격해서 와해시키는 데 성공했지만 덕분에 오늘날까지 이어지는 수구파라는 오해를 산다. 독립협회의 해산 이후 다시 관직에 복귀한 홍종우는 대한제국과 더불어 짧은 전성기를 누린다.

1910년 일본이 조선을 강제로 병탄하면서 다시 운명이 소용돌이친다. 영웅 홍종우는 사라져버렸다. 반면 김옥균은 역적이라는 허물을 벗고 선각자로 재탄생한다. 그렇게 두 사람이 꿈꾼 나라는 사라졌다. 그리고 두 사람의 꿈은 현재 진행형이다.

갑신정변에
참여했던 이들을
불러보다

와다 엔지로의
기억

갑신정변에 참여했던
이들을 불러보다

갑신정변의 꿈이 부스러지고 주동자인 김옥균, 박영효 등이 일본으로 도망치자 그들에게 가담했던 이들은 가혹한 현실 앞에 내팽개쳐졌다. 혼란이 마무리되고 체포된 이들에 대한 심문이 시작되면서 왜 가담했는지에 대한 이유가 드러났다. 정변에 주모한 이들은 대부분 명문가의 자제들이었지만 실제 행동에 나선 것은 중인과 상민, 일본에 유학했던 사관생도들, 그리고 몸종들이었다.

1883년 일본 도야마戶山 육군유년학교에 입학했던 사관생도들은 서재필을 필두로 해서 김옥균의 거사에 합류했다. 박영효가 남한산성에서 육성한 신식 군대 출신들도 일부 가세했다. 주모자들이 데리고 있던 몸종들과 김옥균과 개인적인 친분이 있는 상인, 승려들도 가담했다. 몇 명을 제외하고는 대부분 중인과 상민, 그리고 몸종들이었다. 이들은 여러 가지 이유로 정변에 참여했다. 일본에 유학했던 사관생도들은 조선을 개화시켜야만 한다는 사명감에 불탔다. 몸종들은 그저 주인이 시키는 대로 했을 뿐이라며 억울함을 호소했다. 하지만 김봉균은 주인 박영효의 '나랏일을 하려면 간신들을 모두 죽여야만 한다'는 이야기를 듣고 가담했다고 털어놓았다.

높은 관직을 준다는 말에 솔깃해서 가담한 예도 보인다. 원대한 포부이건, 혹은 소박한 꿈이나 주인이 시키는 대로 해야 한다는 무의식의 발로였건 이들의 꿈은 1884년 12월 6일 끝났다. 위안스카이가 이끄는 청군이 쳐들어오고, 이를 막던 일본군이 철수하면서 주모자들과 가담자들은 살길을 찾아 뿔뿔이 흩어졌다. 조정에서는 반역자로 낙인찍힌 이들을 차례로 잡아들였다. 이들에 대한 심문 기록들은 추안급국안推案及鞫案(조선 후기 중죄인들의 심문과 판결에 관한 사항을 기록한 책)에 남아 있다.

이점돌

김옥균의 몸종인 27살의 이점돌은 주인을 따라 일본까지 갔다 오면서 자연스럽게 정변에 가담했다. 우정국 연회 때 술과 음식을 준비한 이점돌은 자기황自起黃(성냥의 일종)을 준비해서 별궁에 방화하는 일을 도왔다. 정변 마지막 날에는 김옥균의 지시를 받고 종로의 은방에서 돈 800냥을 찾았다. 청군의 공격으로 정변이 실패로 돌아가자 집으로 돌아온 그는 김옥균의 아내 유씨를 도피시키고 고향인 철원으로 도망치다가 붙잡혔다. 두 차례 심문을 받은 그는 모반부도謀叛不導의 죄목으로 12월 13일 서소문 밖에서 처형당했다. 나이가 많은 어머니는 연좌제를 적용당하지 않았지만, 처와 어린 아들은 노비가 되어서 지방으로 끌려갔다.

김봉균

박영효의 겸종傔從(조선 후기 신분이 몰락해 양반집에서 심부름을 하는 상민)인 김봉균은 주인의 부름을 받고 경우궁으로 가서 칼을 차고 경비를 섰다. 그 전에 박영효와 김옥균이 정변을 계획할 때에도 참여한 것으로 봐서는 일정 부분 이들의 뜻에 동의했다고 보인다. 그는 직접 칼을 들어 이완규와 함께 친군 좌영사 이조연과 환관 유재현을 죽였다고 자백했다. 청군이 공격해오자 궁궐 담장을 넘어 도망쳤다. 도중에 만난 이희정, 신중모와 함께 가평 인근의 사나사舍那寺로 숨어든 김봉균은 머리를 깎고 중노릇을 하다가 체포되었다. 그는 대신들을 죽이는 일에 직접 가담한 탓에 모반대역부도 謀叛大逆不道의 죄목으로 처형 후 팔다리와 몸통을 찢는 능지처참陵遲處斬을 당했다.

차홍식

18살의 화계사 승려 차홍식은 김옥균과의 인연으로 1883년 함께 일본으로 건너갔다. 별다른 얘기는 하지 않았지만, 이때 조선이 변해야 한다는 사실을 눈으로 보고 느낀 것 같다. 김옥균과 함께 돌아와 서재필 집에서 일하다가 등불을 들고 궁에 들어가 불을 지피는 일을 하던 중 체포되었다. 그는 시종일관 아는 것도 없고 본 것도 없다고 말했지만 결국 서소문 밖에서 참형을 당했다.

윤경순

동대문 밖에서 배추를 팔던 윤경순은 힘센 장사로 정변의 실질적인 행동대원이었다. 사관생도 출신으로 정변에 가담했던 이규완은 그가 달아나는 개를 발로 차서 공중에 높이 띄운 뒤 떨어지는 개를 다시 걷어찰 정도로 힘이 좋았다고 회상했다.

박영효의 집에 배추를 팔러 드나들면서 인연을 쌓은 그는 이인종 등 다른 행동대원들과 함께 압구정에서 갑신정변의 주모자들과 어울려 사냥하면서 정변에 관한 이야기를 들었다. 그리고 우정국 연회 때 밖에서 대기하고 있다가 함께 온 일본인 자객 쇼시마와 함께 민영익을 칼로 찔러 중상을 입혔다. 이후 박영효와 함께 경우궁으로 간 그는 고종을 알현하기 위해 들어온 민영목과 조영하, 이조연, 윤태준, 한규직을 죽이는 데 가담했다. 정변 마지막 날 청군이 쳐들어오자 집춘문으로 빠져나와서 그대로 전라도 곡성으로 도망쳤다. 다음해 3월 부평의 한 농가에서 일꾼으로 일하던 중 붙잡혔다. 대신들을 죽이는 데 직접 가담한 탓에 모반대역부도의 죄목으로 능지처참형을 당했다. 68세의 아버지 역시 처형당했지만 출가한 누이는 다행히 죄를 면했다. 친군 전영의 소대장이었던 동생 윤계완 역시 정변에 가담했다가 처형당했다.

서재창

도야마 육군유년학교 출신으로 사관생도들을 이끌고 정변에 참여했던 서재필의 열아홉 먹은 동생 서재창 역시 체포되었다. 그는 직접 정변에 가담하거나 혹은 계획에 참여하지 않았으며 형 서재필이 어린 시절 서광하의 양자가 되어서 별 왕래도 없었다고 대답했다. 심문관도 이 사실을 알았지만, 우정국 관리로 임명되고도 거절한 것과 형과 함께 일본에 유학한 것을 가지고 죄가 있다고 단정지었다. 남들과 다르게 검은색 두루마기를 입고 있던 것도 의심스럽다며 추궁을 당했다. 역모를 알고도 고하지 않았다는 지정불고의 죄로 처형당하면서 아내도 음독자살했다.

이희정

당시 59세로 갑신정변 가담자 가운데 가장 나이가 많은 이희정은 양반 출신으로 종3품의 첨사를 역임한 무관이었다. 충의계원으로 이인종과 가깝던 그는 우정국 연회시 별궁과 주변 민가의 방화를 전체적으로 지휘했다. 그 역시 심문을 받을 때에는 아무것도 아는 것이 없다고 답변했지만 내심 김옥균의 뜻에 동조했던 것으로 보인다. 성공적으로 불을 질러 정변의 시작을 장식한 그는 곧장 사관생도들과 함께 고종을 시위했다. 청군이 공격해오자 고종을 모시고 북관묘로 갔다가 중간에 빠져나와서 가평으로 도망쳤다. 이후 절에 숨어서 머리를 깎고 중노릇을 하다가 체포되었다. 그는 주모자 가운데 하나라는 의심과 함께 능지처참형을 당했다. 48살의 첩도 처형당했고, 7살 난 딸 이복란은 노비가 되어서 평안도로 유배를 떠났다.

신중모

도야마 육군 유년학교 출신인 스물세 살 사관생도 신중모는 형제인 신복모, 신흥모와 함께 정변에 가담했다. 일본에 있던 시절부터 김옥균과 가깝게 지낸 인연으로 적극적으로 정변에 가담했다. 귀국한 이후에는 궁궐의 호위를 맡았다.

김옥균, 서재필과 자주 왕래하면서 12월 4일에 열린 우정국 연회 때에는 별궁과 인근 민가에 불을 지르는 일에 가담했다. 다음날 별군관으로 임명된 그는 경우궁으로 거처를 옮긴 고종을 호위했다. 창덕궁으로 돌아오고 나서도 궁궐을 지키다 청군이 쳐들어오자 고종과 함께 북관묘로 피했다. 이곳에서 위험을 눈치채고 도망친 그는 도중에 만난 이희정과 함께 가평 인근의 절에 숨어서 중이 되었다가 붙잡혔다. 무기를 들고 궁궐에 들어왔다는 이유로 모반 대역부도의 죄목을 받아 군기시 앞길에서 처형당했다.

이윤상

갑신정변의 주역 중에 한 명인 서광범의 겸종인 서른세 살 이윤상은 별감別監(임금이나 세자가 행차할 때 호위하는 무사)을 지냈던 모시상인이었다. 다른 개화파들, 그리고 유홍기와의 모임에 참석하면서 정변에 대한 이야기를 들었다. 아마 별감 출신이라는 점 때문에 서광범과 개화파들의 주목을 받은 것 같다. 정변이 터진 다음 서광범이 친군좌우영사에 임명되었다는 소식을 듣고 군복으로 갈아입은 그는 경우궁으로 갔다. 심문 과정에서 별군직을 약속받지 않았느냐는 추궁이 있는 것으로 봐서는 더 깊은 논의가 있던 것으로 보인다. 정변이 실패로 돌아가자 도망쳐서 장사꾼 노릇을 하다가 잡혀왔다. 정변에 직접 참여하지 않았기 때문에 모반부도의 죄로 참형을 당했다. 70대의 어머니는 겨우 용서를 받았지만, 아버지 이원근은 노비 신분으로 전락해서 전라도로 끌려갔고, 32살의 부인 역시 노비가 되어 경상도로 떠났다.

오창모

오창모는 서얼 출신으로 충의계원이었다. 정변 마지막 날 김옥균과 홍영식의 부름을 받고 창덕궁으로 간 그는 청군이 공격해오자 고종의 가마를 짊어지고 북장문을 통해 북관묘로 갔다. 이후 중전 민씨를 호위했던 그는 임금의 명을 받들었을 뿐이라며 억울함을 호소했지만 소용없었다. 모반부도죄로 심문을 받던 그는 매질에 못 이겨 감옥에서 눈을 감았다. 33세의 나이였다. 전라도 병마절도사를 지낸 아버지 오진영 역시 경상도로 유배되었다가 곧 사망했고 형 오성모는 평안도로, 동생 오경손은 전라도로 유배되었다. 60대의 어머니는 겨우 용서를 받았지만, 부인은 노비 신분으로 떨어져서 함경도로 끌려갔다.

이응호

박영효가 남한산성에서 군대를 양성할 때 군사교육을 담당했으며 친군 전영에 편성되고 나서는 교장敎長(오늘날의 소대장)에 임명되었던 이응호는 병사들을 이끌고 경우궁을 수비했다. 신복모와 함께 민창수의 집에서 정변에 대한 이야기를 처음 들었다고는 하지만 이미 오래전부터 동조했을 것으로 추정된다.

우정국 연회의 방화를 시작으로 정변이 시작되자 박영효와 함

께 일본 공사관으로 갔다. 일본 공사관의 개입을 요청하는 고종의
칙서를 전달하기 위해서였을 것으로 추정된다. 경우궁으로 돌아온
그는 일본 공사관에서 파견한 병사들과 함께 궁궐을 지켰다. 다음
날 참영관參領官(친군 지휘관 직위 가운데 하나)에 임명된 그는 청군이
쳐들어오자 친군 전영 병사들과 함께 저항하다가 도망치고 말았
다. 일 년 후 잡혀온 그는 두 차례의 심문을 받고 서소문 밖에서 모
반부도의 죄목으로 목이 잘렸다. 서른셋의 나이였다.

최영식

박영효의 몸종이었던 42세의 최영식은 다소 억울하게 처형당한
사례다. 그를 죽음으로까지 몰고 간 것은 주인의 측근으로 그의 작
위를 빗대어 소금릉小錦陵이라고 불렸기 때문이다. 최영식이 어느
정도까지 정변에 가담했는지는 알 수 없다. 그 역시 심문을 받으면
서 대다수의 죄인들처럼 정변 직전에 알았다고만 답했기 때문이
다. 하지만 심문관이 친압노자親狎奴子(친압은 흉허물이 없이 가깝게 지
낸다는 뜻이다)라고 언급할 정도로 박영효와 가까운 사이였던 것, 그
리고 정변 당일 밤 궁 밖에서 박영효와 만난 것이 문제가 되었다.
그는 끝까지 아는 것이 없다고만 답변했지만, 역모를 알고도 고하
지 않았다는 지정불고의 죄목으로 서소문 밖에서 처형당했다.

고흥종

정변의 주모자인 김옥균의 겸종이었다는 이유로 체포되었다. 심
문관은 그에게 뭔가 들은 것이 있지 않느냐며 추궁했지만 고흥종

은 단지 하인에 불과하다며 억울함을 호소했다. 하지만 정변이 실패로 돌아간 이후 김옥균이 일본으로 망명한 사실을 발설한 덕분에 깊이 개입했다는 의심을 받아 지정불고죄로 참형에 처해졌다.

윤경완

윤경완은 야채 장사를 하던 상인으로 박영효가 남한산성에서 군대를 조직할 때 병정으로 들어갔다가 전영의 소대장隊長으로 승진했다. 개화파와는 왕래가 없다가 형인 윤경순을 통해 접촉하게 되었다. 정변 당일에 맞춰 친군 전영의 소대원들을 이끌고 고종의 침실을 지켰다. 이후 신복모 등과 함께 경우궁으로 가서 고종을 호위했다. 창덕궁으로 돌아오고 나서도 친군 전, 후영의 병사들과 함께 호위를 하던 중 청군이 공격을 감행하자 도주했다가 일 년 후에 붙잡혀서 처형당했다.

전흥룡

전흥룡 역시 윤경완처럼 남한산성에서 박영효가 육성하던 병정 출신이었다. 친군 전영에 편입되고 나서 전영 교장인 신복모의 명령을 받고 경우궁으로 가서 궁궐을 수비했다. 12월 6일 청군의 공격으로 개화파가 와해될 때 총을 버리고 군영으로 돌아왔다가 체포되었다. 그 역시 민창수의 집에서 다른 병정들과 함께 신복모에게서 대략적인 계획을 들었다. 때문에 심문하는 측에서는 명령대로 했다는 그의 변명을 의심했다. 결국 전흥룡은 모반부도의 죄목으로 28살의 삶을 마감했다.

민창수

원래 보부상이었다가 친군 전영에 입대했고 겸해서 음식장사를 하던 민창수는 개화파에게 자기 집을 회의장소로 제공했다는 이유로 체포되었다. 정변 직전의 이 모임에서 신복모가 함께 음식을 먹던 병사들에게 '천天'이라는 암호를 알려줬다. 집을 제공하고 음식을 대접하던 그 역시 암호를 숙지하고, 계획을 들었던 것으로 봐서는 진작부터 가담했던 것으로 보인다. 또한 대수隊首(분대장)의 직책에 있었기 때문에 병사들을 이끌고 경우궁을 호위했다. 역시 청군의 공격이 시작되자 도망쳤다가 체포되었다. 그는 상관의 명령을 따랐을 뿐이라고 변명했지만 결국 참형을 받았다.

낭창관

친군 전영에 속해 있던 스물아홉 살 낭창관은 갑신정변 중에 영관으로 임명되었다. 덕분에 정변이 끝나고 적극 가담자로 지목되었다. 정변 마지막 날인 12월 6일 예정된 결혼을 하기 위해 궁궐을 나온 그는 체포의 손길을 피해 전라도 고창으로 도망쳤다. 거기서 이름을 바꾸고 고을 관아의 하인으로 일하다가 정체가 탄로나 붙잡히고 말았다. 그는 민창수의 집에서 열린 모임에 참석했다는 사실로 인해 적극적으로 가담했다는 의심을 받았다. 심문을 받던 낭창관은 자신은 모임에 참석한 적이 없으며, 영관으로 승진한 것은 연한이 되었기 때문이라고 항변했지만 소용없었다. 1886년 11월 서소문 밖에서 목이 잘렸고, 열아홉살 어린 아내는 아무 영문도 모른 채 노비 신분이 되어 전라도로 가야만 했다.

김창기

박영효가 광주유수 시절 양성하던 남한산성 주둔군 출신의 김창기는 신복모의 지휘로 정변에 가담했다. 민창수의 집에서 신복모에게 일본인이 친군의 영사들을 죽이고 고종을 인천으로 모신다는 이야기를 들었다고 자백했다. 참형으로 죽음을 당했을 때 그의 나이 스물다섯이었다.

남흥철

박영효의 하인이었던 남흥철은 우두법(천연두의 예방접종인 종두법. 훗날 지석영이 도입한다)을 배우기 위해 일본으로 건너갔다. 귀국 후에는 일본에서 가져온 물건들을 파는 상점을 운영하다가 김옥균에게 돈을 빌려주었다는 혐의를 받았다. 12월 5일 궁소임宮所任(궁궐에 딸린 지위가 낮은 관리)으로서 경우궁에 들어간 것 역시 정변에 가담했다는 의심을 더했다. 남흥철은 장사를 하느라 여념이 없었고, 돈을 빌려준 적이 없다며 자신의 무죄를 주장했다. 실제로 그는 갑신정변이 실패로 돌아간 이후에 도망치지 않고 집에 있다가 갑자기 들이닥친 보부상들에게 붙잡혀 의금부에 넘겨졌다. 역시 역모를 알고도 고하지 않았다는 죄목으로 처형당했다.

이창규

충의계원이자 혜상공국惠商公局(1883년 세워진 보부상들의 권익단체)의 통령統領인 이창규는 갑신정변이 터지고 보부상들을 통제할 수 있는 도장을 김옥균에게 바쳤다. 김옥균은 부족한 군사력을 보부상들을 동원해 메울 계획이었던 것으로 보인다. 실제로 이렇게 동원된 보부상들은 미국 공사관을 지키는 데 투입되었다. 경우궁으로 들어간 그는 환관 유재현이 이인종에게 피살되는 모습을 지켜봤다. 이후 부영관으로 임명된 그는 관복으로 갈아입고 창덕궁으로 돌아가는 고종을 호위했다. 12월 6일 청군의 공격이 시작되고 개화파들이 뿔뿔이 흩어질 때 잽싸게 빈궁嬪宮(왕세자의 부인)을 모시고 혜화문 밖으로 나갔다. 이후 보부상들을 소집하고 양주의 각심사라는 절에 머물러 있다가 체포되었다.

개화파에 가담해서 보부상들을 동원했지만 청군의 공격 직후 빈궁을 호위했고, 정변 직후 고종이 머물고 있던 곳에 보부상들을 보내 호위시키는 등 이중적인 행동을 했다. 덕분에 이창규는 체포되었다가 풀려나기를 반복했다. 결국 개화파들을 위해 보부상들을 동원하고 부영관에 임명되었다는 점 때문에 주모자로 낙인찍혔다. 능지처참형에 처한 그의 나이는 43세였다. 부인과 아들도 함께 처형당했고, 80대 노모는 나이가 많다는 이유로 용서받았지만 20대의 며느리는 노비 신분으로 함경도로 유배되었다.

최성욱

32세의 최성욱은 군인이 아니면서도 군복을 입고 민창수의 집에서 열린 회합에 참여한 덕분에 가담자로 지목되었다. 그는 심문을 받으면서 금호문에 갔지만 들어가지 않고 곧바로 되돌아왔으며 아무것도 모른다고 항변했다. 하지만 역시 반역을 알고도 알리지 않았다는 죄목으로 참형을 받았다.

이상록

친군 전영의 병사였던 이상록은 신복모를 따라 정변에 가담했다. 금호문으로 갔다가 경우궁으로 가서 고종과 개화파를 호위했다. 이후 윤계완과 함께 민창수의 집에서 열린 모임에 참석했다. 하지만 불행 중 다행으로 방 안에 들어가지 않은 탓에 가담자 가운데 양반인 신기선을 제외하고는 유일하게 목숨을 건졌다. 그와 대질을 한 윤계완이 방 안에 들어간 적이 없다고 진술한 것이 결정적이었다. 고종은 그를 외딴 섬으로 유배를 보내고 대사령이 내려도 절대 용서하지 말라는 지시를 내렸다. 그에 대한 기록은 그것으로 끝이었다.

신흥모

사관생도인 신중모와 신복모의 형으로 자신 또한 어영청 영교營校로서 무관이었다. 정변에 가담한 흔적은 보이지 않지만 두 동생이 가담했기 때문에 도망쳤다가 일 년 후에 붙잡혔다. 심문 과정에서 이미 신복모와 같은 동생이 있으니 감히 살기를 바라지 않는다며 체념하는 모습을 보였다. 모반부도의 죄로 일 년 전에 처형당한 동생 신중모의 뒤를 따랐다. 그의 나이 스물아홉이었고, 유일하게 살아남아서 도망친 동생 신복모 역시 다음 해인 1886년 두 형제의 뒤를 따라 처형당했다.

이인종

충의계원이자 훈련원 판관을 역임한 무관으로 갑신정변 초기 계획단계부터 깊숙이 개입했다. 신중모와 더불어 청군 진영의 동태를 감시해서 김옥균에게 알려주는 한편 충의계를 통해 동지들을 포섭했다. 갑신정변 당시 현장을 지휘했던 이인종은 환관 유재현을 김봉균과 더불어 살해했다. 청군의 공격 당시 몸을 피신하는 데 성공했지만, 다음해 봄에 시신으로 발견되었다. 아마 격앙된 백성에게 피살당한 것으로 보인다. 예순이 넘은 어머니는 용서받았지만 아내는 처형당했고, 10대의 아들은 노비 신분으로 떨어져서 지방으로 끌려갔다.

신복모

친군 전영 교장으로서 윤계완과 이응호처럼 부하들을 이끌고 정변에 참여했다. 일본으로 유학을 갔다 온 사관생도 출신으로, 박영효가 남한산성에서 병사들을 모아 조련할 때 참여했다. 1884년 경기 지역의 수군을 통합한 해방영의 교관으로 임명되었지만, 종종 상경해서 김옥균 등과 더불어 정변 계획을 짰다. 거사 직전인 12월 2일 상경해서 정변에 가담한 신복모는 금호문 밖에 매복하는 등 핵심적인 역할을 했다. 갑신정변이 실패로 돌아가자 도망쳤다가 1886년 체포되어 처형당하고 만다.

그들이 꿈꿨던 세상, 가혹했던 현실

이들의 참혹한 최후는 갑신정변의 주역들인 김옥균, 박영효, 서광범, 서재필, 변수, 유혁로, 이규완, 신응희, 정난교 등이 일본 공사관으로 대피했다가 무사히 탈출한 것과 비교된다. 가담자들은 심문 과정에서 여러 가지 이유로 정변에 참여했다고 털어놨다. 단순히 주인의 뜻을 따라서 가담했다거나, 좋은 관직을 준다는 유혹을 받아, 혹은 군인으로서 명령에 따랐을 뿐이라고 항변하기도 했다. 하지만 하인이었던 김봉균은 심문관에게 태평성대를 이루려면 먼저 간신들을 제거해야 한다고 들었다며 당당하게 털어놓았다.

청군의 개입으로 갑신정변이 실패로 돌아간 다음 체포되고 처형된 이들은 이렇듯 대부분 행동대원이었다. 따라서 개화에 대한 깊은 이해나 동감이 없었을 수도 있다. 하지만 그런 것들이 이들이 주모자들의 뜻을 무비판적으로 따랐음을 의미하지는 않는다. 변화된 세상이 지금보다 더 나아질 것이라고 믿었기에 기꺼이 목숨을 걸고 뛰어든 것이다. 이들은 생각 없는 하수인들이나 가련한 피해자들이 아니다. 홍종우나 김옥균처럼 꿈을 꾼 사람들이었을 뿐이다.

세상이 변하면서 역적으로 낙인찍혔던 가담자들도 혜택을 입었다. 이들 가운데 신분이 높거나 아버지가 양반이었던 서재창과 이인종, 이희정은 1895년 4월 청일전쟁에서 일본이 승리하고 박영효를 비롯한 망명자들이 귀국하면서 관작이 회복되었다. 나머지 가담자들도 헤이그 특사 사건으로 고종이 퇴위하고 순종이 즉위한 1908년 3월 25일 내각 총리대신 이완용에 의해 죄적罪籍(죄인이 지은 죄를 기록한 명부)에서 이름이 제외되었다.

일본이 조선을 완전히 집어삼킨 경술국치 직전인 1910년 7월 18일에는 신복모, 김봉균, 이인종에게 종2품 규장각 부제학이 추증되었다. 같은 날 신중모, 오창모, 이윤상은 정3품 규장각 부제학

에 추증되었다. 박영효에게 거사가 성공하면 영관으로 임명해준
다는 약속을 받았다는 김봉균은 비록 죽은 다음이지만 영관과는
비교할 수 없을 정도로 높은 종2품의 벼슬을 받았다. 하지만 역적
이라는 죄명을 벗게 된 세상이 김옥균이나 그들이 꿈꾸던 세상은
아니었다.

와다 엔지로의
기억

　살아남은 홍종우의 증언이나 현장을 살펴본 중국 측 관리의 기록 덕분에 김옥균이 암살당한 순간의 이야기는 상세한 재현이 가능하다. 실제로 홍종우나 김옥균을 다룬 소설이나 인문서 중에는 이 부분을 제일 앞에 배치해서 극적인 긴장감을 높이기도 한다. 하지만 우리가 김옥균 혹은 홍종우의 시선으로 죽음을 볼 수 있다고 이야기하는 것은 오만한 거짓말이다. 남아 있는 기록의 파편들은 대부분 보는 이의 시선과 선입견이 들어간 가공된 이야기들이다. 그렇다면 차라리 속 편하게 아무런 양념도 안 쳐진 목격담이 더 진실에 가까울지도 모른다.

　이 이야기는 1927년 3월 1일 발행된 《별건곤》이라는 잡지에 수록된 것이다. 김옥균을 상하이까지 수행했고, 최후를 지켜봤던 일본인 와다 엔지로의 구술을 김옥균을 흠모했던 김진구가 받아 쓴 것이다. 이 회고록을 통해 우리는 김옥균의 일본생활을 엿볼 수 있으며, 그의 최후가 세간에 알려진 것과 약간 다르다는 사실을 확인할 수 있다.

들어가며

3월 28일은 김옥균 선생이 가슴 속에 품은 경륜과 백년대계를 가지고 삼천리 강산을 등진 날이다. 이천만 배달민족에게 작별 인사 한 마디 못하고 인생이 끝난 것을 원망하듯 "내가 못한 일은 그대들에게…"라는 부탁을 청년들에게 남겨둔 채로 이역만리에서 암살자가 쏜 총연에 사라지고 만 것이다. 우리 동족으로서는 영원히 기념해야만 하는 그 날이다. 김옥균 선생의 이야기는 이미 잡지나 신문, 혹은 책으로 많이 소개되었다. 따라서 여기에 새삼스럽게 쓸 것은 없고 그 안타까운 죽음을 기념하기 위해 그때 선생을 따라갔다가 흉변을 직접 목격한 와다 소년의 회고담을 여기에서 소개하고자 한다.

김옥균 선생은 나의 은인

돌아보면 명치明治(메이지 덴노의 재임기간인 1868년~1912년) 19년, 내가 아직 더벅머리 아이였을 적이다. 나 와다 엔지로는 부모를 따라서 오가사와라제도로 이사를 하여서 그곳 소학교에 다닐 때였다. 그때 김옥균 씨는 귀양자의 신세가 되어 우리가 사는 오가사와라제도에서 한 많은 세월을 보내던 중이었다.

김옥균 씨는 세상을 잊은 것처럼 매일 소학교를 끝마치고 돌아오는 아이들을 온통 불러모아 놓고 먹을 것을 사주기도 하고 데리고 놀러 다니기도 했다. 이런 일로 인해서 우리는 어느새 김옥균 씨에게 잔뜩 인정이 들어서 이따금 놀러 가게 되었다. 김옥균 씨는 수박을 대단히 좋아해서 우리 집에서 학교에 갈 적에 수박을 갖다 드린 적도 있었다. 이런 인연으로 김옥균 씨에게 대단히 사랑을 받았고, 나중에는 김 씨의 집에서 학교로 등교했고, 홋카이도에 가실 때까지 거기서 폐를 끼치며 통학했다.

　　그후 명치 23년, 도쿄에서 전람회가 있던 해였다. 우리 집은 이미 도쿄로 돌아왔던 때여서 나는 우에노 공원 부근의 길가에서 친구들과 놀고 있었다. 그러다가 김옥균 씨와 똑같이 생긴 사람이 인력거를 타고 지나가는 것을 언뜻 보았다. 나는 바로 그 인력거의 뒤를 쫓아갔지만 어린 아이의 걸음이 어찌 인력거를 따라잡을 수 있었겠는가. 그만 인력거를 놓치고 말았다. 어찌나 서운한지 집에 와서 부모님께 그 이야기를 하니까 온 집안이 모두 섭섭하게 생각했다.

　　그리고 며칠이 지난 어느 날, 김옥균 씨에게서 우리 집에 편지가 왔는데 지금 홋카이도에서 신병치료차 도쿄에 왔으니 꼭 놀러 오라는 내용이었다. 편지를 받자마자 바로 찾아갔더니 하시는 말씀이 "네가 도쿄에 있는 것은 전람회에서 만난 오가사와라 사람에게서 들어서 알았다. 나는 계속 여기 있을 것이니 너도 여기 와 있거라"라는 것이었다. 지극히 다정한 말씀이어서 나 역시 대단히 기뻐 그분의 뜻에 따랐다.

김옥균 씨께서 일본 정부에 대해 청원에 청원을 거듭하자 정부에게서 "당신이 도쿄에 있는 것은 자유에 맡기지만 그 대신에 너에게 수당은 한 푼도 주지 않을 것이니 그리 알 거라"라는 반가운 소식이 들려왔다. 김옥균 씨를 비롯한 동료는 모두 기뻐했고, 나 역시 홋카이도까지 갈 것 없이 도쿄에서 함께 지내게 되었다.

　　이런저런 일을 겪고 몇 년이 지나 나는 십칠 세가 되었다. 나는 원래 김옥균 씨가 무슨 목적으로 일본에 있는지, 또 무슨 계획을 세우고 있는지 아무것도 알지 못했다. 그런 상태로는 언제까지나 김옥균 씨의 밑에서 일을 할 수 없어서 항상 불만을 품고 있었다. 어느 날 김옥균 씨에게 남양南洋(남양군도로 추정된다)으로 보내달라고 간청했다. 그랬더니 김옥균 씨는 '네가 그럴 생각이면 남양으로 가도 좋지만 나는 내년에 미국으로 유람을 떠날 것인데 그때 같이 가서 그곳의 학교에 다니는 것이 좋지 않겠느냐. 무슨 남양 같은 곳으로 가느냐'고 보내주지 않았다.

　　나는 할 수 없이 여전히 김옥균 씨 밑에서 일을 했다. 그러다가 그해가 가고 그 다음해인 명치 27년 3월 초순이었다. 갑자기 김옥균 씨의 명령으로 상하이로 가서 그분을 수행하게 되었고, 뜻밖에 김옥균 씨의 죽음을 목격하게 되었다. 지금 김옥균 씨의 은혜를 떠올리며 당시의 일을 회상한다. 이루 말할 수 없는 슬픔과 동시에 나이가 어려서 김옥균 씨께 제대로 은혜를 갚지 못한 것이 무엇보다 유감이라고 생각하고 있다.

위험한 청국행

명치 27년 3월 초순, 김옥균 씨는 갑자기 나에게 '너는 나하고 둘이 중국에 가게 되었으니 그렇게 알고 있어라. 어찌 되었든지 대단히 급한 일이니 평상복 그대로 가도 좋다. 여행에 필요한 준비는 오사카에 가서 할 것이니 이 일은 부모나 여관주인에게도 일절 비밀로 하고 있으라'는 말씀을 하셨다. 그리고 이튿날 도쿄에서 출발해 오사카로 내려가서 이름 없는 작은 여관에 투숙했다.

어찌나 조심을 하시든지 김옥균 씨와 나는 여관 숙박부에 가명을 썼다. 그래서 이곳에 우리가 있는 줄 아무도 모를 것이라고 생각했다. 그런데 조선에서 보냈다는 이일직, 권동수, 권재수, 홍종우라는 네 자객이 오사카에 있는 이일직 첩의 집에서 지내면서 김옥균 씨가 머물던 여관에 찾아왔다. 나는 김옥균 씨께 듣기 전까지는 그들이 자객인 줄 전혀 몰랐다.

어느 날 밤 돌아오는 길에 김옥균 씨께서 말씀하기를 '권씨 형제와 이씨, 그리고 홍씨 등은 실은 나를 죽이러 온 것들이다. 그렇지만 나는 저들에게 죽을 사람이 아니니까 걱정할 것 없다. 그렇다고 해도 결단코 다른 사람에게 말하면 안 된다. 다만 그런 사실이 있다는 것만 알고 있으라'고 하셨다. 나는 그때 비로소 그들이 자객이라는 사실을 알았다. 그런데도 태연하게 그들을 만나는 김옥균 씨의 대담함에는 혀를 내둘렀다. 나에게는 그들이 자객들이라며 주의하라고 해 놓고서는 자신은 태연하게 그놈들과 가깝게 지내면서 조금의 염려하는 빛도 내비치지 않았다.

나에게 주의를 준 이튿날 어디로 가셨는지 행방이 묘연했다. 당황해서 갈팡질팡 사방으로 찾아 다녔는데 이일직의 집에 가서 자객들과 저녁을 드시며 술을 마시는 것이 아닌가! 나는 실로 김옥균 씨의 대담함에 놀라지 않을 수가 없었다. 나는 어린 나이라서 김옥균 씨가 무슨 까닭에 자객 홍종우와 청국 공사관 통역 오정헌과 더불어 상하이로 가는지 몰랐지만 그런 대담한 양반이니까 자객 같은 것은 우습게 생각하셨던 모양이다.

오사카에서 그렇게 지낸 지 이십 여일 만에 출발 준비가 다 되어서 3월 25일 고베에서 출항하는 사이쿄마루를 타고 상하이로 갔다. 김옥균 씨와 오정헌, 홍종우는 모두 일등석이고, 나는 이등석으로 승선했다. 오월동주라는 것은 이것을 말함인 듯 만일을 염려해 나는 낮에는 김옥균 씨를 지키고 밤에는 홍종우 씨와 함께 잠을 잤다. 이렇게 해서 홍종우에게 기회를 주지 않아 배 안에서는 무사히 지냈다. 27일 오후에 상하이에 상륙해서 미국 조계에 있는 뚱허양행에 투숙했다.

김옥균 씨의 비참한 최후

뚱허양행에서 김옥균 씨와 나는 2층 1호실, 오정헌은 2호실, 홍종우는 3호실을 썼다. 첫날을 별일 없이 잘 지냈고, 그 이튿날 김옥균 씨가 거류지 구경을 하자고 해서 우선 마차 세 대를 빌리기로 했다. 오전 중에 김옥균 씨는 밖으로 일을 보러 나가고 오정헌 씨는 중국 옷을 구입해달라는 그의 부탁을 받고 나갔다. 홍종우 씨도 은행에 간다고 나가고 나 혼자 여관에 남았다. 조금 있다가 김옥균 씨가 혼자 들어와서는 심기가 불편하다고 양복 상의를 벗은 채로 침대에 누워서 《자치통감》을 읽으셨다. 그러자 홍종우도 돌아와서 김옥균 씨의 방에서 이리저리 거닐었다.

나중에 생각하니까 이날 홍종우 씨의 움직임에는 여러 가지로 의심스러운 점이 많았다. 그가 그날 아침 입고 있던 양복을 벗고 조선 옷으로 갈아입은 것이며, 어찌 된 일인지 조금도 침착하지 못한 것도 눈에 띄었다. 하지만 신이 아닌 사람으로서 그가 그런 끔찍한 일을 저지를 줄 누가 알았겠는가?

《자치통감》을 읽고 있던 김옥균 씨가 사무실로 내려가서 사이쿄마루의 마쓰무라 사무장에게 거류지 구경을 가자는 얘기를 전하라고 하셨다. 이것은 나에게도, 또 김옥균 씨에게도 일생일대의 대실책이었지만 홍종우에게는 천재일우의 기회였다.

내가 아직 계단을 내려가고 있을 때 홍종우는 벌써 틈을 봐서 숨겨둔 권총을 연속해서 발사하여 김옥균 씨를 거꾸러뜨렸다. 나는 이 소리를 확실히 들었다. 그러나 전날부터 자주 들리던 폭죽 소리로 알고서 별다른 의심 없이 내려갔다. 계단을 다 내려가기도 전에 이층에서부터 홍종우 씨가 급하게 뛰어 내려와서 내 곁을 지나 밖으로 뛰어나갔다. 그 모습을 보고서야 이상하게 여기고 홍종우 씨를 급히 쫓아나갔지만 벌써 그림자도 보이지 않았다. 그때야 김옥균 씨 신변에 무슨 변고가 생긴 것 같아서 이층으로 올라갔는데 마침 위에서 시마무라 해군 대좌가 내려오면서 지금 김옥균이 총에 맞아 죽었다고 했다.

이제 다 끝이로구나 하는 생각을 하면서 이 층으로 뛰어올라갔는데 과연 그러했다. 김옥균 씨께서 시마무라 대좌가 머물던 8호실 앞에 거꾸러져 있었다. 그 광경을 보면서 느꼈던 슬픔과 안타까움이란 실로 비할 곳이 없었다. 나는 곧 김옥균 씨 시신에 달려들어 끌어안고 목이 메도록 선생님을 불러보았다. 그러나 가련한 김옥균 씨는 이미 이 세상 사람이 아니었다. 나는 큰 은혜를 주신 김옥균 씨와 영영 이별을 고한 것이다.

유해 인도의 교섭

일이 벌써 이렇게 되었으니 모든 것이 다 끝이었다. 나는 사무실로 내려가서 경찰에 신고해달라고 부탁하고는 다시 이층으로 올라와서는 김옥균 씨의 시체를 살펴보았다. 자세히 살펴보니 오른쪽 뺨에서 두개골로 관통한 상처가 하나, 배꼽과 등에 각각 총알이 관통한 흔적이 하나씩 있었다. 뺨에서 머리로 난 총상이 가장 치명적이었던 것 같다. 김옥균 씨가 8호실 앞에 쓰러진 까닭은 홍종우 씨를 쫓다가 기운이 다해서 거기서 거꾸러진 것 같다. 이런저런 일로 시간을 보내고 있는데 거류지 경찰들이 여럿 와서 현장을 검증했다. 그들에게 홍종우 씨가 그날 밤에 오송 근처의 어느 농가에 숨어 있다가 체포되었다는 얘기를 들었다.

이튿날 청 관리가 오고 일본 영사관에서도 관원이 왔는데 그냥 지켜볼 따름이었다. 그때 청 관리가 누가 시신을 인수할 것이냐고 물어서 내가 인수하겠다고 대답했다. 그랬더니 서명을 하라면서 한문이 쓰인 문서를 하나 내밀었다. 무슨 내용인지 몰랐지만 하라는 대로 서명을 하고 시신을 관에 넣어도 되느냐고 물었다. 청 관리는 해도 좋다고 해서 십 원짜리 중국관을 사서 김옥균 씨의 시신을 넣고 썩지 않도록 석회를 사다가 발랐다.

그러고 나서 일본으로 운반하려고 사이쿄마루의 마쓰무라 사무장에게 말했더니 대단히 안타까워하면서 적극적으로 도와준 덕분에 쉽게 절차가 끝났다. 다음날 아침에 출항이라고 해서 여러 가지 준비를 하고 있는데 일본 영사관에서 온 사람이 김옥균 씨 시신을 가져가는 일을 중지해달라고 했다. 무슨 까닭이냐고 묻자 다만 영사의 명령이라고만 대답했다. 그래서 내가 직접 영사를 만나 이유를 물어봤지만 그냥 무조건 중단하라고만 했다.

나는 그 명령에는 도저히 복종할 수 없다고 거절했다. 옆에 있던 부영사도 시신을 벌써 와다 씨에게 인도했는데 이제 와서 이러는 것은 너무한 일 아니냐고 거들었다. 그러자 영사는 노기등등하면서 그러면 네 맘대로 하라고 하고는 자리를 박차고 나갔다. 나도 지지 않고 그러면 내 맘대로 하겠다고 하면서 배로 돌아갔다.

관은 이미 부두에 운반되어 있어서 마쓰무라 사무장에게 배에 실어달라고 했더니 영사관에서 싣지 말라고 연락이 와서 그냥 싣기 곤란하다고 대답했다. 무슨 연유인지 몰라서 안타까워하는데 동아동문서원東亞同文書院(일본이 상하이에 설립한 학교로 중국인의 일본 유학을 장려했다) 학생 둘이 지나가다가 내가 곤경에 처한 것을 보고서는 영사의 조치에 대단히 분개하면서 함께 영사에게 가서 항의하자고 했다. 그래서 세 명이 함께 다시 영사관에 들어가서 담판을 벌였으나 영사는 여전히 냉담하게 배에 싣지 못하는 까닭은 여객회사의 지점장이 거절했기 때문이지 내가 알 바 아니라고 대답했다.

우리는 그 길로 여객회사의 지점장 크라함 씨의 사택을 방문해서 배에 관을 싣게 해달라고 애원했다. 그랬더니 지점장이 미안해하면서 영사관에서 싣지 말라고 해서 그렇게 되었는데 그런 사정이면 속히 싣게 해주겠다고 흔쾌히 약속했다. 다시 배에 돌아오니 이제는 거류지 경찰 두 명이 와서는 김옥균 씨의 시신과 소지품을 당신에게 인도할 수 없다면서 배에 싣는 것을 금지했다. 그래서 나는 '당신들이 거류지 경찰이 맞느냐? 단지 복장만으로는 믿을 수 없으니 경찰이라는 증거를 내놓지 않으면 그 말을 따를 수 없다'고 거절했다.

그랬더니 그들이 '그러면 일본 영사관까지 같이 가서 확인하자'고 해서 그들과 함께 영사관으로 갔다. 영사는 무슨 까닭인지 자꾸 시간을 끌었다. 이러다가 출항 시간을 놓치면 큰일이라는 생각에 부리나케 부두로 돌아왔는데, 괴상한 일이 벌어졌다. 부두에 놓여 있던 김옥균 씨의 시신이 든 관이 감쪽같이 사라진 것이다. 나는 땅이 꺼지라 한숨을 쉬고 두 발을 동동 구르며 통곡을 했다. 배에 싣는 것을 막은 거류지 경찰보다는 영사의 이해하기 어려운 태도가 더 원망스러웠다. 그러나 일은 이미 끝난 후였다. 나는 마쓰무라 사무장의 위로를 받으며 사이쿄마루 편으로 귀국했다.

그런데 나중에 들으니 거류지 경찰이 김옥균 씨의 시신을 청 관리들에게 넘겨서 자객 홍종우와 함께 군함에 실어 보냈다고 했다. 톈진으로 해서 인천으로 보냈다가 드디어 그 참혹한 능지처참형에 처했다고 한다.

아! 당시의 일을 회고하고 그 일을 말하려고 하면 항상 내 가슴에 맺혀 있는 것은 아! 한 많은 상하이라는 말뿐이다. 특히 일본 영사의 태도는 당시 일본 정부에서 김옥균 씨를 시기했던 것과 청을 호랑이 같이 두려워했기 때문에 그들의 항의를 무서워했던 두 가지 이유 때문으로 생각된다.

참고문헌

단행본

강범석, 《잃어버린 혁명》, 솔, 2006

강준만, 《한국근대사 산책 1(천주교박해에서 갑신정변까지)》, 인물과 사상사, 2007

공임순, 《식민지의 적자들》, 푸른 역사, 2005

권정노, 《누가 역적인가》, 어문학사, 2007

김영작 외, 《한국 근대 정치사의 쟁점: 청일전쟁, 갑오개혁, 김옥균 암살》, 집문당, 1995

김용구, 《임오군란과 갑신정변》, 도서출판 원, 2004

김이조, 《한국의 법조인 1》, 고시연구사, 2002

내일을 여는 역사재단 엮음, 《질문하는 한국사》, 서해문집, 2008

노주석, 《제정러시아 외교문서로 읽는 대한제국 비사》, 이담, 2009

박은숙, 《갑신정변 연구》, 역사비평사, 2005

북한 사회과학원 역사연구소 엮음, 《김옥균》, 역사비평, 1990

서영희, 《대한제국 정치사 연구》, 서울대학교 출판부, 2003

신동준, 《개화파 열전》, 푸른역사, 2009

왕현종, 《한국 근대국가의 형성과 갑오개혁》, 역사비평사, 2003

이광린, 《개화당 연구》, 일조각, 1973

이삼성, 《동아시아의 전쟁과 평화 2》, 한길사, 2009

이태진, 《고종시대의 재조명》, 태학사, 2000

조재곤, 《그래서 나는 김옥균을 쏘았다》, 푸른 역사, 2005

조항래, 《한말 일제의 한국 침략사연구》, 아세아문화사, 2006

택와 허선도선생 정년기념 한국사학논총 간행 위원회, 《택와 허선도선생 정년기념 한
국사논총》, 일조각, 1992

한상일, 《서울에 남겨둔 꿈》, 건국대학교 출판부, 1993

현광호, 《대한제국의 대외정책》, 신서원, 2002

김옥균 지음, 조일문 옮김, 《갑신일록》, 건국대학교 출판부, 1977

김옥균 지음, 조일문 옮김, 《갑신정변 회고록》, 건국대학교 출판부, 2006

아오야기 미도리 지음, 김심은 옮김, 《자객 홍종우》, 앞선책, 1993

박은숙 옮김, 《추안급국안(갑신정변 관련자 심문기록)》, 아세아 문화사, 2009

윤치호 지음, 송병기 옮김, 《국역 윤치호 일기 1》, 연세대학교 출판부, 2003

정교 지음, 변주승 옮김, 《대한계년사》, 소명출판사, 2004

프레드릭 볼레스텍스 지음, 김정연 옮김, 《착한 미개인 동양의 현자》, 청년사, 2007

황현 지음, 허경진 옮김, 《매천야록》, 서해문집, 2006

琴 秉洞, 《金玉均と日本—その滯日の軌跡》, 綠蔭書房, 2001

논문 및 잡지 문헌

강진구, 〈억압된 주체의 소환과 전후 일본의 과거사 인식 연구〉, 《국제한인문학연구》 제 3호, 2005

권혁수, 〈김옥균 암살사건과 청정부의 관계에 대하여〉, 《한국학논집》 31권, 1997

김경창, 〈갑신정변 수모자의 망명 10년의 행적: 김옥균, 박영효를 중심으로〉, 《사회과학 연구》 11, 1985

김사엽, 〈김옥균의 생애와 후쿠자와 유키치〉, 《비교문학》 16권, 1991

김상기, 〈김옥균의 행적과 유적〉, 《호서사학》 38, 2004

김윤식, 〈다시 꽃이 핀 마른나무에 대하여: 19세기 말 불어로 번역된 한국 소설〉, 《한국 학보》 22, 1981

김윤식, 〈직성행년편람의 불어역에 대해서〉, 《한국학보》 10권 4호, 1984

김윤식, 〈홍종우와 춘향전의 프랑스어 번역〉, 《한국학보》 11권 3호, 1985

박삼헌, 〈메이지초기 대외팽창론의 한 유형: 아라이 쇼고와 오사카 사건을 중심으로〉, 《문화사학》 26, 2006

박종명, 〈김옥균과 명치정치 소설〉, 《비교문학》 15권, 1990

최종고, 〈한말의 주한 프랑스인 사회: 뮈텔주교일기를 중심으로〉, 《학술저널》, 2006

박병선, 〈한불관계자료: 주불공사 파리박람회 홍종우〉, 국사편찬위원회, 2001

조광, 《갑신정변과 김옥균》, 조선일보 출판부, 7권 11호, 1941

김설하, 〈여권passport의 기원과 등장으로 본 개항기 한국의 근대성, 1883~1905〉, 중 앙대학교 대학원, 2009

정답이 없는 시대,
홍종우와 김옥균이 꿈꾼 다른 나라

그래서 나는 조선을 버렸다

1판 1쇄 발행 2017년 5월 4일
1판 2쇄 발행 2017년 9월 26일

지은이 정명섭
펴낸이 고병욱

기획편집1실장 김성수 **책임편집** 허태영 **기획편집** 김경수
마케팅 이일권 송만석 황호범 김재욱 곽태영 김은지 **디자인** 공희 진미나 백은주
제작 김기창 **관리** 주동은 조재언 신현민 **총무** 문준기 노재경 송민진

펴낸곳 청림출판(주)
등록 제1989-000026호

본사 06048 서울시 강남구 도산대로 38길 11 청림출판(주) (논현동 63)
제2사옥 10881 경기도 파주시 회동길 173 청림아트스페이스 (문발동 518-6)
전화 02-546-4341 **팩스** 02-546-8053

홈페이지 www.chungrim.com
이메일 cr2@chungrim.com

ⓒ 정명섭 2017
ISBN 979-11-5540-101-9 03910